하루 두 시간 한 달 완성~ 입에 착! 시험에 착!

착! 붙는
터키어
독학 첫걸음

저 강경민

시사 Books

✳ 머리말

동서양 문명의 용광로, 이슬람과 기독교가 공존하는 곳, **다양한 매력이 넘치는 '튀르키예'의 국어(國 語)** 터키어는 기원전 6세기 突厥(돌궐, Kök Türük)라는 민족 명에서 유래한다. 레닌그라드동방학연구 소(現 상트페테르부르크국립대학교)의 투르크학(Тюркология) 학자 코노로프 니콜라예비치(Андрей Николаевич Кононов)는 1949년에 저널 소피예트민족학(Советская этнография)에 실린 논문 '투르 크어 용어 분석에 대한 경험'(Опыт анализа термина тÿрк)을 통해 Türük (튜류크)란 '강한, 강인함, 지 배, 권력'이란 의미를 가지고 있다고 기록했다. '강인한' 민족 투르크의 투르크어(Turkic)는 투르크 민족 간의 국제관계의 역사 속에서 민족 단위별 언어가 발전되기도 했고 사어(司馭)로 소멸되기도 했다. 우 리가 학습하는 터키어(Türkçe)는 오구즈계 민족인 오스만투르크의 오스만어(Osmanlıca)를 계승한 튀 르키예공화국에서 사용하는 투르크어 중 하나이다. 1923년 10월 29일 튀르키예 공화국 설립 이후 **튀르 키예공화국에 정착한 사람들은 '튀르키예'라는 하나의 공통 정체성과 '터키어'라는** 공동의 언어 속에서 모자이크처럼 어울려져 서로 존중하는 자세로 공존하며 살고 있다.

터키어와 한국어의 관계에 대해 설명하기 앞서 우랄알타이어 가설(Урало-алтайская гипотеза)을 빼놓을 수 없다. 보리스 야코블레비치(Борис Яковлевич Владимирцов), 포페 니콜라예비치(Никола Николаевич Поппе), 구스타브(Gustaf John Ramstedt), 세르게이 스타로스틴(Сергей Анатольевич Старостин)와 같은 언어학자들을 중심으로 한국어가 투르크어에 속한다는 **우랄알타이어 가설**이 등장 했다. 주장의 근거로 터키어와 한국어는 비슷한 '**주어 - 목적어 - 동사**' 어순을 공유하고 있고, **교착어** 형 태이고, '**성'이 존재하지 않고, 두음법칙을** 지닌다. 터키어와 한국어의 공통된 특징은 한국어 화자가 터 키어 학습 시 겪을 수 있는 언어형태에 대한 이해에서 겪을 수 있는 어려움을 덜어준다. 즉, 한국어 화자 에게 터키어는 타언어에 비해 직관적으로 받아들이며 이해할 수 있고, 학습이 가능한 언어라 할 수 있다.

이 책은 **유럽언어공통기준(CEFR) 등급** A1~C2까지 총 6가지 레벨 중 3단계인 B1까지의 **문법과 단 어를 압축해서 담았다.** 이는 **일상 회화가 가능한 수준으로 회사, 여행, 관심사 등 대부분의 상황에 대해 경험과 사건을 인과관계에 맞게 과거, 현재, 미래 시제를 활용하여 단계별로 표현할 수 있는 수준**을 말 한다. 특히 학습한 문법을 바로 활용할 수 있도록 **필수 단어**로 짜여진 단문 중심으로 **예문**을 담았기 때 문에 학습자는 문장을 응용하여 다양한 문장으로 표현해 볼 수 있을 것이다. 모든 Unit 마다 튀르키예, 터키, 터키인과 관련된 **다양한 문화 소개**를 함께 하고 있어 언어학습 이외에도 문화를 이해하는데도 보 탬이 될 것이라 기대한다.

기회를 주신 랭기지플러스와 김아영 에디터 님, 카잔연방대학교 국제관계대학 동방학대학원장 겸 알 타이-투르크-중앙아시아학과장 엘미라 카밀레브나 하비불리나 지도교수님, 서울대학교 조대현 님과 조호연 님, 7살 고양이 콩이 그리고 이 책의 학습자 모든 분들에게 감사 인사를 남긴다.

2024년 7월, 관악로1에서 연주대를 바라보며

3

✱ 이 책의 구성과 특징

이 책은 예비과와 총 21개의 Unit로 구성되어 있다. 각 Unit에는 본문 1 → 문법과 표현 1 → 확인 문제 1 → 본문 2 → 문법과 표현 2 → 확인 문제 2 → 연습 문제 → 문화 순서로 나누어져 있다.

● **예비과**

터키어 학습 전에 반드시 알아야 할 터키어의 특징, 터키어 알파벳, 터키어 모음 그룹와 활용을 담았다.

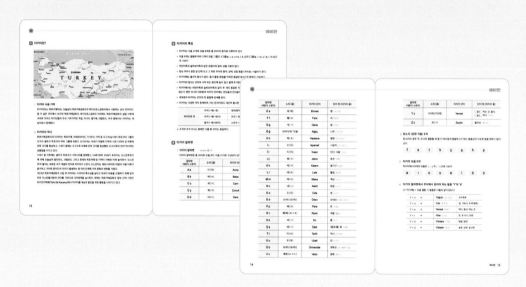

● **Unit**

총 21개의 Unit으로 구성되어 있으며, 유럽언어공통기준(Common European Framework of Reference for Languages, CEFR)의 총 레벨 6까지의 단계 중 레벨 3에 해당하는 B1 기초-중급에서 필요한 문법, 어휘 내용을 담았다. 본문의 하단에는 필요한 단어를 따로 정리해 놓았다.

본문 ❶, ❷

해당 Unit에서 학습해야 하는 내용을 담았다. 원어민 듣기를 통해 본문 내용을 들으며 학습해 볼 수 있다.

문법과 표현 **❶, ❷**

반드시 알아야 할 문법과 표현을 학습한다.

확 인 문 제 **1, 2**

학습한 본문과 문법과 표현에서 학습한
내용을 점검한다.

연습문제

Unit에서 학습한 내용을 정리해본다.

문화

튀르키예 및 터키어와 관련된 다양한 문화를
알아본다.

✳ 목차

✱ 학습 구성표

DAY	UNIT	학습 내용	문화	체크
1 DAY	예비편	• 터키어란? 터키어의 특징, 알파벳, 모음그룹, 연습문제		
2 DAY	1	• 상황과 때에 따른 다양한 인사말, 존칭과 관련된 다양한 표현	튀르키예 방문시 지켜야 할 문화	
3 DAY	2	• 안부 묻고 대답, 다양한 상황에서 안부/감사 표현, 인칭대명사	튀르키예의 주요 공휴일	
4 DAY	3	• 사람/사물/장소 위치에 대한 질문과 대답, 지시대명사, 다양한 형용사, 부정관사	튀르키예의 차(Tea)의 역사	
5 DAY	4	• 인칭대명사, 인칭~입니다, ~가/는 아니다 değil, 형용사/명사의 서술적 용법, 민족과 언어 명 만들기, 의문사 mI	문화, 역사, 자연이 아름다운 나라, 튀르키예!	
6 DAY	복습	예비과, Unit 1~4 → 인칭대명사/지시대명사/인칭~입니다/형용사 중심으로 복습		
7 DAY	5	• 다양한 의문 표현: 누구(Kim)/무엇(Ne)/어떻게(Nasıl)/어떤 무엇(Hangi) / 몇 개(Kaç), 터키어 숫자, 가격과 수량 등 숫자 관련 질문 표현	튀르키예의 수도는 이스탄불? 앙카라!	
8 DAY	6	• 터키어로 간단한 자기 소개하기, 소유대명사, 명사의 인칭화와 속격(의 활용), 복합 명사	어딜가나 있는 튀르키예의 악마의 눈? 나자르본죽	
9 DAY	복습	예비과, Unit 6, 7 → 다양한 의문 표현, 수사 수량, 명사의 인칭화와 소유격 중심으로 복습		
10 DAY	7	• 처격(dA ~에서),명사의 인칭화에서의 처격, 있다(Var) 없다(Yok), 명사형 공간전치사 + 처격	한국에서 만나보는 터키문학: 이브의 세 딸, 고양이는 언제나 고양이였다	
11 DAY	8	• 다양한 형태의 명령형, 다양한 의미의 ~때문에/연유로/~을 위한(İçin)	Üsküdar'a Gider İken (위스크다라 기데리켄) "위스크다르에 가는 길에"	
12 DAY	9	• 여격((y)A)~에/~로, 인칭대명사의 여격, 보다/관찰하다의 다양한 표현, 탈격(dAn ~로부터), 탈격 동사, 여격과 탈격의 활용, 월/계절 단어	한국에서 볼 수 있는 튀르키예 영화: 아일라, 고양이 케디	
13 DAY	복습	예비과, Unit 7~9(11과 현재진행형(현재형)과 함께 학습하실 수 있습니다.) → 처격, 여격, 탈격, 여격과 탈격을 중심으로 단문을 만들어 보면서 복습		
14 DAY	10	• ~이전에(Önce)/~이후에(Sonra) 표현 활용, 조격(ile ~와 함께), 대격((y)I 을/를)의 활용	투르크 공동체 조직 '투르크국가기구(Organization of Turkic States)	
15 DAY	11	• 터키어 동사원형(mAk), 현재형(현재진행형) İyor, 부정동사원형과 현재형의 활용	투르크민족의 봄, 네브루즈 (Nevruzö Наурыз)	

16 DAY	12	• 현재형을 활용하여 하루 일과 표현하기, 현재형 의문사, 현재형으로 질문하고 대답하기	비엔나 커피의 시초 '터키쉬 커피(Türk Kahvesi)	
17 DAY	13	• 현재미래시제(초월시제) 긍정형(Ar,İr,r)/부정형(mAz)의 의미와 활용	터키어의 기원, 돌궐 문자와 돌궐 비문	
18 DAY	복습	→ 및 현재형(현재진행형)과 현재미래시제(초월시제)을 상황에 맞게 구문하여 사용할 수 있도록 복습 → 격 복습 (소유격, 여격, 처격, 탈격, 조격, 7~12과 묶어서 복습)		
19 DAY	14	• 동사/명사/형용사의 과거형(dİ), 긍정/부정 과거형, 과거형의 의문문	튀르키예공화국의 국부 아타튀르크와 케말리즘(Kemalism)	
20 DAY	15	• 과거/현재와 관련된 다양한 시제의 활용, ~이래로(dAn beri/itibaren), ~(기간)동안(dIr),~개씩, 명사의 형용사 lİ/sİz	튀르키예 신비주의 이슬람의 세계, 수피(Sufism)	
21 DAY	복습	과거형 정리, 명사를 형용사화 만드는 방법 복습		
22 DAY	16	• 미래형의 활용(AcAk), 시간/시각 표현	당나귀의 수난시대 '당나귀 같은~! Eşek(에쉑)	
23 DAY	17	• 시간/시각 표현하기, 시간/시각 질문과 대답, 희망(바람)형, 최상급과 비교급의 활용과 표현	세계에서 가장 긴 단어는?	
24 DAY	복습	미래형, 시간/시각 표현, 최상급과 비교급 중심으로 복습		
25 DAY	18	• 추측/전언법(~인 것 같다, ~라고 한다)mİş, ~할 때에 iken, 있다(Var)/없다(Yok)의 과거 dİ, 다양한 시제에서의 과거 dİ	투르크의 역사 유물(1): 투르크 석인상	
26 DAY	19	• 일부(Bazı)/항상(Her)/모든(Bütün)/전혀~아니다(Hiç), 다양한 접속사(Ve, Ama, Fakat, Ancak, Veya, İse, Yoksa, Ki)의 활용과 표현	투르크의 역사 유물(2): 쿠만 폴로베츠, 퀼 테긴 석두상	
27 DAY	복습	전언법 사용 사례를 중심으로 예문 작성, 다양한 접속사 정리 복습		
28 DAY	20	• ~해야 한다 필수형(mAli, Gerek, Lazım, Zorunda, Mecurburiyetinde), 다양한 조건부 가정법, 만약~라면 가정법(sA)의 활용과 표현	터키인들의 신화 이야기(1) '회색늑대 Bozkurt	
29 DAY	21	• '~ 가능하다' 가능형 동사(AmAk)의 활용과 응용, 가능형 동사의 긍정과 부형, A와 B의 연결 용법: Ya ya, Ne ne, Hem hem, '하고'(Ip)과 '하면서'(ArAk), 즉시/이후 시점에 따른 다양한 접사의 활용과 표현	회색늑대 Bozkurt와 서사시	
30 DAY	복습	필수형과 가정법, 연결 용법 정리 및 예문 작성하며 복습		

예비편

1 터키어란?

1 터키어 사용 지역

터키어(또는 튀르키예어)는 오늘날의 튀르키예공화국과 북키프로스공화국에서 사용하는 공식 언어이다. 좀 더 넓은 의미에서 보자면 튀르키예공화국, 북키프로스공화국 이외에도 튀르키예공화국 설립 이후에 국외로 이주간 터키인들의 주요 거주지역인 독일, 러시아, 벨기에, 네덜란드, 미국 등에서도 터키어는 계승어로서 존재한다.

2 터키어의 역사

튀르키예공화국의 터키어는 튀르키예, 아제르바이잔, 가가우즈 지역 등 오구즈(남서부) 투르크어 그룹의 오구즈-셀주크 투르크어 하위 그룹에 속한다. 오구즈어는 10세기 아랄해 지역과 시르 다리야 강 하류에 유목 국가를 형성하고, 11세기 말에는 오구즈족 아래에 민족 국가를 형성했던 오구즈족의 언어 역사적인 공통점을 가지고 있다.

11세기 말 이후에는 셀주크 투르크가 서아시아를 정복했고, 14세기부터 20세기 초까지는 오스만투르크에 의해 오늘날의 발칸반도, 크림반도 그리고 현재의 튀르키예 땅 지역이 지배권 아래 놓이면서 '오스만어'라 불리는 새로운 국가 개념의 언어로 터키어가 쓰인다. 오스만어는 페르시아어와 아랍어 차용 어휘가 증가하고 구어와 문어간의 차이가 발생하는 등 여러 단계에 거쳐 문형의 변화를 거쳤다.

1923년 튀르키예공화국 수립 후 터키어는 자국어의 특수성을 살리고 외국어 차용을 근절하기 위해 앙카라와 이스탄불지방의 언어를 기반으로 국어정책을 실시한다. 현재는 튀르키예공화국 정부 산하 기관인 터키언어학회(Türk Dil Kurumu)에서 터키어를 계승과 발전을 위한 활동을 나아가고 있다.

2 터키어의 특징

- 터키어는 자음 21개와 모음 8개로 총 29자의 문자로 이루어져 있다.
- 모음 8개는 발음에 따라 2개의 모음 그룹인 A그룹(a, ı, o, u / e, i, ö, ü)과 İ그룹(a, ı / o, u / e, i / ö ü)으로 나뉜다.
- 라틴어족과 슬라브어족과 같은 유럽어와 달리 성별 구분이 없다.
- 항상 주어가 문장 앞 단에 오고 그 뒤로 주어의 동작, 상태, 성질 등을 나타내는 서술어가 온다.
- 터키어에는 불규칙 동사가 없다. 동사 활용 문법을 익히면 동일한 방식으로 활용이 가능하다.
- 터키어의 접사는 단어의 시작 또는 중간에 놓지 않고 끝에 추가한다.
- 터키어에서는 라틴어족과 슬라브어족과 같이 두 개의 동일한 자음이나 모음을 하나의 소리로 발음하지 않는다. 뿐만 아니라 대부분의 터키어 단어에는 연모음과 연자음이 없다.
- 대부분의 터키어는 단어의 첫 음절에 강세를 둔다.
- 터키어는 다양한 격이 존재하며, 이는 한국어와도 대단히 흡사한 특징 중 하나다.

	여격 (~에/~로)	대격(목적격) (~을)
터키어의 격	처격 (~에/~에서)	조격 (~와 함께)
	탈격 (~에서부터)	소유격 (~의)

✚ 조격과 조격 조사는 형태만 다를 뿐 의미는 동일하다.

3 터키어 알파벳

1 터키어 알파벳   TRACK 0-1

터키어 알파벳은 총 29자로 모음 8자, 자음 21자로 구성되어 있다.

알파벳 (대문자, 소문자)	소리 [음]	터키어 단어	단어 뜻 [터키어 음]
A a	아 [아]	Anne	엄마 [안네]
B b	베 [ㅂ]	Baba	아빠 [바바]
C c	제 [ㅈ]	Cam	유리 [잠]
Ç ç	췌 [ㅊ]	Çocuk	어린이, 얘 [초죽]
D d	데 [ㄷ]	Ders	수업 [데르스]

알파벳 (대문자, 소문자)	소리 [음]	터키어 단어	단어 뜻 [터키어 음]
E e	에 [에]	Ekmek	빵 [에크멕]
F f	풰 [ㅍ]	Fare	쥐 [퐈레]
G g	게 [ㄱ]	Gece	밤 [게제]
Ğ ğ	(유무샥게) *연음	Ağaç	나무 [아아취]
H h	헤 [ㅎ]	Hastane	병원 [하스타네]
I ı	으 [으]	Ispanak	시금치 [으스파낙]
İ i	이 [이]	İnsan	인간, 사람 [인산]
J j	줴 [ㅈ]	Jeton	토큰 [줴톤]
K k	케 [ㅋ]	Kalem	필기구 [칼렘]
L l	레 [ㄹ]	Lale	튤립 [랄레]
M m	메 [ㅁ]	Masa	책상 [마사]
N n	네 [ㄴ]	Nakit	현금 [나킷]
O o	오 [오]	Oda	방 [오다]
Ö ö	요(외) [요(외)]	Ödev	숙제, 과제 [요데브]
P p	페 [ㅍ]	Para	돈 [파라]
R r	뤠(헤) [ㄹ→ㅎ]	Renk	색깔 [뤤크]
S s	세 [ㅅ]	Su	물 [수]
Ş ş	쉐 [ㅅ]	Şişe	(음료/물) 병 [쉬쉐]
T t	타 [ㅌ]	Tarih	역사 [타리흐]
U u	우 [우]	Uzak	먼 [우작]
Ü ü	유(위) [유(위)]	Üniversite	대학교 [유니붸르시테]
V v	붸에 [ㅂ→ㅇ]	Vazo	꽃병 [봐조]

알파벳 (대문자, 소문자)	소리 [음]	터키어 단어	단어 뜻 [터키어 음]
Y y	(이)예 [(이)예]	Yemek	명사 먹는 것, 음식, 동사 먹다 [예멕]
Z z	제 [ㅈ]	Zeytin	올리브 [제이틴]

2 된소리 (강한 자음) 8개

된소리의 경우 격, 조사와 결합될 때 좀 더 부드럽게 발음하고자 하는 발음상의 이유로 발음 변화가 일어난다.

f　　s　　t　　k　　ç　　ş　　h　　p

3 터키어 모음 8개

터키어에서 8개의 모음은 A그룹과 İ그룹으로 나뉜다.

a　　ı　　o　　u　　e　　i　　ö　　ü

4 터키어 알파벳에서 주의해서 읽어야 하는 발음 "Y"와 "â"

(1) 'Y'[이예] + 모음 결합 시 발음은 다음과 같이 읽는다.

Y + o	→	Yoğurt [요우르트]	요구르트
Y + u	→	Yurt [유르트]	집, 기숙사, 조국(영토)
Y + e	→	Yemek [예맥]	먹다, 음식, 먹는 것
Y + i	→	Yine [인네]	또, 또 다시, 또한
Y + ö	→	Yöntem [이템]	방법, 방안
Y + ü	→	Yüksek [육섹]	높은, 상부, 숭고한

(2) 모음 + 'Y'[(이)예] 결합 시 발음은 다음과 같이 읽는다.

A + y	→	아이	Kaymak [카이막]	카이막, 크림
I + y	→	으이	Kıyma [크이마]	다진 고기
O + y	→	오이	Boy [보이]	키, 길이, 크기
U + y	→	우이	Uyku [우이쿠]	잠
E + y	→	에이	Bey [베이]	(남성에게) ~씨
İ + y	→	이이	Ağabey [아아베이]	형
Ö + y	→	요이	Köy [쾨이]	마을
Ü + y	→	유이	Büyükayı [뷰육아으]	(천문)큰곰자리

(3) 터키어 알파벳 29자에는 표함되어 있지 않으나 터키어에 존재하는 특수 알파벳 â는 [야 / 아~(길게)]로 발음한다. 모음 â[야 / 아~~]와 a[아]가 들어간 단어를 명확하게 구분해서 발음한다.

Kar [카르] 눈 x	→	kâr [캬르]	이윤, 이익
Hala [할라] 고모 x	→	hâlâ [할~라]	아직

4 터키어 모음 그룹   → 마지막 끝난 모음에 따라 모음 변화가 일어난다.

1 터키어 모음그룹 A과 명사의 복수

모음 A그룹: 두 개의 소그룹으로 나뉘며 대표하는 음과 문자는 다음과 같다.

A	a ı o u	→	a
	e i ö ü	→	e

모음 변화를 활용하여 터키어 명사의 복수 만들기
• 형태: 명사 + lAr

Kedi [케디]	고양이	Kedi + lAr	→	Kediler
Okul [오쿨]	학교	Okul + lAr	→	Okullar
Ekmek [에크멕]	빵	Ekmek + lAr	→	Ekmekler

Araba [아라바]	자동차	Araba + lAr	→	Arabalar
Köpek [쾨펙]	개	Köpek + lAr	→	Köpekler
Ağaç [아아취]	나무	Ağaç + lAr	→	Ağaçlar

2 터키어 모음그룹 I과 의문사

I그룹: 4개의 소그룹으로 나뉘며 대표하는 음과 문자는 다음과 같다.

I	a ı	→	ı
	o u	→	u
	e i	→	i
	ö ü	→	ü

모음 변화를 활용하여 **터키어 명사의 복수 만들기**
• 형태: 명사 + lAr

모음 변화를 활용하여 **터키어 의문문 만들기**
• 형태: 문장 / 단어 _의문사 mI

Kedi [케디]	고양이	Kedi mi? [케디 미?]	고양이입니까?
Okul [오쿨]	학교	Okul mu? [오쿨 무?]	학교입니까?
Ekmek [에크멕]	빵	Ekmek mi? [에크멕 미?]	빵입니까?
Araba [아라바]	자동차	Araba mı? [아라바 므?]	자동차입니까?
Köpek [쾨펙]	개	Köpek mi? [쾨펙 미?]	개입니까?
Ağaç [아아취]	나무	Ağaç mı? [아아취 미?]	나무입니까?

✳ 연습문제

1 **다음의 터키어 단어를 듣고 따라 읽어보세요.** TRACK 0-2

단어	뜻	단어	뜻
Aslan	사자	Manav	과일상(점)
Bebek	아기	Ne	[의문] 무엇
Cetvel	자	Orman	숲
Çorba	스프, 국	Ördek	오리
Deniz	바다	Pembe	분홍(색)
Eski	오래된, 옛것의	Rehber	가이드, 안내
Fırın	화덕, 빵가게	Sabah	아침
Gül	장미	Şiir	시, 시조
Yağmur	비	Tabak	접시
Hediye	선물	Umut	희망
Işık	광명, 빛	Üzüm	포도
İpek	실크	Valiz	여행가방, 짐가방, 트렁크
Jagar	제규어	Yatak	침대
Koreli	한국인	Zengin	부유한, 풍부한
Lamba	램프		

2 다음의 터키어 단어와 한국어 문장을 보고 터키어 의문사 mi를 활용하여 의문문으로 만들어 보세요.

(1) Kedi (고양이) 고양이입니까?

→ _____

(2) Köpek (개) 개입니까?

→ _____

(3) Ev (집) 집입니까?

→ _____

(4) Dondurma (아이스크림) 아이스크림입니까?

→ _____

3 다음의 단어를 복수형으로 만들어 보세요.

(1) Kedi (고양이) 고양이들

→ _____

(2) Köpek (개) 개들

→ _____

(3) Ev (집) 집들

→ _____

(4) Dondurma (아이스크림) 아이스크림들

→ _____

안녕하세요,
만나서 반갑습니다

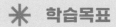 **학습목표**

- 상황에 따른 다양한 인사 표현

✳ **문법과 표현**

- 존칭과 관련된 다양한 표현
- 상황과 때에 따른 인사말

✳ **어휘**

- 인사와 관련된 기초 어휘

✳ **문화**

- 튀르키예 방문시 지켜야 할 문화

✱ 본문 ❶

TRACK 01-1

Merhaba
안녕하세요.

Emine	**Merhaba.**	에미네	안녕하세요.
	멜하바	알리나	안녕하세요, 에미네씨!
Alina	**Merhaba, Emine hanım!**	에미네	만나서 반갑습니다.
	멜하바, 에미네 하늠	알리나	저 또한 반갑습니다.
Emine	**Tanıştığımıza memnun oldum.**	에미네	다음에 만나요.
	타느쉬트으므자 멤눈 올둠	알리나	다음에 다시 만나요, 좋은 하루 되세요.
Alina	**Ben de memnun oldum.**		
	벤 데 멤눈 올둠		
Emine	**Görüşürüz.**		
	교류슈류즈		
Alina	**Tekrar görüşürüz, iyi günler.**		
	테크랄 교류슈류즈, 이이 균넬		

WORDS

TRACK 01-2

Merhaba [멜하바] 안녕하세요	**Tanıştığımıza** [타느쉬트으므자] (당신과) 만나서
Memnun [멤눈] 만족함, 반가움	**Memnun oldum** [멤눈 올둠] 만나서 반갑습니다, 만족합니다
Ben [벤] 나, 저, 나는	**Ben de** [벤 데] 나 또한, 저 또한
Görüşürüz [교류슈류즈] 다음에 만나요	**Günaydın** [규나이든] 좋은 아침입니다
Tekrar [테크랄] 다시, 또	**Tekrar görüşürüz** [테크랄 교류슈류즈] 다시 만나요, 또 만나요
İyi günler [이이 균넬] 좋은 하루되세요	

✳ 문법과 표현 ❶

1 다양한 "안녕하세요" 인사

1 누군가를 처음 만났을 때 "안녕하세요"라는 의미에서 건네는 대표적인 인사는 Merhaba [멜하바]로 때에 상관없이 하루 종일 사용할 수 있는 인사 표현이다.

2 Merhaba [멜하바] 이외에도 시간에 따라서 다른 인사 표현을 사용할 수 있다.

- 아침 Günaydın [귀나이든]
- 정오 İyi günler [이이 균넬]
- 늦은 오후(저녁) İyi akşamkar [이이 악샴날]
- 밤 İyi geceler [이이 게젤렐]

3 Merhaba와 함께 사용할 수도 있고 또는 때에 따른 인사 표현만 사용할 수도 있다.
  ✚ 단, 정오에 사용하는 İyi günler [이이 균넬] 와 늦은 오후(저녁) 인사인 İyi akşamlar [이이 악샴날] 는 만났을 만났을 때 뿐만 아니라 헤어질 때도 사용한다.

4 İyi geceler [이이 게젤렐]는 "좋은 밤되세요", "안녕히 주무세요"라는 의미로 사용한다.

2 만나서 반갑습니다

1 Tanıştığımıza memnun oldum [타느쉬트을므자 멤눈 올둠] 은 처음 만났을 때 "당신과 만나서 반갑 습니다"는 의미로 사용하는 표현이다.

2 이외에도 "당신과 만났기 때문에(만난 것으로부터) 반갑습니다", "당신을 봤기 때문에 (본 것으로부터) 반갑습니다" 등으로 표현할 수 있다. 세부적인 의미 차이는 있으나 공통된 의미로는 "만나서 반갑습니 다"이다.

- **Tanıştığımıza memnun oldum.** [타르쉬트을므자 멤눈 올둠] 당신과 만나서 반갑습니다.(처음 만났을 때)
- **Tanışmaktan memnun oldum.** [타느쉬막탄 멤눈 올둠] 당신과 만난 것으로부터 반갑습니다.(처음 만났 을 때)
- **Görüşmekten memnun oldum.** [교류슈멕텐 멤눈 올둠] 당신을 만난 것으로부터 반갑습니다.(본 것으 로부터/보다, 만나다의 의미가 강조된 인사 표현)

3 헤어질 때 인사 표현

1 헤어질 때는 '다음에 다시 만날 사이인지' 또는 '다음에 다시 만날지 또는 그렇지 않을지'에 대한 상황 에 따라 헤어질 때 인사 표현을 활용한다.

2 "다시 만나요", "다음에 만나요", "다음에 만나기를 바라요" 로 각 표현별로 의미가 다르므로 상황에 따 라 헤어짐의 인사를 할 수 있다.

3 여기서 İnşallah [인샬라] (신의 뜻이라면)을 붙일 경우 '다시 만날지에 대해 확실하지는 않으나, 신의

✳ 문법과 표현 ①

뜻이라면 다시 만날 것이다'라고 말할 수 있다.

- **Tekrar görüşürüz.** [테크랄 교류슈류즈] 다시 만나요.
- **Görüşürüz.** [교류슈쥬르] 다음에 만나요.
- **Görüşmek üzere.** [교류슈멕 유제레] 다시 만나기를 바라요.
- **İnşallah tekrar görüşürüz.** [인샬라 테크랄 교류슈쥬르] 신의 뜻이라면 다시 만나요.

 확인문제 1

다음 Aigul[아이굴]과 Rustam[루스탐]의 대화를 완성해 보세요.

Aigul: İyi akşamlar, merhaba. 좋은 저녁입니다, 안녕하세요.

Rustam: (1)   좋은 저녁입니다.

Aigul: (2)   다음에 또 만나요.

Rustam: İnşallah görüşmek üzere. 신의 뜻이라면 다시 만나기를 바라요.

WORDS

Gün [균] 날	İyi [이이] 좋은	Akşam [악샴] 저녁
Gece [게제] 밤	Üzere [유제레] ~을 위하여	İnşallah [인샬라] 신의 뜻이라면

Tanşıtığımıza memnun oldum ve tekrar görüşümek üzere.

만나뵙게 되어 반갑습니다. 그리고 다시 만나기를 바라요.

Emine	**Hoş geldiniz, Abdullin bey.** 호슈 겔디니즈, 압룰린 베이	에미네 — 어서오세요, 압둘린씨. (남성)
Abdullin	**Hoş bulduk, Emine hanım.** 호슈 불둑, 에미네 하늠	압둘린 — 환영해주셔서 감사합니다, 에미네씨. (여성)
Emine	**Tanşıtığımıza memnun oldum.** 타느슈트므자 멤눈 올둠	에미네 — 만나뵙게 되어 반갑습니다.
Abdullin	**Ben de memnun oldum.** 벤 데 멤눈 올둠	압둘린 — 저 또한 반갑습니다.
Emine	**İnşallah tekrar görüşümek üzere.** 인샬라 테크랄 요류슈멕 유제레	에미네 — 신의 뜻이라면 다시 만나기를 바라요.
Abdullin	**O zaman yarın sizi arayabilir miyim?** 오 자만 야른 시제 아라야빌리르 미임 **Size bir şey soracak ki var.** 시제 비르 쉐이 소루작 키 봐르	압둘린 — (불특정한 시간) 그렇다면 내일 당신에게(을) 연락드릴 수 있을까요? 당신에게 뭔가 질문드릴 것이 있습니다.
Emine	**Tabi ki.** 타비키	에미네 — 당연히요.
Abdullin	**İyi günler.** 이이 균넬	압둘린 — 좋은 하루 되세요.
Emine	**İyi günler.** 이이 균넬	에미네 — 좋은 하루 되세요.

WORDS TRACK 01-4

İnşallah [인샬라] (이슬람 문화권에서) 신의 뜻이라면

Üzere [유제레] ~을 위하여, ~하기를/~되기를 바라며

Zaman [자만] 때, 시간

Arayabilir [아라야빌리르] 연락하는 것이 가능하다

Arayabilir miyim [아라야빌리르 미임?] 나는 연락하는 것이 가능합니까? 나는 연락할 수 있습니까?

Tabi ki [타비키] 당연히

Bir şey [비르 쉐이] (불특정한) 무언가

Soracak [소루작] (미래형) 질문하다

Var [봐르] 있다

Görüşümek üzere [교류슈멕 유제레] 다시 만나기를 바라다

O zaman [오자만] (불특정한) 그때에, 그때, 그렇다면

Sizi [시제] 당신을, 너희들을

Miyim [미임] (의문사) 나는 ~입니다?, 나는 ~입니까?

Bir [비르] (숫자) 1, 하나, (부정관사) 어떤 한~, 한 개

Şey [쉐이] (불특정한) 것, (무언가) 것

Soracak ki [소루작키] 질문할 것

✳ 문법과 표현 ❷

1 (남성/여성) ~씨

1 이름 + ~씨 또는 성별 + 성을 붙이면 이름을 격식있게 칭하거나 부를 수 있다.

남성이름 Ruslan Abdura [루슬란 압둘라] (이름, 성)	여성이름 Kyung Min Kang [강경민] (이름, 성)
Ruslan bey [이름 + 씨]	Kyung Min hanım [이름 + 씨]
Bay Abdura [남성(~씨) 압둘라]	Bayan Kang [여성(~씨) +강]

- 남성 (~씨): Bey [베이]
- 여성 (~씨): Hanım [하늠]
- 남성 (~씨): Bay [바이]
- 여성 (~씨): Bayan [바얀]

2 Görüşürüz[교류슈류즈]와 görüşümek üzere[교류슈멕 유제레]의 차이

1 Görüşürüz[교류슈류즈]와 görüşümek üzere[교류슈멕 유제레]는 약간의 의미상 차이와 문법적인 차이가 존재한다.

- Görüşürüz [교류슈류즈]
  단순히 '다시 만나요'라는 의미로 다시 만날 수 있는 가능성이 조금이라도 존재할 경우 또는 정확한 때를 알 수는 없으나 다시 만날 사이라고 판단될 경우 사용할 수 있다. 예를 들어 휴가 가는 직장 동료와의 관계, 같은 학교 친구들 사이에서 사용할 수 있다.

- görüşümek üzere [교류슈멕 유제레]
  '다시 만나기를 바라요'라는 의미로 다시 만날 지 말지 정확하기 않는 관계에서 사용할 수 있다. 여기서 üzere[유제레]는 ~을 '위하여, 바라며'라는 의미의 단어로 추상의 의미 전달의 역할을 하기도 한다.

3 Hoş geldiniz [호슈 겔디니즈] 어서오세요

1 터키어로 "어서오세요"라는 환영의 의미로 사용하는 인사표현이다.

2 격식있는 표현으로는 Hoş geldiniz[호슈 겔디니즈]라고 표현하고, 가까운 사이에게는 Hoş geldin[호슈 겔딘]이라고 말한다.

4 특정한 시간과 불특정한 시간을 의미하는 O zaman[오자만]

O zaman [오자만]을 직역하면 '그때', '그렇다면 그때'라는 의미의 숙어로 '특정한 시간'과 '불특정한 시간'을 지칭할 때 사용한다.

- '특정한 시간'의 O zaman [오자만]
  지인과 _월 _일 _시에 만나기로 약속을 했을 시 친구에게 '그러면 우리 그때 만납시다'라고 말을 할 수 있는데, 이렇게 '특정하고 정확한 시간'으로서 '그때'라는 의미로 사용할 수 있다.

- '불특정한 시간'의 O zaman [오자만]
  특정하게 정해지지 않는 시간을 의미할 때 사용할 수 있으며, 이때에는 '그렇다면 (불특정한 시간) 그때'
  라는 의미를 가지고 사용한다.

O zaman görüşürüz [오 자만 교류슈류즈]
→ 그렇다면 (불특정한 시간) 그때 만나요

 2

다음 **Muhametova**[무하메토바]와 **Aycan**[아이잔]의 대화를 완성해 보세요.

Muhametova: (1)   다시 만납시다.

Aycan: (2)   (불특정한) 그때에 다시 만납시다.

Muhametova: (3)   당신과 함께 다시 만나기를 바랍니다.

Aycan: (4)   신의 뜻이라면요.

WORDS

Hoş [호슈] 좋은, 즐거운	Geldin [겔딘] (너) 오세요, 오렴, 와라
Geldiniz [겔디니즈] (당신, 너희들) 오세요, 오십시오	Dilmek [딜멕] 희망하다
Dilerim [딜레림] (나는) 희망합니다	

✳ 연습문제

1 다음 대화문을 듣고 알맞는 인사를 고르세요.   TRACK **01-5**

① 아침인사   ② 정오 인사   ③ 저녁 인사   ④ 밤 인사

2 다음의 인사 표현을 읽고 해석해 보세요.

(1) Günaydın, merhaba.

→ _____

(2) İyi günler, görüşürüz.

→ _____

(3) İyi günler. Merhaba.

→ _____

(4) İyi akşamlar, görüşmek üzere.

→ _____

3 다음 주어진 문장을 터키어로 적어 보세요.

(1) 좋은 하루 되세요.

→ _____

(2) 좋은 저녁 시간 되세요, 다음에 만나요.

→ _____

(3) 다시 만나요.

→ _____

(4) 어서 오세요.

→ _____

4 다음을 큰 소리로 정확하게 따라 읽어 보세요.

Merhaba.

안녕하세요.

Sizinle görüşmekten gerçekten çok memnun oldum.

당신과 만나서 정말로 반갑습니다.

Mutlaka tekrar görüşmek üzere. İyi akşamlar!

반드시 다시 만나기를 바라겠습니다. 즐거운 저녁(시간) 되세요!

✳ 문화

✳ 튀르키예의 방문 시 지켜야 할 문화 ✳

동서양이 교차하는 나라 튀르키예는 정교회와 이슬람의 종교 문화가 어울어진 모자이크 같은 나라로 종교 문화과 고유의 문화가 혼재한다. 튀르키에 방문시 다음을 유의하도록 한다.

1 종교 시설을 방문 시 긴 옷을 착용한다

여성의 경우 팔, 무릎 이상의 다리, 머리카락, 어깨를 들어내지 않는다. 남자의 경우도 마찬가지다. 종교 시설 방문을 계획 중이라면 여성은 긴치마 내지 긴바지, 긴소매의 의상과 개인용 스카프를 준비하고, 남성도 긴소매와 긴바지를 착용하도록 한다.

2   사람을 부를 때는 '존칭 표현' <~씨>를 붙여서 부른다

여행하는 동안 여러 이유에서 터키인과 대화할 상황에 놓일 것이다. 현지인을 지칭할 때는 반드시 '~씨'라는 표현을 사용한다.

- 상대방의 이름을 모를 때
  남성에게는 <직책/직함> + bey[베이]
  여성에게는 <직책/직함> + hanım[하늠]

  `예시`
  Öğretmen bey [요레트멘 베이] 선생님 (남성에게)
  Proketör hanım [프로렉토르 하늠] 부총장님 (여성에게)

- 이름을 알고 있을 때
  남성에게는 <이름> + bey[베이]
  여성에게는 <이름> + hanım[하늠]

Rustam bey [루스탐 베이]   루스탐 씨 (남성에게)

Alfiye hanım [알피예 하늠]   알피예 씨 (여성에게)

3 이외에 지켜야 할 문화

- 인물 방향을 향해서 사진을 찍지 않는다.

- 악수를 제안하거나 악수를 받을 때는 반드시 오른손으로 한다.

- 튀르키예공화국의 국부 '아타튀르크'에 관해 과도한 부정적인 표현은 피한다.

- 쿠르드 분쟁, 아르메니아 이슈와 관련된 민감한 주제에 관한 대화는 되도록이면 먼저 제시하지 않도록 주의한다.

- 터키인 집에 방문했을 때에는 집안에서 가장 나이가 많은 어른에게는 무릎을 꿇고 손등에 키스를 한 후 이마를 손등에 대어 존경심을 표한다.

잘 지내셨나요?
감사합니다

✳ 학습목표

- 안부를 묻고 대답하는 표현 학습
- 다양한 상황에서의 안부/감사표현 학습

✳ 문법과 표현

- 인칭대명사
- 다양한 형태의 안부 표현

✳ 어휘

- 안부/감사 표현과 관련된 기초 어휘

✳ 문화

- 튀르키예의 주요 공휴일

✳ 본문 ❶

Nasılsınız?
어떻게 지내십니까?

Emine	**Merhaba Emine.** 멜하바 에미네	에미네	안녕하세요, 에미네.
Alina	**Merhaba Alina.** 멜하바 알리나	알리나	안녕하세요, 알리나.
Emine	**Nasılsınız?** 나슬스느즈	에미네	당신은 어떻게 지내십니까?
Alina	**İyiyim, teşekkür ederim.** **Siz nasılsınız?** 이이임, 테쉐큘 에데림. 시즈 나슬스느즈?	알리나	저는 좋습니다, 감사합니다. 당신은 어떻게 지내십니까?
Emine	**Teşekkür ederim, ben de iyiyim.** 테쉬큘 에데림, 벤 데 이이임	에미네	감사합니다, 저 또한 잘 지냅니다.
Alina	**İyi akşamlar.** 이이 악샴라르	알리나	즐거운 저녁 되세요.
Emine	**Hoşça Kalın.** 호슈차칼	에미네	안녕히 계세요.
Alina	**Güle güle.** 귤레 귤레	알리나	안녕히 가세요.

WORDS

İyi [이이] 좋은	**İyiyim** [이이임] 나는 좋습니다
Nasıl [나슬] 어떻게	**Nasılsınız** [나슬스느즈] 당신은 어떻게지냅니까, 당신은 어떻습니까
Siz [시즈] 당신, 너희들	**Teşekkür** [테쉐큘] 고마움
Ederim [에데림] (나는) ~합니다	**Teşekkür ederim** [테쉐큘 에데림] (나는) 고맙습니다
Hoşça [호슈차] 즐겁게, 좋게	**Kal** [칼] (명령형) 머물어라, 남아있어라
Hoşça kalın [호슈차 칼] 안녕히 계세요(머무세요)	**Güle güle** [귤레 귤레] 잘가, 안녕히 가세요

✳ 문법과 표현 ①

1 Nasılsınız? 어떻게 지내십니까?

1 상대방의 상태와 안부를 물어볼 때 사용한다.

2 처음 만난 사이, 상하 관계가 명확한 사이일 때는 Nasılsınız?[나슬스느즈] "당신은 어떻게 지내십니까?" 라고 물어본다.

3 만약 가까운 관계이거나 직함/직급이 비슷하거나 동일하여 상하 관계가 무색한 사이일 때에는 Nasılsın?[나슬슨] "너는 어떻게 지내?"라고 안부를 물어볼 수 있다.

4 안부를 묻는 표현 앞에 인칭을 붙일 수도 있고, 생략할 수도 있다.

터키어의 인칭

인칭	터키어	비고
나	Ben [벤]	
너	Sen [센]	
그/그녀/그것	O [오]	
우리	Biz [비즈]	
당신/너희들	Siz [시즈]	'너'의 존칭인 '당신' 또는 '너'의 복수인 '너희들'을 의미하는 인칭
그들/그녀들/그것들	Onlar [온나르]	

당신은 어떻게 지내십니까?
Siz nasılsınız? [시즈 나슬스느즈]
Nasılsınız? [나슬스느즈]

너는 어떻게 지내?
Sen nasılsın? [센 나슬슨]
Nasılsın? [나슬슨]

2 İyiyim 나는 좋습니다

1 Nasılsınız?[나슬스느즈] "당신은 어떻게 지내십니까?" 또는 Nasılsın?[나슬슨] "너는 어떻게 지내?"를 물어봤을 때 "나는 좋습니다", "나는 잘 지내"라는 의미로 사용한다.

2 상대가 존칭/비존칭의 대상일 때 상관없이 İyiyim[이이임]이라고 동일하게 대답한다.

3 터키어에서 iyi[이이]는 형용사로 '좋은'이라는 의미이고, 뒤에 붙은 yim은 '나는~입니다'의 의미를 가지고 있는 서술의 역할을 하는 '인칭 어미'이다.

✳ 문법과 표현 ❶

3 '감사합니다'의 다양한 표현

1 터키어에서는 '감사함'이라는 단어인 Teşekkür[테쉐퀼]을 사용하여 말을 받는 대상에 따라 다양한 형 태의 '감사합니다' 표현을 할 수 있다.

2 '매우' 또는 '많이'라는 의미 단어인 Çok[촉]을 붙여서 감사함을 강조하여 표현할 수 있다.

터키어의 "감사합니다"

터키어	의미	비고
Teşekkür [테쉐퀼]	고마워	비존칭 가볍게 '고마워'라는 의미에서 사용
Teşekkürler [테쉐퀼레르]	고마워요	
Çok teşekkürler [촉 테쉐퀼레르]	매우 고마워	
Teşekkür ediyorum [테쉐퀼 에디요름]	(지금 현재) 고마워하고 있습니 다	존칭 1회성 의미에서의 '감사' 표현 으로 사용할 수 있음
Çok teşekkür ediyorum [촉 테쉐퀼 에디요름]	(지금 현재) 매우 고마워하고 있습니다	
Teşekkür ederim [테쉐퀼 에데림]	고맙습니다	존칭 일반적으로 강조의 의미에서 '감사함'을 표현할 때 사용하는 표현
Çok teşekkür ederim [촉 테쉐퀼 에데림]	매우 고맙습니다	

4 안녕히 가세요! 안녕히 계세요!

1 인칭이 존칭의 대상(당신) 또는 너희들일 때에는 "안녕히 계세요" Hoşça kalın[호슈차 칼른]이라고 표현하고 인칭이 '너'일 경우에는 "잘 있어"란 의미의 Hoşça kal[호슈차 칼]로 표현한다.

2 "안녕히 가세요"는 존칭, 비존칭 및 너희들일 때 모두 동일하게 Güle gül [귤레 귤레]라고 표현한다.

확 인 문 제 1

다음 **Alina**[알리나]와 **Kang K.M**[강경민]의 대화를 완성해 보세요.

Alina:　　　(1) _____ ． 고맙습니다, 강경민 씨. (여성)

Kang K.M: (2) _____ ． 알리나 씨, 매우 고맙습니다.

　　　　　　(3) _____ ． 안녕히 계세요.

Alina:　　　(4) _____ ． 안녕히 가세요.

WORDS

Çok [촉] 매우

✳ 본문 ❷

Ne haber? Ne var ne yok?
어떻게 지내?

Sevim	**Leyla! Ne haber?** 네일라! 네 하베르
Leyla	**İyilik. Senden ne haber?** 이일릭. 센덴 네 하베르
Sevim	**Benden de iyilik.** 벤덴 데 이이릭
Leyla	**Ah! Dana! Ne var ne yok?** 아! 다나! 네 봐르 네 욕
Dana	**İyilik. Sende ne var ne yok?** 이일릭. 센덴 네 봐르 네 욕
Leyla	**Fena değil.** 페나 데일
Sevim	**Leyla ve Dana! Tekrar görüşürüz!** 레이라 베 다나! 테크랄 교류슈류즈
Dana	**İyi günler ve iyi bayramlar!** 이이 균네르 베 이이 바이람라르
Leyla	**Size de iyi bayramlar!** 이제 데 이이 바이람라르

세빔	레일라! 어떻게 지내? (무슨 소식이야?)
레일라	좋아. 너는 어떻게 지내? (너로부터는 어떤 소식이야?)
세빔	나 또한 좋아. (나로부터 또한 좋아.)
레일라	아! 다나! 어떻게 지내? (무엇이 있고 무엇이 없어?)
다나	좋아. 너는 어떻게 지내? (너에게는 무엇이 있고 무엇이 없어?)
레일라	나쁘지 않아.
세빔	레일라와 다나! 다시 만나요!
레일라	다시 만나요.
다나	좋은 하루 되세요. 그리고 즐거운 명절 되세요.
레일라	당신들 또한 즐거운 명절 되세요.

WORDS

Senden [센덴] 너로부터	Ne [네] 무엇	Haber [하베르] 소식
Benden [벤덴] 나로부터	İyilik [이이릭] 좋음, 훌륭함	Sende [센덴] 너에게
Fena [페나] 나쁜	Değil [데일] ~이 아닙니다	
Fena değil [페나 데일] 나쁘지 않습니다, 나쁜 것은 아닙니다		

✳ **문법과 표현 ②**

1 안부를 묻는 다양한 표현과 의미 차이

1 터키어에서는 의문사 Ne[네] "무엇"을 활용하여 안부를 물어 볼 수 있다.

2 다음의 안부 표현에는 존칭과 비존칭의 의미가 없으므로 만약 존칭과 비존칭을 구분하여 표현해야 하는 상황일 경우; 인사 표현 앞에 인칭대명사+격을 표현한다.

- ● **Ne haber?** [네 하베르]

  직역: 무슨 소식이야?, 무슨 소식입니까?

  의역: 어떻게 지내십니까?

- • **Sizden ne haber?** [시즈덴 네 하베르]

  직역: 당신으로부터 어떤 소식입니까?

  의역: 당신은 어떻게 지내십니까?

- • **Senden ne haber?** [센덴 네 하베르]

  직역: 너로부터 어떤 소식입니까?

  의역: 너는 어떻게 지내?

- ● **Ne var ne yok?** [네 봐르 네 욕]

  직역: 무엇이 있고 무엇이 없습니까?, 무슨 일입니까?

  의역: 어떻게 지내십니까?

- • **Sizde ne var ne yok?** [시즈데 네 봐르 네 욕]

  직역: 당신에게 무엇이 있고 무엇이 없습니까?

  의역: 어떻게 지내십니까?

- • **Sende ne var ne yok?** [센데 네 봐르 네 욕]

  직역: 너에게 무엇이 있고 무엇이 없니?

  의역: 너는 어떻게 지내?

2 "~가 아니다"를 나타내는 **değil**[데일]

değil[데일]은 터키어로 '~가/는 아니다'라는 의미로 앞의 표현(단어, 문장)을 부정할 때 사용한다.

- • **Kedi değil** [케디 데일] 고양이가 아닙니다
- • **Köpek değil** [쾨펙 데일] 개가 아닙니다

✳ 문법과 표현 ②

3 특별한 날에 대한 인사표현

터키어에서 주로 표현하는 "즐거운 ~날 되세요" 또는 "좋은 ~날 되세요" 라는 표현의 앞에는 대부분 '좋은'이라는 의미의 형용사 iyi를 앞에 붙인다.

> 주요 인사 표현

- İyi tatiller! [이이 타틸레르] 즐거운 휴일/휴가 되세요!
- İyi bayramlar! [이이 바이람라르] 즐거운 연휴 되세요!
- İyi hafta sonları! [이이 하프라 손나르] 즐거운 주말 되세요!
- İyi dersler! [이이 데르스레르] 즐거운 수업 되세요!
- İyi şanslar! [이이 샨스라르] 운수 좋으세요! (운이 좋게 되세요!)
- İyi uykular! [이이 우유쿠라르] 안녕히 주무세요! (좋은 꿈 꾸세요!)
- İyi eğlenceler! [이이 에일렌제레르] 즐거운 시간 되세요!
- İyi yolculuklar! [이이 욜주룩라르] 즐거운 여행 되세요!

(확)(인)(문)(제) **2**

다음 **Melike**[멜리케]와 **Timur**[티무르]의 대화를 완성해 보세요.

Melike: (1) _____?

　　　　　　잘 지내니? (너에게 무엇이 있고 무엇이 없니?)

Timur: (2) _____?

　　　　　　잘 지내십니까? (당신으로부터 어떤 소식입니까?)

Melike: (3) _____. 대단히 감사합니다.

Timur: (4) _____. 저 또한 감사합니다.

Melike: (5) _____. 당신 또한 즐거운 명절 되세요.

WORDS

Köpek [쾨펙] 개	Kedi [케디] 고양이	Tatil [타틸] 휴가, 연휴
Hatfa [하프타] 주	Hafta sonları [하프타 손나르] 주말들	Ders [데르스] 수업
Şans [샨스] 행운, 운	Uyku [우이쿠] 잠	Eğlence [에일렌제] 재미있는
Yolculuk [욜주룩] 여행		

✳ 연습문제

TRACK 02-5

1 다음 대화문을 듣고 알맞는 인사를 고르세요.

① 당신은 어떻게 지내십니까?

② 너는 어떻게 지내?

③ 너로부터 무엇이 있니? (어떻게 지내?)

④ 당신에게 무엇이 있고 무엇이 없습니까? (어떻게 지내십니까?)

2 다음의 인사 표현을 읽고 해석해 보세요.

(1) Siz nasılsınız?

→ _____

(2) İyiyim, çok teşekkür ederim.

→ _____

(3) Fena değil.

→ _____

(4) İyilik. Senden ne haber?

→ _____

3 다음을 큰 소리로 정확하게 따라 읽어보세요.

Nagehan: Elmira hocam, nasılsınız?
엘미라 선생님, 어떻게 지내고 계십니까?

Elmira: Çok iyiyim, teşekkür ederim.
나는 매우 좋습니다, 감사합니다.

Nagehan, senden ne haber?
나게한, 너로부터는 무슨 소식이 있습니까?
(나게한, 너는 어떻게 지내고 있습니까?)

Nagehan: Bir şey yoktur. Ama fena de değil.
특별한 것은 없습니다. 하지만 나쁘지도 않습니다.

Elmira: Bende de fena değil, iyilik.
저에게 또한 나쁘지 않습니다, 좋습니다.

4 다음 문장을 터키어로 적어보세요.

(1) 운수 좋으세요. (운이 좋게 되세요)

→ _____

(2) 즐거운 주말 되세요.

→ _____

(3) 다음에 만나요, 안녕히 계세요.

→ _____

(4) 또 다시 만나요, 안녕히 가세요.

→ _____

 ## 문화

✳ 튀르키예의 주요 공휴일과 명절 ✳

전국민의 98% 이상이 이슬람을 믿는 튀르키예의 주요 공휴일과 명절은 국가 공휴일과 종교 명절로 구분된다.

Tarih [타리흐] 일자	Bayram adı [바이람 아드] 공휴일/명절의 이름
1 Ocak 1월 1일	Yılbaşı [을바쉬] 신년
23 Nisan 4월 23일	Ulusal Egemenlik ve Çocuk Bayramı [울루살 에게멘릭 베 초죽 바이라므] 국가주권 및 어린이날
1 Mayıs 5월 1일	Emek ve Dayanışma Günü [에멕 베 다얀느쉬마 규뉴] 노동(절)과 연대의 날
19 Mayıs 5월 19일	Atatürk'ü Anma, Gençlik ve Spor Bayramı [아타튀르크 안마, 겐칠릭 베 스포르 바이라므] 아타튀르크 기념일 및 청소년과 체육의 날
15 Temmuz 7월 15일	Milli Birlik ve Demokrasi Günü [밀리 빌릭 베 데모크라시 규뉴] 국민통합과 민주주의의 날
30 Ağustos 8월 30일	Zafer Bayramı [자페르 바이라므] 전승기념일
30 Ekim 10월 29일	Cumhuriyet Bayram [줌후리예트 바이라므] 공화국의 날, 공화국 창건 기념일
변동 (이슬람력에 따름)	Ramazan Bayramı [라마잔 바이라므] 라마단
변동 (이슬람력에 따름)	Kurban Bayramı [쿠르반 바이라므] 희생절

- 4월 23일 Ulusal Egemenlik ve Çocuk Bayramı [울루살 에게멘릭 베 초죽 바이라므]
국가주권 및 어린이날은 튀르키예공화국 의회인 '튀르키예대국민회의'가 수립된 날이기도 하다.

- 5월 1일 Emek ve Dayanışma Günü [에멕 베 다얀느쉬마 규뉴]
노동절과 연대의 날은 의무 공휴일로 공무원과 노동자 모두가 이날 만큼은 동시에 쉰다. 한국에서도 '근로자의 날'로 기념하는 날이기도 하다.

- 5월 19일 Atatürk'ü Anma, Gençlik ve Spor Bayramı [아타튀르크 안마, 겐취릭 베 스포르 바이라므]
아타튀르크 기념일 및 청소년과 체육의 날은 튀르키예 공화국의 국부 아타튀르크가 태어난 날이기도 하다. 이날은 청소년과 체육활동을 장려하고자 하는 날로 청소년들은 학교가 아닌 체육관이나 운동장에 모여 운동회 등 다양한 체육 활동을 경험한다.

- 7월 15일 Milli Birlik ve Demokrasi Günü [밀리 빌릭 베 데모크라시 규뉴]
국민통합과 민주주의의 날은 2016년 7월 15일에 발생한 튀르키예 군부 쿠데타에 저항한 튀르키예 국민들의 애국심과 희생 및 국민 통합의 정신을 기리고자 하는 목적으로 2017년부터 기념하고 있는 국경일이다.

- 8월 30일 Zafer Bayramı [자페르 바이라므]
전승기념일은 1922년 튀르키예의 대그리스의 승전을 기념하는 날이다.

- 10월 29일 Cumhuriyet Bayramı [줌후리예트 바이라므]
공화국의 날은 1923년 튀르키예공화국 수립을 기념하는 날이다.

이것은 무엇입니까?
이 사람은 누구입니까?

✳ **학습목표**
- 지시대명사, 장소 지시대명사의 활용
- 사람/사물/장소의 위치에 대한 질문과 대답

✳ **문법과 표현**
- 지시대명사, 장소 지시대명사
- 부정관사

✳ **어휘**
- 다양한 형용사

✳ **문화**
- 튀르키예의 차(tea)의 역사

본문 ❶

| **Bu/Şu/O ne?** 이것/저것/그것은 무엇입니까?
| **Bu kim?** 이 사람은 누구입니까?

Bu ne?
부 네

Bu kedi.
부 케디

Şu ne?
슈 네

Şu defter.
슈 데프테르

O ne?
오 네

O kalem.
오 칼렘

Bunlar ne?
분나르 네

Bunlar kitap(lar).
분나르 키탑

Şunlar ne?
슌나르 네

Şunlar kitap ve kalem.
슌나르 키탑 베 칼렘

Onlar ne?
온나르 네

Onlar kedi, fare ve köpek.
온나르 케디, 퐈레 베 쾨펙

Bu kim?
부 킴

Bu Koreli.
부 코렐리

Şu kim?
슈 킴

Şu Emine.
슈 에미네

O kim?
오 킴

O öğretmen.
오 요레트멘

Bu Koreli mi?
부 코렐리 미

Evet, bu Koreli.
에벳, 부 코렐리

Şu Emine mi?
슈 에미네 미

Şu Emine değil.
슈, 에미네 데일

O öğretmen mi?
오 요레트멘 미

Hayır, o öğretmen değil. Öğrenci.
하이르, 오 요레트멘 데일. 요렌지

이것은 무엇입니까? 이것은 고양이입니다.
저것은 무엇입니까? 저것은 공책입니다.
그것은 무엇입니까? 그것은 펜입니다.
이것들은 무엇입니까? 이것들은 책입니다.
저것들은 무엇입니까? 저것들은 책과 펜입니다.
그것들은 무엇입니까?
그것들은 고양이, 쥐 그리고 개입니다.
이 사람은 누구입니까? 이 사람은 한국인입니다.
저 사람은 누구입니까? 저 사람은 에미네입니다.
그는 누구입니까? 그는 선생님입니다.
그는 한국인입니까? 네, 그는 한국인입니다.
저 사람은 에미네입니까?
아니요, 저 사람은 에미네가 아닙니다.
그는 선생님 입니까?
아니요, 그는 선생님이 아닙니다. 학생입니다.

WORDS

Fare [파레(퐈레)] (동물) 쥐	**Kitap** [키탑] 책	**Ve** [베] 그리고
Defter [데프테르] 공책	**Koreli** [코렐리] 한국인	**Öğretmen** [요레트멘] 가르치는 사람, 선생님
Öğrenci [요렌지] 배우는 사람, 학생		

✳ 문법과 표현 ①

1 지시대명사

1 지시대명사는 화자로부터 생물 또는 무생물의 대상과의 분리 정도를 나타내는 대명사이다.

2 Bu[부]는 화자로부터 아주 가까운 곳에 있는 대상에 대한 지시대명사이다. 복수는 Bunlar[분나르]이다.

3 Şu[슈]는 화자로부터 조금 멀이 떨어져 있는 대상에 대한 지시대명사이다. 즉, 화자의 시각에는 들어오나 물리적인 거리가 있을 때 사용한다. 복수는 Şunlar[슌나르]이다.

4 O[오]는 화자로부터 비교적 멀리 떨어져 있는 대상에 대한 지시대명사이다. 인칭에서 '그/그녀/그것'을 나타내는 대명사이기도 하다. 복수는 Onlar[온나르] 이다.

- Bu telefon [부 텔레폰] 이것은 전화입니다.
- Şu ev [슈 에브] 저것은 집입니다.
- O ağaç [오 아아취] 그것은 나무입니다.

2 명사의 복수형과 주의해야할 점
➕예비편에서 복수형 만드는 방법을 설명하고 있습니다.

1 만드는 방법
사물, 사람 등의 수를 표현하기 위해 단수 명사의 뒤에 -lar[라르] 또는 -ler[레르]의 두개의 접사를 명사 뒤에 첨가한다. 명사의 마지막 모음이 a, ı, o, u로 끝난다면 -lar[라르]를 사용하고, 마지막 모음이 e, i, ö, ü로 끝나면 이면 -ler[레르]를 붙인다.

a, ı, o, u → lar | e, i, ö, ü → ler

- Kitap [키탑] → kitaplar [키탑라르] 책 → 책들
- Kutu [쿠투] → kutular [쿠투라르] 상자 → 상자들
- Ekmek [에크멕] → ekmekler [에크멕레르] 빵 → 빵들
- Gözlük [교즈룩] → gözlükler [교즈룩레르] 안경 → 안경들

2 단, 복수형 규칙의 예외의 단어
다음의 영어, 아랍어 차용 단어들은 복수형 규칙에서 예외적이다.

- Gol [골] → goller [골레르] 골 → 골들
- Metal [메탈] → metaller [메탈레르] 메탈 → 메탈들
- Saat [사아트] → saatler [사아트레르] 시간/시각 → 시간/시각들

3 주의해야 할 점

만약 수량을 나타내는 숫자와 명사가 함께 쓰일 경우, 숫자에 명사의 수량의 의미가 포함되어 있으므로 이때는 단수 명사를 복수형으로 만들지 않는다.

- İki kedi [이키 케디] 고양이 두 마리
- Beş araba [베쉬 아라바] 다섯 대의 자동차
- Sekiz çanta [세키즈 찬타] 8개의 가방

4 언제 지시대명사를 복수로 만들어야 할까? / 언제 명사를 복수로 만들어야 할까?

- 각기 다른 장르 또는 성격의 책이 여러 권이 있다?
  → 이것들은 책들입니다. / 이것은 책들입니다.
  Bunlar kitaplar / Bu kitaplar [분나르 키탑라르 / 부 키탑라르]
- 각기 같은 장르 또는 성격의 책이 여러 권이 있다?
  → 이것들은 책입니다.
  Bunlar kitap [분라르 키탑]
- 책, 커피, 가방 등 각기 다른 물체가 여러 개 있다?
  → 이것들은 책(들), 커피(들) 그리고 가방(들)입니다.
  Bunlar kitap(lar), kahve(ler) ve çanta(lar) [분라르 키탑(라르)], [카흐베(레르) 베 찬타(라르)]

3 Kim? 누구

1 사람을 물어볼 때는 '누구'라는 의미의 kim[킴]을 사용한다.

2 사람 이외의 사물 및 동물을 물어볼 때는 '무엇'이라는 의미의 Ne[네]를 사용한다.

- Bu kim? [부 킴] 이는 누구입니까? / 이 사람은 누구입니까?
- Bu öğrenci [부 요렌지] 이는 학생입니다. / 이 사람은 학생입니다.
- Bu kim? [부 킴] 이는 누구입니까? / 이 사람은 누구입니까?
- Bu Sezcan [부 킴? 부 세즈잔] 이는 세잔입니다. / 이 사람은 세잔입니다.

확인문제 1

다음의 빈칸에 들어갈 알맞은 단어를 적어 보세요.

(1) Bu   ?   Bu Kalem.

(2) Şunlar   ?   Şunlar ayakkabı   .

(3) Onlar   ?   Sandalye.

(4) Bunlar   ?   Bu kitaplar.

Burası/Şurası/Orası neresi?
이곳은/저곳은/그곳은 어디입니까?

Burası neresi?
부라스 네레시

Burası İstanbul.
부라스 이스탄불

Şurası neresi?
슈라스 네레시

Şurası bir alışveriş merkezi.
슈라스 비르 알르쉬베리쉬 메르케지

Orası neresi?
오라스 네레시

Orası park.
오라스 파크

Burası İstanbul mu?
부라스 이스탄불 무

Evet, burası İstanbul.
에벳 부라스 이스탄불

Hayır, burası İstanbul değil. (Burası) Ankara.
하이르 부라스 이스탄불 데일. (부라스) 앙카라

İstanbul soğuk mu?
이스탄불 소욱 무?

Hayır, soğuk değil.
하이르, 하바 소욱 데일

이곳은 어디입니까?
이곳은 이스탄불입니다.
저곳은 어디입니까?
저곳은 한 쇼핑센터입니다.
그곳은 어디입니까?
그곳은 공원입니다.
이곳은 이스탄불입니까?
네, 이곳은 이스탄불입니다.
아니요, 이곳은 이스탄불이 아닙니다.
(이곳은) 앙카라입니다.
이스탄불은 춥습니까?
아니요, 춥지 않습니다.

WORDS   TRACK 03-4

Burası [부라스] 이곳은	**Şurası** [슈라스] 저곳은	**Orası** [오라스] 그곳은
Nere / Neresi [네레/네레시] 어디	**Alışveriş merkezi** [알르쉬베리쉬 메르케지] 백화점, 쇼핑센터	
Alışveriş [알르쉬베리쉬] 쇼핑	**Merkez** [메르케즈] 센터, 중심	**Park** [팔크] 공원
Ankara [앙카라] (튀르키예 수도) 앙카라		

✳ 문법과 표현 ❷

1️⃣ 장소 지시대명사

장소는 장소 지시대명사를 활용하여 "장소는 ~입니다"라고 표현한다.

- 이곳은 _____입니다 → Burası _____

- 저곳은 _____입니다 → Şurası _____

- 그곳은 _____입니다 → Orası _____

2️⃣ 의문사 mI로 질문하고 대답하기

➕예비편에서 복수형 만드는 방법을 설명하고 있습니다.

의문문을 구성하기 위해서는 질문하고자 하는 단어/문장의 뒤에 의문사 mI를 추가한다.

a, ı → mı?	o, u → mu?
e, i → mi?	ö, ü → mü?

- Bu araba mı? [부 아라바 므]   이것은 자동차입니까?
- Bu ütü mü? [부 유튜 뮤]   이것은 다리미입니까?
- Bu kedi mi? [부 케디 미]   이것은 고양이입니까?
- Bu okul mu? [부 오쿨 무]   이것은 학교입니까?

3️⃣ 긍정과 부정의 대답

대답은 긍정일 경우에는 Evet[에벳] "네"라고 대답하고, 부정일 경우 "아니요"란 의미의 Hayır[하이르]
~değil[데일]로 대답한다.

- 긍정일 경우
  → Evet [에벳] 네.

- 부정일 경우
  → Hayır, _____ değil. [하이르, _____ 데일] 아니요, _____이 아닙니다.

4️⃣ 형용사의 특징과 위치

1 특징
   - 터키어의 형용사는 슬라브어족과 서유럽어족의 언어와 달리 명사와 형용사의 성별이 존재하지 않
     는다.
   - 형용사는 명사의 앞 또는 뒤에 올 수 있다.
   - 형용사와 명사 뒤에는 '있다', '~입니다'의 서술을 생략 가능하다.

✳ 문법과 표현 ❷

예문

- Çarışı [찰르쉬] 시장
  → Büyük çarışı. [뷰육 찰르쉬] 큰 시장입니다.
- Üniversite [유니벨시테] 대학교
  → Eski üniversite. [에스키 유니벨시테] 오래된 대학교입니다.

2 주요 형용사

단어	뜻	단어	뜻
Büyük [뷰육]	큰	Küçük [큐축]	작은
Güzel [규젤]	아름다운, 예쁜	Çirkin [치르킨]	못생긴
İyi [이이]	좋은, 훌륭한	Kötü [쾨튜]	나쁜
Fazla [파즐라]	넘치는	Az [아즈]	적은
Çok [촉]	매우, 많은	Biraz [비라즈]	약간, 조금
Başka [바쉬카]	다른	Aynı [아이느]	같은
Mutlu [무툴루]	행복한	Mutsuz [무트수즈]	행복하지 않은
Hızlı [흐즐르]	빠른	Yavaş [야바쉬]	천천히
Yaşlı [야슬르]	나이가 많은, 오래된	Gençi [겐치]	젊은

5 부정관사와 형용사 위치에 따른 의미 차이

1 부정관사 bir는 형용사와 명사 사이에 쓰여서 불특정한 것을 의미한다.

2 단, 형용사 앞에 bir가 오면 이는 부정관사가 아닌 숫자 또는 개수의 bir '하나'라는 의미이다.

- Kırmız bir defter [크르므즈 비르 데프테르] (빨간색 공책) → 부정관사
- Bir kırmız defter [비르 크르므즈 데프테르] 하나의 빨간색 공책 → 1개

확인문제 2

다음의 빈칸에 알맞은 의문사와 긍정/부정의 대답을 적어 보세요.

(1)　İstanbul kalabalık ＿＿＿＿＿＿＿＿？ 이스탄불은 복잡합니까?

　　　 Evet, ＿＿＿＿＿＿＿＿. 네, 이스탄불은 복잡합니다.

(2)　O postacı ＿＿＿＿＿＿＿＿？ 그는 우체부입니까?

　　　 Hayır, ＿＿＿＿＿＿＿＿. 아니요, 그는 우체부가 아닙니다.

(3)　Mehmetova bekar ＿＿＿＿＿＿＿＿？ 메흐메토바는 미혼입니까?

　　　 Hayır, ＿＿＿＿＿＿＿＿. 아니요, 그녀는 미혼이 아닙니다.

WORDS

Hava [하바] 날씨, 하늘, 공기	Kalabalık [칼라발륵] 복잡한	Postacı [포스타즈] 우체부
Avukat [아브카트] 변호사	Bekar [베카르] 미혼	

✳ 연습문제

1 다음 대화문을 듣고 알맞는 것을 고르세요. TRACK 03-5

① 이것은 고양이들입니다.

② 저 사람은 학생입니다.

③ 저 사람은 선생님이 아닙니다. 학생입니다.

④ 이들은 한국인이 아닙니다. 터키인입니다.

2 다음을 문장을 보고 해석해 보세요.

(1) Burası neresi? [부라스 네레시]

→ _____

(2) Burası okul değil. Dershane. [부라스 오쿨 데일. 데르스하네]

→ _____

(3) Ali Koreli mi? [알리 코렐리 미]

→ _____

(4) Güzel bir kedi [규젤 비르 케디]

→ _____

3 다음을 큰소리로 정확하게 따라 읽어 보세요. TRACK 03-6

(1) Aigul bekar değil. O evli.
아이굴은 미혼이 아닙니다. 그녀는 기혼입니다.

(2) Müdür hanım çok sinirli mi?
관리자 (여성:~씨)는 짜증스러운가요?(신경질적인가요?)

(3) Hayır, o çok sinirli değil. O çok nazik bir kadın.
아니요, 그녀는 짜증스럽지 않습니다. (신경질적인 사람이 아닙니다.) 그녀는 매우 친절한
여자입니다.

4 다음 주어진 문장을 터키어로 적어 보세요.

(1) 이들은 터키인이 아닙니다. 한국인입니다.

→ _____

(2) 우리들은 한국인이 아닙니다. 터키인입니다.

→ _____

(3) 저곳은 서울이 아닙니다. 이스탄불입니다.

→ _____

(4) 이것들은 책, 연필, 공책입니다.

→ _____

WORDS

Mavi [마비] 파란

Kadın [카든] 여성

Sinirli [시린리] 짜증나는, 짜증스러운, 신경질적인

✳ 문화

✳ 튀르키예의 차(Tea)의 역사 ✳

튀르키예에 가본 사람이라면 누구나 이 나라가 차(Tea)를 사랑하는 나라임을 눈치챘을 것이다. 차는 터키인들의 삶에서 일상의 한 조각으로서 대단히 중요한 일부분을 차지한다.

역사에 따르면 터키에서 차는 17세기인 오스만투르크 시기에 등장했지만 당시에는 커피만큼 인기는 없었다. 대부분 차는 아시아 지방에서 이스탄불의 여러 상점으로 수입되었다. 차가 귀중하고 건강한 음료라는 것을 깨달은 술탄 압둘하미드 2세(Sultan Abdulhamid II)는 19세기의 통치 시절 동안 중국에서 부르사(Bursa)로 차 묘목을 들여와 심었지만 실패했다.

한편, 투르크인들의 차 도입은 실제로 훨씬 이전인 12세기로 기록되어 있다. 카잔 타타르인이자 언어학자였던 압둘-카윰-나실리(Abdül'I-Kayyum Nasıri)의 책인 페바키휼-쥴레사(Fevakihü'I-Cülesa)의 기록에 따르면 호자 아흐멧 예세비(Hoca Ahmet Yesevi)가 차를 마신 최초의 투르크인이라고 한다.

1차 세계대전 후 세워진 튀르키예공화국은 1차대전 후 폭등한 커피의 대체제로 1924년에 '튀르키예 흑해지방 리제(Rize)에서의 차 재배에 관한 법률'을 통과시켰다. 1930년대 소비예트공화국 조지아(Georgia)에서 구입한 홍차 종자 70톤을 리제에 심었고, 오늘날 튀르키예는 현재 세계에서 가장 많은 양의 차를 생산하는 상위 6개 국가가 된다. 튀르키예는 차 생산기지일 뿐만 아니라 차를 마시는 비율도 높은 편으로 1인당 연간 평균 차 소비량은 6.87kg이상이다.

오늘날 차는 모든 터키인의 삶에서 없어서는 안될 부분이며 하루 종일 그들의 삶은 차와 함께한다.

우리는 학생입니다

✳ **학습목표**

- 터키어의 '인칭~입니다' '~가/는/이 아닙
  니다'의 표현 학습

- 의문사 만들기와 활용

✳ **문법과 표현**

- 명사/형용사의 '인칭'에 따른 "~입니다"

- 명사/형용사의 '인칭'에 따른 '~이 아닙
  니다'

- 국가/민족/언어: 국가명/민족 + II /언어 +
  cA

- 명사/형용사의 '인칭'에 따른 ~입니까?
  (의문문)

✳ **어휘**

- 나라/민족/언어와 관련된 어휘

✳ **문화**

- 문화, 역사, 자연이 아름다운 나라 튀르
  키예

> **Ben öğrenciyim.**
> 나는 학생입니다.

Ben öğrenciyim. 벤 요렌지임	저는 학생입니다.
Sen öğrenci değilsin. 센 요렌지 데일신	너는 학생이 아닙니다.
O öğretmen. 오 요레트멘	그/그녀/그것은 선생님입니다.
Biz öğrenciyiz. 비즈 요렌지이즈	우리는 학생입니다.
Siz öğrenci değilsiniz. 지스 요렌지 데일시니즈	당신/너희들은 학생이 아닙니다.
Onlar öğretmen(ler). 온라르 요레트멘(레르)	그들/그녀들/그것들은 선생님(들)입니다.
Ben Koreliyim. 벤 코렐리임	우리는 한국인입니다.
Sen Korelisin. 센 코렐리신	너는 한국인입니다.
Onlar Koreli. 온나르 코렐리	그들/그녀들/그것들은 한국인입니다.
Biz Koreli değiliz. Siz de Koreli değilsiniz. 비즈 코렐리 데일리즈 시즈 데 코렐리 데일시니즈	우리들은 한국인이 아닙니다. 당신/너희들 또한 한국인이 아닙니다.
Onlar Koreli(ler) değil, Türk(ler). 온라르 코렐리(레르), 데일 튜룩(레르)	그들/그녀들/그것들은 한국인(들)이 아닙니다, 터키인(들)입니다.

WORDS **TRACK 04-2**

Değil [데일] 아니다　　　**Değilsin** [데일신] 너는 아니다　　　**Değilsiniz** [데일시니즈] 당신들은 아니다

✳ 문법과 표현 ❶

① 인칭 ~ 입니다/습니다/이다

1 터키어의 문장은 주로 주어로 시작하고 동사(또는 동사구) 또는 '서술격 조사(또는 접사)'인 '인칭 ~ 입니다'로 끝난다.

2 동사(시제), 명사, 형용사 뒤에 터키어의 '인칭 ~ 입니다/습니다/이다'를 첨가한다.
   - 명사 또는 형용사의 마지막 끝난 모음에 따라 모음그룹 İ를 적용하며, İ에 따라 해당 자리의 모음이 바뀐다.
   - 이때 명사 또는 형용사의 마지막 끝나는 단어가 '모음'일 경우 매개자음 Y를 추가한 후 '인칭 ~입니다/습니다/이다'를 추가한다.

3 '인칭~입니다'를 첨가할 시에는 주어 자리의 인칭대명사를 생략할 수 있다.
   - 동사(시제)/명사/형용사 + '~입니다/습니다/이다'

인칭	~입니다/습니다
Ben 나	(y)İm
Sen 너	sİn
O 그/그녀/그것	(dİr/tİr)
Biz 우리	(y)İz
Siz 너희들, 당신	sİnİz
Onlar 그들/그녀들/그것들	(dİr/tİr)lAr lAr(dİr/tİr)

   - İ의 모음에 따라 바뀌는 '인칭~입니다/습니다'

인칭	a, ı	e, i	o, u	ö, ü
Ben 나	(y)ım	(y)im	(y)um	(y)üm
Sen 너	sın	sin	sun	sün
O 그/그녀/그것	-	-	-	-
Biz 우리	(y)ız	(y)iz	(y)uz	(y)üz
Siz 당신/너희들	sınız	siniz	sunuz	sünüz
Onlar 그들/그녀들/그것들	(-lar)	(-ler)	(-lar)	(-ler)

✳ 문법과 표현 ❶

활용하기

- Doktor [독토르] 의사, 박사 명사

  Ben doktorum. [벤 독토룸] 나는 의사입니다.

  Sen doktorsun. [센 독토르순] 너는 의사입니다.

  O doktor. [오 독토르] 그/그녀/그것은 의사입니다.

  Biz doktoruz. [비즈 독토르루즈] 우리는 의사입니다.

  Siz doktorsunuz. [시즈 독토르수누즈] 당신/너희들은 의사입니다.

  Onlar doktorlar. [온나르 독토르라르] 그들은 의사입니다.

- İyi [이이] 좋은 형용사

  Ben iyiyim. [벤 이이임] 나는 좋습니다.

  Sen iyisin. [센 이이신] 너는 좋습니다.

  O iyi. [오 이이] 그/그녀/그것은 좋습니다.

  Biz iyiyiz. [비즈 이이이즈] 우리는 좋습니다.

  Siz iyisiniz. [시즈 이이시니즈] 당신/너희들은 좋습니다.

  Onlar iyiler. [온나르 이이레르] 그들은 좋습니다.

2 (인칭)은 ~가 아닙니다/아니다

1 '아니다'라는 터키어 'Değil'에다가 '인칭~입니다'를 붙이면 인칭이 ~가 아니다라는 의미가 된다.

- 동사(시제)/명사/형용사değil + '인칭~입니다/습니다'

인칭	~입니다/습니다
Ben 나	Değilim
Sen 너	Değilsin
O 그/그녀/그것	Değil
Biz 우리	Değiliz
Siz 너희들, 당신	Değilsiniz
Onlar 그들/그녀들/그것들	Değil(ler)

활용하기

- Öğrenci [요렌지] 학생 명사

  Öğrenci değilim. [요렌지 데일림] 저는 학생이 아닙니다.

  Öğrenci değilsin. [요렌지 데일신] 너는 학생이 아닙니다.

  Öğrenci değil. [요렌지 데일] 그/그녀/그것은 학생이 아닙니다.

Öğrenci değiliz. [요렌지 데일리즈] 우리는 학생이 아닙니다.

Öğrenci değilsiniz. [요렌지 데일시니즈] 당신/너희들은 학생이 아닙니다.

Öğrenci değil(ler). [요렌지 데일(레르)] 그들/그녀들/그것들은 학생이 아닙니다.

- hasta [하으타] 아픈 형용사 병 명사

Ben hasta değilim. [벤 하스타 데일림] 나는 아프지 않습니다.

Sen hasta değilsin. [센 하스타 데일신] 너는 아프지 않습니다.

O hasta değil. [오 하스타 데일] 그/그녀/그것은 아프지 않습니다.

Biz hasta değiliz. [비즈 하스타 데일리즈] 우리는 아프지 않습니다.

Siz hasta değilsiniz. [시즈 하스타 데일시니즈] 당신/너희들은 아프지 않습니다.

Onlar hasta değil(ler). [온나르 하스타 데일(레르)] 그들/그녀들/그것들은 아프지 않습니다.

 확인문제 1

한국인(**Koreli**)라는 단어로 '인칭 ~입니다/습니다/이다'와 '인칭 ~아닙니다/아니다'를 만들어 보세요.

인칭	한국인입니다	한국인이 아닙니다
Ben 나		
Sen 너		
O 그/그녀/그것		
Biz 우리		
Siz 너희들, 당신		
Onlar 그들/그녀들/그것들		

WORDS

Doktor [독토르] 박사, 의사   Hasta [하스타] 아픈, 병든, 병

| **Sen Koreli misin?**
| 너는 한국인이야?

Ben iyi miyim?
벤 이이 미임

Evet, iyisin.
에벳, 이이신

Sen Koreli misin?
센 코렐리 미신

Hayır, Koreli değilim.
하이르, 코렐리 데일림

Hava soğuk mu?
하바 소욱 무

Evet, soğuk.
에벳, 소욱

Siz yorgun musunuz?
시즈 요를군 무수누즈

Hayır, yorgun değilim. Ama hastayım.
하이르, 요를군 데일림 아마 하스타음

Sen hasta değil misin?
센 하스타 데일 미신

Bilmiyorum.
빌미요름

나는 좋습니까?

네, 너는 좋습니다.

너는 한국인입니까?

아니요, 저는 한국인이 아닙니다.

날씨가 춥습니까?

네, 춥습니다.

당신은 피곤합니까?

아니요, 저는 피곤하지 않습니다. 하지만 아픕니다.

너는 아프지 않습니까?

나는 모르겠습니다.

WORDS

TRACK 04-4

| Soğuk [소욱] 추운, 차가운 | Ama [아마] 하지만, 그러나 | Bilmiyorum [빌미요름] 나는 모릅니다 |

✳ 문법과 표현 ②

1 터키어로 민족 명, 언어 명 만들기

1 터키어로 민족 명은 국가 명에 따라 만들고, 언어 명은 민족 명에 따라 만든다.

- 국가/지역 명 + lİ → 국가/도시/지역/땅(의) 출신, 사람

Kore → Koreli [코레 → 코렐리] 한국 → 한국인, 한국 출신(사람)	Seul → Seullu [세울 → 세울루] 서울 → 서울 사람, 서울 출신(사람)

- 민족 + cA → 언어 명

Koreli → Korece [코렐리 → 코레제] 한국인 → 한국어	Rus → Rusça [루스 → 루스차] 러시아인 → 러시아어

➕ 단, 국가명의 마지막 문자가 된소리 f, s, t, k, ç, ş, h, p로 끝날 경우 c는 ç로 바뀐다.

국가/지역명 + lİ 형태를 사용하지 않고 민족/출신 명이 이미 고유명사로 굳어진 경우도 있다.

- 나라 - 민족 - 언어 명

Ülke [윌케] 나라	Milliyet [밀레트] 민족	Dil [딜] 언어
Türkiye [튀르키예] 튀르키예	Türk [투르크] 터키인	Türkçe [투룩체] 터키어
Rusya [루시야] 러시아	Rus [루스] 러시아인	Rusça [루스차] 러시아어
Almanya [알만냐] 독일	Alman [알만] 독일인	Almanca [알만자] 독일어
Amerika [아메리카] 미국	Amerikalı [아메리칼르] 미국인	İngilizce [잉길리즈제] 영어
Japonya [자폰야] 일본	Japon [자폰] 일본인	Japonca [자폰자] 일본어
Çin [친] 중국	Çinli [친리] 중국인	Çince [친제] 중국어
İngiltere [잉길텔레] 영국	İngiliz [잉길리즈] 영국인	İngilizce [잉길리즈제] 영어

➕ 튀르키예인(Türkiyeli)? 튀르키예어(Türkiyece)?

튀르키예공화국 터키언어협회(TDK: Türk Dil Kurumu) 튀르키예인은 튀르키예 영토내 거주자를, 튀르키예어는 그 영토의 언어를 의미하기 때문에 '튀르키예인(Türkiyeli)', '튀르키예어(Türkiyece)'란 단어는 사용하지 않는다고 밝혔다. (2023년 7월 20일자 발표)

✳ 문법과 표현 ②

2 의문사 붙여서 질문하기

1 의문사 mİ에 인칭 ~입니다를 붙여서 질문할 수 있다.

- 의문사 mİ + 인칭 ~입니다

인칭	a, ı	e, i	o, u	ö, ü
Ben 나	mıyım?	miyim?	muyum?	müyüm?
Sen 너	mısın?	misin?	musun?	müsün?
O 그/그녀/그것	mı?	mi?	mu?	mü?
Biz 우리	mıyız?	miyiz?	muyuz?	müyüz?
Siz 당신/너희들	mısınız?	misiniz?	musunuz?	müsünüz?
Onlar 그들/그녀들/그것들	mı?	mi?	mu?	mü?

활용하기

- Öğrenci [요렌지] 학생 명사

인칭	긍정 질문	부정 질문
Ben 나	Öğrenci miyim? [요렌지 미임] 나는 학생입니까?	Öğrenci değil miyim? [요렌지 데일 미임] 나는 학생이 아닙니까?
Sen 너	Öğrenci misin? [요렌지 미신] 너는 학생입니까?	Öğrenci değil misin? [요렌지 데일 미신] 너는 학생이 아닙니까?
O 그/그녀/그것	Öğrenci mi? [요렌지 미] 그/그녀/그것은 학생입니까?	Öğrenci değil mi? [요렌지 데일 미] 그/그녀/그것은 학생이 아닙니까?
Biz 우리	Öğrenci miyiz? [요린지 미이즈] 우리는 학생입니까?	Öğrenci değil miyiz? [요렌지 데일 미이즈] 우리는 학생이 아닙니까?
Siz 당신/너희들	Öğrenci misiniz? [요렌지 미시니즈] 당신/너희들은 학생입니까?	Öğrenci değil misiniz? [요렌지 데일 미시니즈] 당신/너희들은 학생이 아닙니까?

Onlar 그들/그녀들/그것들	Öğrenci(ler) mi? [요렌지(레르) 미] 그들/그녀들/그것들은 학생입니까?	Öğrenci değil(ler) mi? [요린제 데일(레르) 미] 그들/그녀들/그것들은 학생이 아닙니까?

• Çalışkan [찰르쉬칸] 부지런한, 성실한, 부지런한/성실한 사람 형용사

인칭	긍정 질문	부정 질문
Ben 나	Çalışkan mıyım? [찰르쉬칸 므음] 나는 부지런합니까?	Çalışkan değil miyim? [찰르쉬칸 데일 미임] 나는 부지런하지 않습니까?
Sen 너	Çalışkan mısın? [찰르쉬칸 므슨] 너는 부지런합니까?	Çalışkan değil misin? [찰르쉬칸 데일 미신] 너는 부지런하지 않습니까?
O 그/그녀/그것	Çalışkan mı? [찰르쉬칸 므] 그/그녀/그것은 부지런합니까?	Çalışkan değil mi? [찰르쉬칸 데일 미] 그/그녀/그것은 부지런하지 않습니까?
Biz 우리	Çalışkan mıyız? [찰르쉬칸 므으즈] 우리는 부지런합니까?	Çalışkan değil miyiz? [찰르쉬칸 데일 미이즈] 우리는 부지런하지 않습니까?
Siz 당신/너희들	Çalışkan mısınız? [찰르쉬칸 므스느즈] 당신/너희들은 부지런합니까?	Çalışkan değil misiniz? [찰르쉬칸 데일 미시니즈] 당신/너희들은 부지런하지 않습니까?
Onlar 그들/그녀들/그것들	Çalışkan(lar) mı? [찰르쉬칸(라르) 므] 그들/그녀들/그것들은 부지런합니까?	Çalışkan değil(ler) mi? [찰르쉬칸 데일(레르) 미] 그들/그녀들/그것들은 부지런하지 않습니까?

확인문제 2

다음 문장을 한국어 또는 터키어로 해석해 보세요.

(1)   Ben bugün çok mutluyum.   .

(2)   Siz çok çalışkansınız.   .

(3)   우리는 나이가 많습니까?   ?

(4)   우리는 나이가 많지 않습니까?   ?

WORDS

Bugün [부균] 오늘   Mutlu [무툴루] 행복한

Çalışkan [찰르쉬칸] 부지런한, 부지런한 사람

✳ 연습문제

TRACK 04-5

1 다음을 듣고 맞는 것을 고르세요.

① 우리는 한국인입니다.

② 우리는 한국인이 아닙니다.

③ 이것은 한국어입니다.

④ 그들은 일본인이 아닙니다. 중국인입니다.

2 다음을 문장을 해석해 보세요.

(1) Ben Öğrenciyim ve Koreliyim. [벤 요렌지임 베 코렐리임]

→ _____

(2) Onlar Amerikalı değil(ler), Koreliler. [온나르 아메리칼르 데일(레르), 코렐리(레르)]

→ _____

(3) Bu kedi mi? [부 케디 미]

→ _____

(4) Onlar köpekler mi? [온나르 쾨펙레르 미]

→ _____

✳ 연습문제

3 다음 주어진 문장을 터키어로 적어 보세요.

(1) 이것은 한국어이고, 저것은 터키어입니다.

→ _____

(2) 당신은 즐겁습니까?

→ _____

(3) 당신은 학생입니까?

→ _____

(4) 너희들은 한국인입니까?

→ _____

4 다음을 큰 소리로 정확하게 따라 읽어 보세요.

TRACK 04-6

Merhaba! Benim adım Emine. Ben bir Koreliyim. Sizinle tanışmaktan çok memnun oldum. Ben maalesef bugüm hastayım.Yarın görüşürüz.

안녕하세요, 제 이름은 에미네입니다. 저는 한국인입니다. 당신/너희들과 만나서 매우 반갑습니다. 안타깝게도 저는 오늘 아픕니다. 내일 만납시다.

WORDS

Tatlı [타틀르] 맛있는, 귀여운, 달콤한   Bilet [빌렛] 티켓

Maalesef [마알레세프] 안타깝게도, 불행하게도

✳ 문화

✳ 문화, 역사, 자연이 아름다운 나라, 튀르키예! ✳

유럽과 아시아의 교차로에 위치한 튀르키예는 풍부한 문화와 역사, 아름다운 자연 경관을 자랑하며 여행객들에게 세계적으로 인기 있는 국가 중 하나다. 2018년을 기준으로 4,570만 명 이상의 방문객을 기록한 튀르키예는 극심했던 COVID-19 기간이던 2020년에는 관광객이 1,597만 명으로 감소하는 등 직격탄을 맞았으나 2023년에는 4,460만 명 이상의 관광객이 튀르키예를 찾으며 관광대국으로의 명성을 되찾았다.

이스탄불(Istanbul)을 비롯해 앙카라(Ankara), 안탈리아(Antalya), 카파도키아(Kapadokya) 등은 관광허브지역으로 역사, 문화, 자연 명소의 독특함으로 관광객을 끌어 모은다. 튀르키예가 여행객들의 사랑을 받는 몇 가지 이유가 있다.

풍부한 역사와 문화유산을 보유한 튀르키예에는 고대 트로이 유적부터 이스탄불의 비잔틴 제국과 오스만투르크 때 만들어진 건축물 등의 다양성이 관광객들을 매료시킨다. 지중해의 해변부터 눈 덮인 산, 고요한 호수와 역동적인 도시, 동부 지역의 아라라트 산과 흑해에서 시작하는 코카서스 산맥까지 놀라운 풍경을 자랑한다. 케밥(Kebap), 바클라바(Baklava), 카이막(Kaymak) 등 음식의 종류만 수천가지로 유명한 이 나라의 음식은 관광객들이 더 갈망하게 만드는 풍미와 맛을 탐구하게 만든다.

이외에도 현대적이며 고도화된 관광 인프라, 유라시아의 허브 공항인 이스탄불 신공항 건설, 편리한 숙박시설, 환율 대비 저렴한 물가 등은 여행지로 매력적인 또한 핵심 요소라 볼 수 있다. 튀르키예는 역사와 문화 애호가부터 미식가에게까지 튀르키예를 찾는 모든 사람들에게 언어로 규정할 수 없는 그 이상의 매력을 제공하며 이것은 왜 그렇게 많은 사람들이 매년 여행지로 튀르키예를 선택하는지를 설명한다.

UNIT
05

당신은 누구입니까?
이것은 얼마입니까?

✳ **학습목표**

- '어떻게', '누구의' 등의 다양한 의문 표현

- 가격, 크기 등을 묻고 대답하기

✳ **문법과 표현**

- '누구의' 의문 표현

- 어떻게, 수량, 얼마의 표현

✳ **어휘**

- 터키어 숫자 0 부터 100,000,000 까지

✳ **문화**

- 튀르키예의 수도는 이스탄불? 앙카라!

Kimsiniz?
당신은 누구입니까?

Kimsiniz?
킴시니즈

Biz Koreliyiz.
비즈 코레리이즈

Kim iyi?
킴 이이

Ben iyiyim.
벤 이이임

Kimler iyi değil?
킴네르 이이 데일

Onlar iyi değil, çok hasta.
온나르 이이 데일, 촉 하스타

Kimler meşgul?
킴네르 메슈굴

Biz meşguluz. Çünkü işlerimiz çok.
비즈 메슈굴루즈. 츈큐 이쉬렐리미즈 촉

Bu ne demek?
부 네 데멕

Bunlar ne demek?
분나르 네 데멕

Bunlar rahatsız demek. Çünkü ben çok meşgul, zamanım yok.
분나르 라핫스즈 데멕. 츈큐 벤 촉 메슈굴, 자마늠 욕

당신은 누구입니까?

우리는 한국인입니다.

누가 좋습니까?

저는 좋습니다.

누가(누구들) 좋지 않습니까?

그들이 좋지 않습니다, 매우 아픕니다.

누가(누구들) 바쁩니까?

우리가 바쁩니다.

왜냐하면 우리의 일들이 많습니다.

이것은 무슨 뜻입니까?

이것들은 무슨 뜻입니까?

이것들은 편하지않다는 뜻입니다.

왜냐하면 저는 지금 매우 바쁩니다.

WORDS

Kim [킴] 누가	Mesgül [메슈굴] 바쁜	Demek [데멕] 뜻, 의미, 말하다
Ne demek [네 데멕] 어떤 뜻, 무슨 뜻	Meşgul [메슈굴] 바쁜	Çünkü [츈큐] 왜냐하면
İşlerimiz [이쉬렐리미즈] 우리의 일	İşler [이쉬레르] 일들	İş [이쉬] 일
Rahatsız [라핫스즈] 편지하 않은, 불편한	Zaman [자만] 때	Zamanım [자마늠] 나의 때, 나의 시간
Yok [욕] 없는		

✱ 문법과 표현 ❶

1 Kim과 kimler

1 사람을 물어볼 때에는 Kim[킴]을 사용한다.

2 사람 '누구누구'라는 의미로 복수로 물어볼 때는 Kimler[킴네르]라고 표현한다.

- **Kim yorgun?** [킴 요르군] 누가 피곤합니까?
- **Ben yorgunum.** [벤 요르구눔] 제가 피곤합니다.
- **Kimler yorgun?** [킴네르 요르군] 누구들이 피곤합니까?
- **Biz yorgunuz.** [비즈 요르구누즈] 우리들이 피곤합니다.

3 상대방의 직업, 이름 등 신분이 궁금할 때에는 Kimsiniz[킴시니즈] 또는 Kimsin[킴신]이라고 물어본다.

- **Kimsiniz?** [킴시니즈] 당신은 누구입니까?
- **Kimsin?** [킴신] 너는 누구입니까?
- **Kimsiniz?** [킴시니즈] 당신/너희들은 누구입니까?
- **Biz Koreliyiz.** [비즈 코렐리이즈] 우리들은 한국인입니다.
- **Kimsin?** [킴신] 너는 누구입니까?
- **Ben Koreliyim.** [벤 코렐리임] 저는 한국인입니다.

2 무엇 Ne?

1 사람이 아닌 이외의 것을 물어볼 때는 Ne[네]를 사용한다.

단수일 때

- **Bu ne?** [부 네] 이것은 무엇입니까?
- **Bu bilgisayar.** [부 빌기사야르] 이것은 컴퓨터입니다.
- **Bu güzel mi?** [부 규젤 미] 이것은 예쁩니까?
- **Bence güzel değil.** [벤제 규젤 데일] 제 생각에는 예쁘지 않습니다.

복수일 때

- **Bunlar ne?** [분나르 네] 이것들은 무엇입니까?
- **Bunlar bilgisayar, cep telefonu ve kitaplar.** [분나르 빌기사야르, 젭 텔레포누 베 키탑라르] 이것들은 컴퓨터, 휴대폰 그리고 책들입니다.
- **Bu ne demek?** [부 네 데멕] 이것은 무슨 뜻/의미입니까?
- **Bu güzel demek.** [부 규젤 데멕] 이것은 예쁘다는 의미입니다.

✱ 문법과 표현 ❶

확 인 문 제 1

다음 문장을 터키어로 적어 보세요.

(1) 이것은 어떤 의미입니까?　　　　　　　　　　　　　　　　　　?

(2) 이것은 '어렵다'라는 의미입니다.　　　　　　　　　　　　　　　.

(3) 당신은 누구입니까?　　　　　　　　　　　　　　　　　　　?

(4) 저는 대학생입니다.　　　　　　　　　　　　　　　　　　　?

WORDS

Bence [벤제] 제 생각에는	Bilgisayar [빌기사야르] 컴퓨터	Cep telefonu [젭 텔레포누] 휴대폰
Cep [젭] 주머니	Üniversite Öğrencisi [유니베르시테 요렌지] 대학생	

> ## Sizin için nasıl?
> 당신에게 있어서 어떤가요?

Sizin için nasıl?
시진 이친 나슬

Bizim için iyi.
비짐 이친 이이

Hangi program iyi?
항기 프로그램 이이

Bunlar iyi.
분나르 이이

Sizce bu kötü mü?
시즈제 부 쾨튜 뮤

Kötü değil. Bu güzel.
쾨튜 데일. 부 규젤

Bu kaç lira?
부 카츠 리라

Bu 2 lira.
부 이키 리라

Bunlar ne kadar?
분나르 네 카다르

Bunlar hepsi 10 lira.
분나르 헵시 온 리라

당신에게 있어서 어떤가요?

우리에게 있어서 좋습니다.

어떤 프로그램이 좋습니까?

이것들이 좋습니다.

당신생각에 이것은 나쁩니까?

나쁘지 않습니다. 이것은 좋습니다.

이것은 몇 리라입니까?

이것은 2 리라입니다.

이것들은 얼마입니까? (어느 정도 입니까?)

이것들은 모두 10 리라입니다.

WORDS

Sizin için [시진 이친] 당신에게 있어서	Bizim için [비짐 이친] 우리에게 있어서	Sizce [센제] 당신 생각에
Kaç [카츠] 얼마	Lira [리라] (튀르키예 화폐 단위) 리라	Hepsi [헵시] 전체, 모두

✱ 문법과 표현 ❷

2 Nasıl?

1 Nasıl은 '어떻게'를 의미하는 의문사이다.

2 사물의 상태나 특성을 물어볼 때 사용할 수 있다.

- **Nasılsınız?** [나슬스느즈]
  당신은 어떻게 지내요?
- **İyiyim, teşekkür ederim.** [이이임, 테쉬퀼 에데림]
  저는 좋습니다, 감사합니다.
- **Bugün hava nasıl?** [부귄 하바 나슬]
  오늘 날씨가 어떻습니까?
- **Bugün hava güzel. Yarın da güzel olacak.** [부귄 하바 규젤. 야른 다 규젤 올라작]
  오늘 날씨가 좋습니다. 내일도 좋을 것입니다.
- **Nasıl bir arkadaşım?** [나슬 비르 알카다쉼]
  어떠한 당신의 친구입니까?
- **Çok iyi bir arkadaşım.** [촉 규젤 비르 알카다쉼]
  매우 좋은 한 친구입니다.

2 Hangi

1 '무엇'을 의미하는 의문사이다.

2 '동일'하거나 '유사'한 대상 중에서 '특정한 하나를 선택'하여 질문할 때 사용한다.

- **Hangi masa yeşil?** [항기 마사 예실]
  어떤 책상이 녹색인가요?
- **Oradaki masa yeşil.** [오라다키 마사 예실]
  그곳에 있는 책상이 녹색입니다.
- **Hangi kitap iyi?** [항기 키탑 이이]
  어떤 책이 좋은가요?
- **Emine'nin kitabı iyi.** [에미네는 키탑 이이]
  에미네의 책이 좋습니다.
- **Hangi dizi ilginç?** [항기 디지 일긴치]
  어떤 드라마가 독특한가요?
- **Kore dizisinin adı "Otel'in adı Del-Luna" bana göre ilginç.**
  [코레 디지 아들르 오텔린 아드 델루나 바다 교레 일긴치]
  한국 드라마 이름(의) '호텔의 이름 델루나'가 제가 볼 때 독특합니다.

3 **Kaç?**

1 '몇 개'를 의미하는 의문사로 물체의 '개수'를 물어볼 때 사용한다.

- Muz kaç kilo? [무즈 카츠 킬로] 바나나는 몇 킬로 입니까?
- Muz 4(dört) kilo. [무즈 돌트 킬로] 바나나는 4 킬로입니다.
- Kaç yaşındasınız? [카츠 야슨다스느즈] 당신은 몇 살입니까?
- Ben 30(Otuz) yaşındayım. [벤 오투즈 야슨다음] 저는 30살입니다.
- Kaç derece? [카츠 데레제] 몇 도입니까?
- 22(Yirmi iki) derece. [이르미 이키 데레제] 22도입니다.
- Bu kitap kaç lira? [부 키탑 카츠 리라] 이 책은 몇 리라입니까?
- Bu kitap 150(Yüz elli) lira. [부 키탑 유즈 엘리 리라] 이 책은 150리라입니다.

4 **터키어 숫자**

1 0~10

Sıfır [스프르]	0	Altı [알트]	6
Bir [비르]	1	Yedi [예디]	7
İki [이키]	2	Sekiz [세키즈]	8
Üç [유츄]	3	Dokuz [도쿠즈]	9
Dört [돌트]	4	On [온]	10
Beş [베쉬]	5		

✳ 문법과 표현 ②

2 십자리 수 읽기
  • 십자리 수 + 한자리 수 순서대로 읽는다.

On bir [온 비르]	11	Yirmi [이르미]	20
On iki [온 이키]	12	Yirmi bir [이르미 비르]	21
On üç [온 우츄]	13	Yirmi iki [이르미 이키]	22
On dört [온 돌트]	14	Otuz [오투즈]	30
On beş [온 베쉬]	15	Otuz bir [오투즈 비르]	31
On altı [온 알트]	16	Otuz iki [오투즈 이키]	32
On yedi [온 예디]	17		
On sekiz [온 세키즈]	18		
On dokuz [온 도쿠즈]	19		

3 십자리 숫자

On [온]	10	Altmış [알트므쉬]	60
Yirmi [이르미]	20	Yetmiş [예트미쉬]	70
Otuz [오투즈]	30	Seksen [섹센]	80
Kırk [크르크]	40	Doksan [독산]	90
Elli [옐리]	50	Yüz [유즈]	100

4 백 단위, 천 단위 읽는 방법

- 십자리와 마찬가지로 천 단위+백 단위+십 단위+한자리 단위 순으로 읽는다.

Yüz [유즈]	100	İki yüz [이키 유즈]	200
Yüz bir [유즈 비르]	101	Beş yüz [베쉬 유즈]	500
Yüz on yedi [요즈 온 예디]	117	Bin [빈]	1000
Yüz yirmi dokuz [요즈 이르미 도쿠즈]	129	Dokuz bin dört yüz doksan bir [독산 빈 독산 유즈 독산 비르]	9491

5 이상의 수

Milyon [밀리온]	1,000,000 (백 만)
İki milyon [이키 밀리온]	2,000,000 (이 백만)

5 얼마입니까?

1 터키어로 Ne kadar와 Kaç lira(화폐 단위)를 사용하여 가격을 물어볼 수 있다.

- **Ne kadar** [네 카다르]

  "얼마 만큼"이라는 질문으로 가격 이외에도 길이, 분량, 거리 등이 '대략' 어느 정도 인지 또는 얼마 만큼의 규모를 가지고 있는지에 대해 물어볼 때 사용한다.

- **Kaç lira** [카츠 리라]

  명확하게 "몇 (터키)리라"인지 질문할 때 사용하는 표현이며 lira[리라] 대신 다양한 화폐 단위를 넣어서 해당 화폐로 얼마인지 질문할 수 있다.

✱ 문법과 표현 ❷

확인문제 2

다음 문장을 터키어로 적어 보세요.

(1)   당신은 어떻습니까? 당신은 좋습니까?

　　　　　　　　　　　　　　　　　　　　　　　　　　　　　　　?

(2)   아니요, 저는 좋지 않습니다.

　　　　　　　　　　　　　　　　　　　　　　　　　　　　　　　.

(3)   1,548

(4)   29,750

WORDS

Yeşil [예실] 녹색	Dizi [디지] 드라마	İlginç [일긴치] 이상한, 독특한, 특이한
Enteresan [엔테레산] 흥미로운	Oradaki [오라다키] 그곳에 있는	Kore dizi [코레 디지] 한국 드라마
Adlı [아들르] 이름의, 이름인	Bana [바나] 나에게	Bana göre [바나 교레] 내가 볼 때
Muz [무즈] 바나나	Derece [데레제] (몇)도 정도	Yaş [야쉬] 나이
Yaşındasınız [야슨다스느즈] 당신은 몇 살입니다		

84

✳ 연습문제

TRACK 05-5

1 다음을 듣고 맞는 것을 골라 보세요.

① 우리는 한국인입니다.

② 우리는 한국인이 아닙니다.

③ 이것은 한국어입니다.

④ 그들은 일본인이 아닙니다, 중국인입니다.

2 다음을 문장을 해석해 보세요.

(1) Hepsi 50 Kore Won. [헵시 엘리 코레 원]

→ _____

(2) Meyveler ne kadar? [메이베레르 네 카다르]

→ _____

(3) Bunlar 100 lira. [분나르 유즈 리라]

→ _____

(4) Ben 34 yaşındayım ve kardeşim ise 29 yaşında.
[벤 오투즈 돌트 야슨다음 베 칼데쉼 이세 이르미 도쿠즈 야슨다]

→ _____

3 다음 주어진 문장을 터키어로 적어 보세요.

(1) 여기에 누가 있습니까?

→ _____

(2) 누가 엘미라입니까?

→ _____

(3) 당신은 어떻습니까?

→ _____

✳ 연습문제

(4) 이 티켓은 얼마입니까?

→ _____

4 다음을 큰소리로 정확하게 따라 읽어 보세요.

TRACK **05-6**

Merhaba! Benim adım Emine. Ben Koreliyim. Ben 39 yaşındayım ve eşim de aynı yaşında. Burada kimler aynım yaşında oluyor?

안녕하세요! 제 이름은 에미네입니다. 저는 한국인입니다. 저는 39살입니다. 그리고 나의 배우자 또한 같은 나이입니다. 여기에서 누가 나와 같은 나이가 됩니까?(같은 나이입니까?)

WORDS

Kore Won [코레 원] 한국 원화	Burada [부라다] 여기에	İse [이세] ~라면, ~일 경우
Tatlı [타틀르] 맛있는, 귀여운	Yaşında [야슨다] (3인칭) 나이는 ~이다	Bilet [빌렛] 티켓
Aynı [아이느] 같은	Aynı yaşında [아이느 야슨다] 같은 나이(에서)	
Aynım [아이늼] 나와 같은	Aynım yaşında [아이늼 야슨다] 나와 같은 나이(에서)	
Oluyor [올루욜] 된다, 되고 있다, 되는 중이다		

✳ 문화

✳ 튀르키예의 수도는 이스탄불? 앙카라! ✳

튀르키예를 대표하는 도시이자 유럽과 아시아를 잇는 허브 공항을 보유하고 있으며, 이스탄불 만큼이나 튀르키예의 유명한 도시인 앙카라는 현재 튀르키예공화국의 수도이다.

1 교육과 행정의 중심지, 앙카라

앙카라는 1930년까지 앙고라라도 불리였으며, 오늘날에는 튀르키예공화국 행정의 중심지로 여러 국가기관과 국외 외교기관이 모여있다.

앙카라는 튀르키예공화국의 중심인 중앙아나톨리아에 위치하는데, 이는 튀르키예의 철도 교착지점으로서 이스탄불-에스키쉐히르-앙카라, 코냐-앙카라 고속 노선의 심장 역할을 한다.

앙카라의 인구는 2020년 기준으로 약 570만명이다. 최대 1,800만명까지도 내다보는 이스탄불의 인구에 비해 적은 숫자이나 행정수도이며 교육의 도시 답게 양질의 일자리와 교육 목적으로 인구가 유입 및 구성한다.

2 앙고라 고양이로 유명한 오래된 도시, 앙카라

'앙카라 고양이' 또는 '앙고라 고양이'라 불리는 긴 털이 매력적인 이 고양이는 지금의 앙카라 지역에서 자연 발생한 품종으로 전세계적으로 사랑 받고 있는 고양이이다.

앙고라 고양이는 튀르키예공화국의 국보라 불릴 정도의 튀르키예를 대표하는 고양이이며 동시에 고양이의 나라 튀르키예의 자연친화적인 이미지를 만들어 주는 상징적인 동물이다.

제 이름은 에미네입니다
튀르키예의 수도는
앙카라입니다

✳ 학습목표

- 터키어 소유대명사, 명사의 인칭화, 복합
  명사 학습과 활용

✳ 문법과 표현

- 소유대명사, 속격(~의)

- 명사의 인칭화

- 복합 명사

✳ 어휘

- 다양한 복합 명사

✳ 문화

- 어딜가나 있는 튀르키예의 악마의 눈 '나
  자르 본죽'

> **Benim adım Emine.**
> 제 이름은 에미네입니다.

Benim adım Emine.
베님 아듬 에미네

Ben 29 yaşındayım.
벤 이르미 도쿠즈 야슨다음

Kazan Federal Üniversitesi'nde doktora programında bir araştırmacıyım.
카잔 페데랄 유니페르시테신데 독토라 프로그람믄다 비르 아라슈트르마즈음

Bizim evimizde dört kişivar.
비징 에비미즈데 돌트 키쉬봐르

Eşim, bebeğim, kedim ve ben.
에쉼, 베베임, 케딤 베 벤

Eşim, Seul Devlet Üniversitesin'de bir d oktor ve 35 yaşında.
에쉼, 세울 데블렛 유니베르시테신데 비르 독토르 베 오투즈 베쉬 야슨다

Bebeğim 3 aylı ve küçük bebek.
베베임 우츄 아일르 베 큐축 베벡

Kedim 7 yaşında. Siyah tüylü bir kedi.
케딤 예디 야슨다. 시야흐 튜일류 비르 케디

내 이름은 에미네입니다.

저는 29살입니다.

카잔연방대학교에서 박사과정에서 한 명의 연구원입니다.

우리의 집에는 4명이 있습니다.

나의 배우자, 나의 아기, 나의 고양이 그리고 저입니다.

나의 배우자는 서울(국립)대학교에서 한 박사입니다. 그리고 35살입니다.

나의 아기는 3개월이고 작은 아기입니다.

나의 고양이는 7살입니다. 그리고 검은 털의 고양이입니다.

WORDS

TRACK 06-2

Adım [아듬] 나의 이름	Federal [페데랄] 연방
Doktor programı [독토르 프로그라므] 박사과정	Araştırmacı [아라슈트르마즈] 연구원
Evimiz [에비미즈] 우리의 집	Kişi [키쉬] 인원
Eşim [에쉼] 나의 배우자	Eş [에쉬] 배우자
Bebeğim [베베임] 나의 아기	Kedim [케딤] 나의 고양이
Devlet [데브렛] 정부	Aylı [아일르] 월째, ~달의, 개월
Siyah [시야흐] 검은	Tüylü [튜일류] 털의
Var [봐르] 있다	

✳ 문법과 표현 ❶

1️⃣ 소유대명사

1 인칭의 소유 관계에 따라 사용한다.
- Benim [베님] 나의
- Senin [세닌] 너의
- Onun [오눈] 그/그녀/그것의
- Bizim [비짐] 우리의
- Sizin [시진] 당신/너희들의
- Onların [온나른] 그들/그녀들/그것들의

2️⃣ 소유대명사와 명사의 인칭화

1 터키어의 모든 명사에는 '누구의 소유인지', '누가 소유하고 있는지'에 대해 표기한다.

2 이는 소유대명사를 기준으로 하는데 가령 '나의 가방'이라고 표현할 경우 소유대명사 '나의' + '가방 + ç 나의'의 의미로 표현한다. 이를 문법 용어로 '명사의 인칭화'라 하며, 명사를 인칭화 했을 때 소유대명사는 생략할 수 있다.

- Benim kedim → (benim) kedim [베님 케딤 → (베님) 케딤]
  나의 '나의 고양이' → (나의) 나의 고양이

3️⃣ 명사의 인칭화 만들기 (속격의 활용)

1 명사의 인칭화는 '명사 + 인칭~의 것'의 형태로 만든다.
'명사~의 것'은 속격이라고도 한다.

- 명사의 마지막 글자가 **모음**으로 끝났을 경우

Benim	명사 + m	
Senin	명사 + n	
Onun	명사 + sİ	→ -sı, -si, -su, -sü
Bizim	명사 + mİz	→ -mız, -miz, -muz, -müz
Sizin	명사 + nİz	→ -nız, -niz, -nuz, -nüz
Onların	명사 + (lAr)İ	→ -ları, -leri

- 명사의 마지막 글자가 **자음**으로 끝났을 경우

Benim	명사 + İm	→ -ım, -im, -um, -üm
Senin	명사 + sİn	→ -ın, -in, -un, -ün
Onun	명사 + İ	→ -ı, -i, -u, -ü
Bizim	명사 + İmİz	→ -ımız, -imiz, -umuz, -ümüz
Sizin	명사 + sİnİz	→ -ınız, -iniz, -unuz, -ünüz
Onların	명사 + (lAr)İ	→ -ları, -leri

✳ 문법과 표현 ❶

2 명사의 인칭화 예시

소유대명사	첨가	Şapka 모자 Anahtar 열쇠 -a, -ı	Gazete 신문 Şeker 설탕 -e, -i	Palto 겉옷 Yol 길, 방향 -o, -u	Ütü 다리미 köy 마을 -ö, -ü
Benim 나의	(İ)m	Şapkam [샤프캄] Anahtarım [아나흐타름]	Gazetem [가제템] Şekerim [쉐케림]	Paltom [팔톰] Yolum [욜룸]	Ütüm [유튐] Köyüm [쾨윰]
Senin 너의	(İ)n	Şapkan [샤프칸] Anahtarın [아나흐타른]	Gazeten [가제텐] Şekerin [쉐케린]	Palton [팔톤] Yolun [욜룬]	Ütün [유튠] Köyün [쾨윤]
Onun 그/그녀/그것의	(S)İ	Şapkası [샤프카스] Anahtarı [아나흐타르]	Gazetesi [가제테시] Şekeri [쉐케리]	Paltosu [팔로수] Yolu [욜루]	Ütüsü [유튜슈] Köyü [쾨유]
Bizim 우리의	(İ)miz	Şapkamız [샤프카므즈] Anahtarımız [아나흐탈르므즈]	Gazetemiz [가제테미즈] Şekerimiz [쉐케리미즈]	Paltomuz [팔토무즈] Yolumuz [욜루무즈]	Ütümüz [유튜뮤즈] Köyümüz [쾨유뮤즈]
Sizin 당신/너희들의	(İ)niz	Şapkanız [샤프카느즈] Anahtarınız [아하흐탈르느즈]	Gazeteniz [가제테니즈] Şekeriniz [쉐케리니즈]	Paltonuz [팔토누즈] Yolunuz [욜루누즈]	Ütünüz [유튜뉴즈] Köyünüz [쾨유뉴즈]
Onların 그들/그녀들/ 그것들의	lAr+İ	Şapkaları [샤프카라르] Anahtarları [아나흐탈라르]	Gazeteleri [가제테레리] Şekerleri [쉐케르레리]	Paltoları [팔토라르] Yolları [욜라르]	Ütüleri [유튜레리] Köyleri [쾨이레리]

3 '나의 이름은~'은 소유대명사와 명사의 인칭화를 통해 표현한다.

Ad [아드]이름 | Soyad [소야드] 성

Ad + ım → 나의 이름은

소유대명사	첨가	Ad [아드] 이름	의미
Benim 나의	(İ)m	**Adım** [아듬]	나의 이름은
Senin 너의	(İ)n	**Adın** [아든]	너의 이름은
Onun 그/그녀/그것의	(S)İ	**Adı** [아드]	그/그녀/그것의 이름은
Bizim 우리의	(İ)miz	**Adımız** [아드므즈]	우리의 이름은
Sizin 당신/너희들의	(İ)niz	**Adınız** [아드느즈]	당신/너희들의 이름은
Onların 그들/그녀들/그것들의	lAr+İ	**Adları** [아드라르]	그들/그녀들/그것들의 이름은

4 명사의 인칭화의 예외

1 명사의 마지막 끝난 문자가 터키어의 된소리 p, t, k, ç일 경우는 발음을 부드럽게 하기 위해 다음과 같이 변경 후 명사의 인칭화를 만든다.

p → b	t → d
k → g, ğ	ç → c

• Dolap 찬장, 캐비닛, (옷)장

소유대명사	단어	의미
Benim 나의	Dolabım [돌라븜]	나의 옷장
Senin 너의	Dolabın [돌라븐]	너의 옷장
Onun 그/그녀/그것의	Dolabı [돌라브]	그/그녀/그것의 옷장

Bizim 우리의	Dolabımız [돌라브므즈]	우리의 옷장
Sizin 당신/너희들의	Dolabınız [돌라브느즈]	당신의/너희들의 옷장
Onların 그들/그녀들/그것들의	Dolapları [돌랍라르]	그들/그녀들/그것들의 옷장

• Etek 치마

소유대명사	단어	의미
Benim 나의	Eteğim [에테임]	나의 치마
Senin 너의	Eteğin [에테인]	너의 치마
Onun 그/그녀/그것의	Eteği [에테이]	그/그녀/그것의 치마
Bizim 우리의	Eteğimiz [에테이미즈]	우리의 치마
Sizin 당신/너희들의	Eteğiniz [에테이니즈]	당신/너희들의 치마
Onların 그들/그녀들/그것들의	Etekleri [에텍레리]	그들/그녀들/그것들의 치마

2 그러나 다음의 명사는 된소리 t, ç, k로 끝나는 명사임에도 불구하고 명사를 명사의 인칭화로 만들 때 된소리를 변화시키지 않는다.

- at (말)   → atım 나의 말
- saç (머리카락) → saçım 나의 머리카락
- bilet (표, 티켓) → biletim 나의 표
- halk (민족) → halkım 나의 민족

3 다음의 명사에서 명사의 인칭화를 만들 때에는 마지막 자음과 모음의 위치가 바뀐다.
- Şehir 도시

소유대명사	단어	의미
Benim 나의	Şehrim [쉐히림]	나의 도시

Senin 너의	Şehrin [쉐히린]	너의 도시
Onun 그/그녀/그것의	Şehri [쉐흐리]	그/그녀/그것의 도시
Bizim 우리의	Şehrimiz [쉐흐리미즈]	우리의 도시
Sizin 당신/너희들의	Şehriniz [쉐흐리니즈]	당신/너희들의 도시
Onların 그들/그녀들/그것들의	Şehirleri [쉐히르레리]	그들/그녀들/그것들의 도시

➕ 명사를 인칭화할 때 마지막 모음과 자음의 위치가 바뀌는 단어

단어	인칭화	뜻	단어	인칭화	뜻
Ağız [아으즈]	Ağzı [아으즈]	입	Karın [카른]	Karnı [카르느]	배, 위
Akıl [아클]	Aklı [아클르]	생각, 지혜	Isim [이심]	Ismi [이스미]	이름
Beyin [베인]	Beyni [베이니]	뇌	Fikir [피키르]	Fikri [파크리]	생각, 아이디어
Burun [부룬]	Burnu [부루누]	코	Oğul [오울]	Oğlu [오울루]	아들
Omuz [오무즈]	Omzu [오므주]	어깨	Resim [레심]	Resmi [레스미]	그림
Boyun [보윤]	Boynu [보이누]	목	Şehir [쉐히르]	Şehri [쉐흐리]	도시
Göğüs [교유스]	Göğsü [교유슈]	가슴	Vakit [바키트]	Vakti [바크티]	시간

✳ 문법과 표현 ①

확인문제 1

다음의 빈칸에 알맞은 문자를 적어 보세요.

(1) Benim sevgili　　　　　　나의 사랑

(2) Senin sevgili　　　　　　너의 사랑

(3) Onun sevgili　　　　　　그/그녀/그것의 사랑

(4) Bizim sevgili　　　　　　우리의 사랑

(5) Sizin sevgili　　　　　　당신/너희들의 사랑

(6) Onların sevgili　　　　　그들/그녀들/그것들의 사랑

(7) Sizin çanta　　　　　güzel mi? iyi mi?　당신의 가방은 예쁩니까? 훌륭합니까?

(8) Onun baba　　　　　nerede?　그의 어머니는 어디에 있습니까?

(9) Sizin telefon　　　　　beyaz renk mi?　당신의 전화기는 하얀색입니까?

(10) Bizim şehri　　　　　çok güzel.　우리의 도시는 아름답습니다.

WORDS

Sevgili [세브기] 사랑하는, 사랑의, (애칭)애인, 사랑　　　　Beyaz [베야즈] 흰(색)

Renk [랭크] 색, 색깔

✳ 본문 ❷

TRACK 06-3

| Türkiye'nin başkentinin adı Ankara.
튀르키예의 수도의 이름은 앙카라입니다.

Kız kardeşimin adı Negahan.
크즈 칼데쉬민 아드 나게한

Onun iş yeri Seul'de.
오눈 이쉬 예리 세울데

Bu Nagehan'ın çantası.
부 나게하는 찬타스

Bunlar benim çocuğun oyuncakları.
분나르 베님 초주운 오윤작라르

Nagehan'ın çantanın rengi siyah.
나게하는 찬타는 랭기 시야흐

Nagehan'ın arabasının markası RADIA.
나게하는 아라바스는 말카스 라디아

Bu Nagehan'ın kedisinin evi.
부 나게하는 케디시닌 에비

Türkiye'nin başkentinin adı Ankara.
튀르키예는 바쉬켄티닌 아드 앙카라

나의 여자 형제의 이름은 나게한입니다.

그녀의 회사 위치는 서울입니다.

(그녀의 회사는 서울에 있습니다.)

이것은 나게한의 가방입니다.

이것들은 나의 아이의 장난감들입니다.

나게한의 가방의 색깔은 검정색입니다.

나게한의 자동차의 브랜드는 라디아입니다.

이것은 나게한의 고양이의 집입니다.

튀르키예의 수도의 이름은 앙카라입니다.

WORDS

TRACK 06-4

Kız [크즈] 딸, 여자, 소녀	Kardeş [칼데쉬] 형제, 자매	İş [이쉬] 일, 업무
Yer [예르] 땅, 지역, 지면	İş yeri [이쉬 예리] 일하는 곳, 회사	Marka [말카] 상표, 브랜드
Başkent [바쉬켄티] 수도		

✳ 문법과 표현 ②

1 복합명사 (두 개 이상 명사에서 속격의 대소 관계)

1 명사가 다른 사람 또는 사물에 속하는 관계를 '복합명사'로 만들 수 있다.

2 질문을 할 때는 사람은 kimin(누구의), 사물은 ne(무엇)이라고 질문한다.

3 복합명사는 총 3가지의 형태가 있다.

[1]명사 [2]명사

· 전혀 다른 두 개의 명사를 결합하여 만드는 복합명사이다.

· 명사의 의미를 결정 짓는 역할을 하는 [1]명사에 속격 접사가 추가되지 않는다.

· 사물이 무엇으로 만들어 졌는지, 성별이 어떠한지 등의 관계를 나타낼 때 사용한다.

Erkek kardeşi [엘켁 칼데쉬] 남자 형제

Kız kardeşi [크즈 칼데쉬] 여자 형제(자매)

Altın bileziği [알튼 빌레직] 금팔찌

[1]명사 [2]명사(S)i

· 일반적으로 사용하는 복합명사의 형태이다.

· 첫번째 [1]명사에는 속격 접사를 추가하지 않고, 두번째 [2]명사에는 속격 접사를 추가한다.

· [2]명사의 마지막 끝난 문자가 모음일 경우 매게자음 S를 추가한 후 마지막 끝난 모음에 따라 속격
접사 ı i u ü를 추가한다.

Kredi kartı [크레디 칼트] 신용 + 카드 → 신용카드

Futbol takımı [풋볼 타크_] 축구 + 팀, 세트 → 축구팀

İş Bankası [이쉬 방카스] 일, 거래 + 은행 → 산업은행

Yatak odası [야탁 오다스] 침대 + 방 → 침실

✳ TIP ✳

· '소유대명사'와 '인칭의 명사화'된 명사를 동시에 함께 사용할 수 있을까?

소유대명사와 인칭의 대명사를 동시에 사용하면 '나의 것 나의_명사_'가 되므로 대단히 어색해진다.
물론 '나의 이름'과 같이 고유명사의 대상을 '누구의 것'인지 강조할 때에는 소유대명사와 인칭의 대명사된 명사를
동시에 사용하기도 한다.

· Diş [디쉬] 사람의 치아, 동물이 이빨

· Fırça [프르차] 털이, 터는 솔

· Diş fırçası [디쉬 프르차스] 칫솔

· Diş fırçasım [디쉬 프르차슴] 나의 칫솔

Benim diş fırçasım [베님 디쉬 프르차슴] 나의 나의 칫솔 (X)

Diş fırçasım [디쉬 프르차슴] 나의 칫솔 (O)

→ 소유대명사와 인칭의 명사화된 명사를 동시에 사용하지 않는다.

- Ad [아드] 이름
- Adım [아듬] 나의 이름

Benim adım 나의 나의 이름 (O) [베님 아듬]
→ 이름과 같은 고유명사의 경우 소유대명사와 인칭의 명사화된 명사를 동시에 사용 가능하다.

[1]명사**in** [2]명사**(S)i**

- [1]명사가 [2]명사에 속하는 관계일 때 사용한다.
- 두 개 명사 모두에 속격 접사를 붙여준다.
  Öğretmenin kalemi [요레트메님 칼레미] 선생님의 펜
  Evin kapısı [에빔 카프스] 집의 문
  Okulun bahçesi [오쿨룸 바흐체시] 학교의 정원
  Emine'nin kedisi [에미네닌 케디시] 에미네의 고양이

2 세 개 이상의 복합명사 (세 개 이상 명사에서 속격의 대소 관계)

세 개 이상의 복합명사의 경우는 대소 관계 순서에 따라 속격 접사를 붙여준다.

1 '에미네의 고양이의 집'은 [에미네]+속격 명사, [고양이]+속격 명사, [집]+속격명사 순서대로 속격 접사를 붙인다.

- Emine Kedi Ev 에미네 고양이 집
  → Emine'nin kedisi 에미네의 고양이 [에미네는 케디시]
  → Emine'nin kedisinin evi 에미네의 고양이의 집 [에미네닌 케디시닌 에비]

2 명사의 마지막 문자가 K로 끝나는 경우에 속격 접사를 붙일 시 k는 ğ로 바꾼다.
➕ 단, 색깔인 renk는 k를 g로 바꾼다.

Çantanın rengi [찬타는 랭기] 가방의 색깔
Çocuğun oyuncağı [초주운 오윤자으] 어린이의 장난감

3 명사의 마지막 문자가 p로 끝나는 경우에 속격 접사를 붙일 시 p는 b로 바꾼다.

Çocuğun kitabı [초주운 키타브] 어린이의 책
Çocuk kitabı [초죽 키타브] 어린이 책, 아동서적

✳ 문법과 표현 ❷

확인문제 2

다음을 알맞은 복합명사로 만들어 보세요.

(1) Kız   arkadaş   나의 여자 형제

(2) Kore   başkent   한국의 수도

(3) Tenis   maç   테니스 경기

(4) Emine   bilgisayar   marka

에미네의 컴퓨터의 브랜드

WORDS

Erkek [엘켁] 남자	Altın [알튼] 금	Bilezik [빌레직] 팔지
Yatak [야탁] 침대	Takım [타큼] 팀, 세트	Oda [오다] 방
Yatak odası [야탁 오다스] 침실	Kart [카르트] 카드	Kredi [크레디] 신용
Kredi kartı [크레디 칼트] 신용카드		

✳ 연습문제

1 다음을 듣고 알맞은 것을 고르세요.
TRACK 06-5

① 에미네의 고양이 집

② 에미네의 집의 정원

③ 집의 정원의 고양이

④ 고양이의 정원이 있는 집

2 다음의 문장을 터키어로 적어 보세요.

(1) 이것은 나게한의 컴퓨터입니다.

→ _____

(2) 에미네의 가방은 큽니다.

→ _____

(3) 나의 엄마의 고양이

→ _____

(4) 나의 선생님의 책

→ _____

3 다음을 읽고 빈칸에 알맞은 단어를 적어 보세요.

(1) Bu Osman_____ bilgisayar.
이것은 오스만의 컴퓨터입니다.

(2) Bu Emine'_____ köpek_____.
이것은 에미네의 개입니다.

(3) Emine'_____ ev_____ bahçe_____ çok güzel.
에미네의 집의 정원은 매우 아름답습니다.

(4) Ev_____ oda_____ dolap_____
우리 집의 나의 방의 나의 선반

4 다음을 보고 올바르게 '명사의 인칭화'를 적용해 보세요.

소유대명사	Ekmek [에크멕] 빵	의미
Benim 나의		
Senin 너의		
Onun 그/그녀/그것의		
Bizim 우리의		
Sizin 당신/너희들의		
Onların 그들/그녀들/그것들의		

✱ 문화

✱ 어딜가나 있는 튀르키예의 악마의 눈? 나자르 본죽 ✱

나자르본죽(Nazar Boncuğu)은 '악마의 눈'으로부터 보호받는다고 믿는 눈 모양의 구슬로 튀르키예 여행 시 곳곳에서 만날 수 있는 튀르키예 문화의 상징적인 구슬이다.

나자르본죽은 진한 파란색, 흰색, 연한 파란색 또는 검은색 순서로 동그란 모양을 하고 있으며, 파란색은 나쁜 운을 막아주는 방패 역할을 하여 부정적인 것을 사라지게 해 준다는 오랜 투르크 민족의 믿음에서 기원한다.

투르크인들에게 파란색 내지 청록색은 영원함을 의미하는데, 이는 튀르키예내의 터키 민족 뿐만 아니라 넓게는 신장위구르의 위구르 민족에게도 내려오는 믿음의 풍습이다.

나자르본죽은 일반적인 부적과도 동일한 의미를 가지고 있기 때문에 전통적인 이슬람교에서는 오래전부터 이슬람 신학자들을 중심으로 나자르본죽의 전통이 부정되어 왔다. 한편 오늘날 튀르키예에서는 관광객을 대상으로 제작되는 다양한 관광상품에서 나자르본죽을 어렵지 않게 볼 수 있다.

고양이는 책상의
아래에 있습니다

✳ 학습목표

- 명사의 처격의 의미와 활용

✳ 문법과 표현

- 명사의 처격
- "있다"와 "없다" 표현

✳ 어휘

- 처격 및 처격 위치와 관련된 단어와 숙어

✳ 문화

- 한국에서 만나보는 튀르키예 문학

| Evimizde kedi var.
| 우리의 집에는 고양이가 있습니다.

Evde kedi var.
에브데 케디 바르

Kedi evde.
케디 에브데

Bende kalem yok.
벤데 칼렘 욕

Kalem bende.
칼렘 벤데

Ben evdeyim.
벤 에브데임

Siz de evdesiniz.
시즈 데 에브데이즈

Onlar nerede?
온나르 네레데

Onlar şimdi okulda.
온라르 쉼디 오쿨다

Emine'nin evinde köpek yok.
에미네닌 에빈데 쿄펙 욕

Okulumda kediler yok.
오쿨룸다 케디레르 욕

집에 고양이가 있습니다.

고양이는 집에 있습니다.

저에게 펜이 없습니다.

펜은 저에게 있습니다.

저는 집에 있습니다.

저의 고양이 또한 집에 있습니다.

그들은 어디에 있습니까?

그들은 지금 학교에 있습니다.

에미네의 집에 개가 없습니다.

나의 학교에는 고양이들이 없습니다.

| **Bende** [벤데] 나에게 | **Nere** [네] 어디 | **Nerede** [네레데] 어디에? |
| **Var** [바르] 있다 | **Yok** [욕] 없다 | |

✳ 문법과 표현 ❶

1 처격

1 '~에/에서'를 나타내는 처격의 형태: 명사 + dA
   - Ev [에브] 집 → evde [에브데] 집에서
   - Okul [오쿨] 학교 → okulda [오쿨다] 학교에서
   - Oda [오다] 방 → odada [오다다] 방에서
   - Kedi [케디] 고양이 → kedide [케디데] 고양이에게

2 명사의 마지막 문자가 된소리 f s t k ç ş h p로 끝날 경우 처격 dA에서 'd'는 't'로 바뀐다.
   - Sınıf [스느프] 교실 → sınıfta [스느프타] 교실에서
   - Ders [데르스] 수업 → derste [데르스테] 수업에서
   - Market [말켓] 슈퍼 → markette [말켓테] 슈퍼에서

3 인칭대명사에도 처격을 붙일 수 있다.
   - Ben [벤] 나 → bende [벤데] 나에게
   - Sen [센] 너 → Sende [센데] 너에게
   - O [오] 그/그녀/그것 → Onda [온다] 그/그녀/그것에게
   - Biz [비즈] 우리 → bizde [비즈데] 우리에게
   - Siz [시즈] 당신/너희들 → sizde [시즈데] 당신/너희들에게
   - Onlar [온라르] 그들/그녀들/그것들 → Onlarında [온라른다] 그들/그녀들/그것들에게(서)

4 처격이 문장 끝에 오면 '이다'라는 서술의 의미를 갖는다.
   - Evde kedi var. [에브데 케디 바르] 집에 고양이가 있다.
   - Kedi evde. [케디 에브데] 고양이는 집에 있다.
   - Evde Emine var. [에브데 에미네 바르] 집에 에미네가 있다.
   - Emine evde. [에미네 에브데] 에미네는 집에 있다.

5 서술의 의미를 갖는 처격에는 '인칭~입니다/습니다/이다'를 첨가할 수 있다.
   - Evde ben var. [에브데 벤 바르] 집에 나는 있다.
   - Ben evdeyim. [벤 에브데임] 나는 집에 있다.
   - Onlar dved. [온라르 에브데] 그들은 집에 있다.
   - Siz İstanbul'da mısınız? [시즈 이스탄불다 므스느즈] 당신/너희들은 이스탄불에 있습니까?
   - Hayır, biz İstanbul'da değiliz. [하으르, 비즈 이스탄불다 데일리즈]
     아니요, 우리는 이스탄불에 있지 않습니다. (직역: 아니요, 우리는 이스탄불에서 아닙니다.)

2 명사의 인칭화에서 처격 첨가

1 '명사의 인칭화'가 적용된 명사는 '명사의 특성'을 지니고 있으므로 명사에 붙일 수 있는 터키어의 모든 격을 첨가할 수 있다.
   - ✚ 터키의 모든 격 : 처격, 탈격, 목적격, 여격, 속격, 조격

✳ 문법과 표현 ❶

Ev 집

- Senin ev-in-de [세닌 에빈데] 너의 집에서
- Onun ev-i-n-de [오눈 에빈데] 그/그녀/그것의 집에서
- Onların ev-leri-n-de [온나른 에브레린데] 그들/그녀들/그것들의 집에서

Oda 방

- Benim oda-m-da [베님 오담다] 나의 방에서
- Onun oda-sı-n-da [오눈 오다슨다] 그/그녀/그것의 방에서
- Bizim oda-mız-da [비짐 오다므즈다] 우리의 방에서

➕ 3인칭 단수 및 복수에서는 대소문자 접미사 앞에 매개자음 'n'을 붙인다.

다음 문장을 보고 알맞은 처격을 적어 보세요.

(1) Çocuklar park   . 어린이들은 공원에서 있습니다.

(2) A: Siz neredesiniz? 당신/너희들은 어디에 있습니까?

     B: Biz   .(mutfak) 우리는 부엌에 있습니다.

(3) A: Siz neredesiniz? 당신/너희들은 어디에 있습니까?

     B: Ben   .(trafik) 저는 교통(상태)에 있습니다.

(4) A: Onlar neredeler? 그들은 어디에 있습니까?

     B: Onlar   .(uçak) 그들은 비행기에 있습니다.

WORDS

Mutfak [무트팍] 부엌, 음식 (단품이 아닌 장르, 분야 음식)	Trafik [트라픽] 교통, 통행
Uçak [우착] 비행기	

Kedi masanın altında
고양이는 책상의 아래에 있습니다.

Yarın ders var mı?
야른 데르스 바르 므

Yarın dersimiz var.
야른 데르시미즈 바르

내일 수업이 있습니까?
내일 우리의 수업이 있습니다.

Sizin zamanınız var mı?
시진 자마느느즈 바르 므

Evet, benim zamanım var.
에벳, 베님 자마늠 바르

당신/너희들의 시간이 있습니까?
네, 저의 시간이 있습니다.

나의 자동차가 있습니다.
나의 자동차는 나에게 있습니다.
나의 자동차는 나에게 없습니다.

Benim arabam var.
베님 아라밤 바르

Arabam bende.
아라밤 벤데

Arabam bende yok.
아라밤 벤데 욕

나의 옆에 고양이가 있습니다.
고양이는 테이블의 아래에 있습니다.
책상의 아래에 고양이가 없습니다.

Benim yanımda kedi var.
베님 야늠다 케디 바르

Kedi masanın altında.
케디 마사는 알튼다

Masanın altında kedi yok.
마사는 알튼다 케디 욕

✳ 문법과 표현 ❷

1 Var(있다) Yok(없다)

1 터키어로 있다는 var 이고 없다는 yok 이다.

- **Benim bir kedim var.** [베님 비르 케딤 바르]
  나에게는 한 마리의 고양이가 있습니다.

- **Emine'nin arabasında klima var.** [에미네닌 아라바슨다 클리마 바르]
  에미네의 자동차에서(에는) 에어컨이 있습니다.

- **Benim telefonum yok.** [베님 텔레포눔 욕]
  나의 전화기가 없습니다.

- **Onun çocuğu yok.** [오눈 초주우 욕]
  그의 아이가 없습니다.

- **Sizin zamanınız var mı?** [시진 자마느느즈 바르 므]
  당신의 시간이 있습니까?

- **Evet, benim zamanım var.** [에벳, 베님 자마늠 바르]
  네, 저의 시간이 있습니다.

2 처격이 있을 때와 없을 때 '어디에 있다'라는 의미 차이가 명확하다.

- 나에게는 자동차가 있다 vs 나의 자동차가 있다

  Bende araba var. [벤데 아라바 바르]   나에게 자동차가 있습니다.

  Benim arabam var. [베님 아라밤 바르]   나의 자동차는 있습니다.

2 명사형 공간전치사+처격

1 명사형 공간전치사에 처격을 붙여서 [공간]~에서 라는 의미로 표현할 수 있다.
이때 명사형 공간전치사와 처격 사이에는 속격+매개자음 n을 추가한다.

- (명사형) 공간전치사 + 3인칭 단수의 속격[(S)İ] + n + 처격

ön-ü-n-de [요 데] 앞에	**arka-sı-n-da** [알카슨다] 뒤에
sağ-ı-n-da [사은다] 오른쪽에	**sol-u-n-da** [소룬다] 왼쪽에
üst-ü-n-de [유스튠데] 위에	**alt-ı-n-da** [알튼다] 아래에
karşı-sı-n-da [카르스슨다] 건너편에	**köşe-si-n-de** [쾨세신데] 구석에, 모퉁이에
iç-i-n-de [이친데] 안에	**yan-ı-n-da** [야는다] 옆에
yakın-ı-n-da [야큰다] 가까이에	**ara-sı-n-da** [아라슨다] 사이에
orta-sı-n-da [올타슨다] 중간에	**üzer-i-n-de** [유제린데] 관해서

예문

- **Kedi masanın altında.** [케디 마사는 알튼다]
  고양이는 테이블의 아래에 있습니다.

- **Kedi kutunun içinde.** [케디 쿠투눈 이친데]
  고양이는 상자의 안에 있습니다.
- **Kedi sandalyenin önünde.** [케디 산달리예닌 요뉸데]
  고양이는 의자의 앞에 있습니다.
- **Kedinin karşısında vazo var.** [케디닌 카르스슨다 바조 바르]
  고양이의 건너편에는 꽃병이 있습니다.

2 인칭별로 속격을 적용해보면 다음과 같다.

- **Yan** [얀] 옆

소유대명사	Yan [얀] 옆	의미
Benim 나의	yan-ım-da [야늠다]	나의 옆에(서)
Senin 너의	yan-ın-da [야는다]	너의 옆에(서)
Onun 그/그녀/그것의	yan-ı-n-da [야는다]	그/그녀/그것의 옆에(서)
Bizim 우리의	yan-ımız-da [야느므즈다]	우리의 옆에(서)
Sizin 당신/너희들의	yan-ınız-da [야느느즈다]	당신/너희들의 옆에(서)
Onların 그들/그녀들/그것들의	yan-ları-n-da [얀라른다]	그들/그녀들/그것들의 옆에(서)

- **Karşı** [카르스] 건너, 건너편

소유대명사	Karşı [카르스] 건너, 건너편	의미
Benim 나의	karşı-m-da [카르슴다]	나의 건너편에(서)
Senin 너의	karşı-n-da [카르슨다]	너의 건너편에(서)
Onun 그/그녀/그것의	karşı-sı-n-da [카르슨다]	그/그녀/그것의 건너편에(서)
Bizim 우리의	karşı-mız-da [카르스므즈다]	우리 건너편에(서)
Sizin 당신/너희들의	karşı-nız-da [카르스느즈다]	당신/너희들의 건너편에(서)

✳ 문법과 표현 ❷

Onların 그들/그녀들/그것들의	karşı-ları-n-da [카르스라른다]	그들/그녀들/그것들의 건너편에(서)

확인문제 2

명사형 공간 전치사와 명사의 인칭화에 주의하여 빈칸에 알맞은 소유명사를 적어 보세요.

(1) Ben   önündeyim.   저는 학교의 앞에 있습니다.

(2) Biz   karşısındayız.   우리는 은행의 건너편에있습니다.

(3) Bizim   okulumuzda.   우리의 책이 우리의 학교에 있습니다.

(4)   kitaplar var.   우리의 학교에서 책이 있습니다.

WORDS

Kutu [쿠투] 상자	Altında [알튼다] 아래에	İçinde [이친데] 안에
Sandalye [산달리예] 의자	Önünde [요뉴데] 앞에	Karşısında [카르스슨다] 건너편에

✳ 연습문제

1 다음을 듣고 알맞은 것을 고르세요.
TRACK 07-5

① 옆에   ② 중간에   ③ 앞에   ④ 뒤에

2 다음의 질문에 대한 대답을 적어 보세요.

(1) Yarın dersiniz var mı? [야른 데르시니즈 바르 므] 내일 당신의 수업이 있습니까?

→ _____

(2) Okulda kitap çok mu? [오쿨다 키탑 촉 무] 학교에 책이 많습니까?

→ _____

3 다음을 문장의 빈칸에 알맞은 단어를 적어 보세요.

(1) Sınıf_____ kitaplar var.
우리의 교실에 책들이 있습니다.

(2) Neslihan'_____ teyze_____ bir şirkette çalışıyor.
네스리한의 이모는 한 회사에서 일합니다.

(3) Serkan'_____ bebeğ_____ ağrıyor.
세르한의 아기는 아픕니다.

(4) Benim bilgisayar_____ kamera_____ bozuk.
저의 컴퓨터의 카메라가 망가졌습니다.

✳ 연습문제

4 다음 문장을 터키어로 적어 보세요.

(1) 우리 가족의 고양이의 집은 우리 집의 정원의 중앙에 있습니다.

→ _____

(2) 우리 가족의 집에는 방이 많습니다.

→ _____

(3) 우리 가족의 집의 방에는 책들이 있습니다.

→ _____

(4) 우리 가족의 집들의 중앙에는 우리의 고양이들이 있습니다.

→ _____

✳ 문화

✳ 한국에서 만나보는 터키(튀르키예) 문학 ✳
−『이브의 세 딸』, 『고양이는 언제나 고양이였다』

---

1 이브의 세 딸 (원제: Three Daughters of Eve) / 오은경 역

메블라나 문학상, 터키 소설상, 문화예술 공로 훈장 기사장상 등을 받았으며 튀르키예를 대표하는 작가로 널리 알려진 엘리프 샤팍(Elif Shafak)의 작품. '이브의 세 딸'은 동양과 서양 사이에 위치하여 정치적, 문화적으로 혼란스러운 이스탄불을 배경으로 수동적이고 소극적인 주인공 페리뿐만 아니라, 종교를 극단적으로 비판하는 무신론자이며 당당하고 주체적인 성격의 쉬린, 독실한 이슬람교 신자로 히잡(Hijab)을 쓰지만 동시에 페미니스트인 사려 깊은 성격의 모나가 등장한다. 이들의 우정을 통해 살아온 배경과 가치관의 차이를 뛰어넘는 여성들의 우정을 확인할 수 있다.

(출판사 소개 글 요약 참고)

---

2 고양이는 언제나 고양이였다 (원제: Mirname: Büyükler için Kedi Şiirleri) / 강경민 역

튀르키예 아동 문학을 대표하는 작가인 얄바츄 우랄(Yalvac Ural)의 대표적인 시집. 고양이를 사랑하는 나라 터키의, 고양이를 사랑하는 작가가 고양이에게 보내는 러브레터이다. 그들에게 고양이는 예술을 사랑하고, 천국의 아이들을 챙기며, 집의 안녕을 기원하고, 삶에 미소 짓게 하는 그런 존재이다. 현재에 만족하고, 순간을 살고, 자유를 포기 하지 않으며 삶에 당당한 고양이. 우리가 살아가는 모든 공간과 매 순간, 우리의 마음과 영혼에까지 고양이가 어떻게 스며들어 있는지 아름다운 글과 그림으로 표현했다.

(출판사 소개 글 요약 참고)

방을 깨끗하게 하세요

* **학습목표**
  * 다양한 형태의 명령형의 표현

* **문법과 표현**
  * 명령형
  * 인칭을 위해
  * ~을 위한 İçin

* **어휘**
  * 기초 어휘

* **문화**
  * "위르크다르에 가는 길에"

> Bu odayı temizlesin.
> 방을 깨끗하게 하세요.

Emine, bu sabah erken kal.
에미네, 부 사바흐 엘켄 칼

Lütfen, arabayı kaldırımada park etmeyiniz.
류트펜, 아라바으 칼드르마 팔크 에트메이니즈

Bizi rahatsız etmeyin, lütfen.
비지 라핫스즈 에트메인, 류트펜

Sabahları mutlaka geç kalmayınız.
사바흐라르 무틀라카 게취 칼마으느즈

Bu odayı temizlesin.
부 오다으 테미즈레신

Ben ne yapıyorum?
벤 네 야프요름

Siz bunu yaptırmayın, sadece bunu bitirin.
시즈 무누 얍프르마은, 사데제 부누 비티린

Emine ne yapmalı?
에미네 네 야프말르

Yarın Elmira hocanın odasına gelsin.
야른 엘미라 호자는 오다스나 겔신

에미네, 오늘 아침에 일찍 일어나.
부탁입니다, 자동차를 인도에 주차하지 마세요.
우리를 불편하게 하지 마세요, 부탁입니다.
매일 아침 반드시 일찍 일어나시기 바랍니다.
이 방을 청소하라고 하세요.

나는 무엇을 합니까?
당신은 이것은 하지 마세요, 오직 이것을 끝내세요.

에미네는 무엇을 해야 합니까?
내일 엘미라 선생님의 방으로 오세요.

Erken [엘켄] 일찍	Kaldırma [칼드르마] 인도
Park etmek [파크 에트멕] 주차하다	Rahatsız [라핫스즈] 불편하게
Rahatsız etmek [라핫스즈 에트멕] 불편하게 하다	Lütfen [류트펜] 부탁입니다
Mutlaka [무틀라카] 반드시	Temizlemek [테미즈레멕] 청소하다, 깨끗하게 하다
Yaptırmak [얍트르막] 하게 하다, 되게 하다, 하다	Bitirmek [비티르멕] 끝나게 하다, 끝내다
Yapmalı [야프말르] 해야 한다, 해야 할 필요가 있다	

✳ 문법과 표현 ①

1 명령형

1 행동, 요청, 조건, 희망 등을 표현할 때 사용한다.

2 한국어와 흡사하게 '~해(라)', '~하세요', '~하십시오(존중)'로 이해할 수 있다.

3 한국어와 달리 '내 스스로'와 '우리 스스로'에게는 명령할 수 없다.

• 형태와 뜻

인칭	형태	예문 gelmek [겔멕] 오다
Benim 나의	없음	없음
Senin 너의	어근	Gel [겔] 와
Onun 그/그녀/그것의	어근 + sİn	Gelsin [겔신] 그/그녀/그것은 오세요
Bizim 우리의	없음	없음
Sizin 당신/너희들의	어근+ (y) İn: 하세요 어근 + (y) İnİz: 하시기 바랍니다	Gelin [겔린] 오세요 Geliniz [겔리니즈] 오십시오
Onların 그들/그녀들/그것들의	어근 + sİn (+ 복수)	Gelsin(ler) [겔신(레르)] 그들/그녀들/그것들은 오세요

Oturmak 앉다

• Sen otur. [센 오투르] 너는 앉아라.

• O otursun. [오 오투루순] 그/그녀/그것은 앉으세요.

• Siz oturun. / oturunuz. [시즈 오투룬 / 오투루누즈] 당신은 앉으세요. / 당신은 앉으십시오.

• Onlar otursunlar. [온나르 오투르순라르] 그들/그녀들/그것들은 앉으세요.

Gelmemek 오지 않다

• Sen gelme [센 겔메] 너는 오지마라.

• O gelmesin [오 겔메신] 그/그녀/그것은 오지 마세요.

• Siz gelmeyin. / gelmeyiniz. [센 겔메인 / 겔메이니즈] 당신/너희들은 오지 마세요. / 오지 마십시오.

• Onlar gelmesin(ler). [온나르 겔메신(레르)] 그들/그녀들/그것들은 오지 마세요.

✳ 문법과 표현 ❶

2 ~하라고 할까요?

3인칭 단수/복수 명령형에 의문사 mi를 써서 명령에 대해 질문할 수 있다.

- O gelsin mi [오 겔신 미] 그/그녀/그것에게 오라고 할까요?
- Onlar gelsinler mi? [온나르 겔신레르 미] 그들/그녀들/그것들에게 오라고 할까요?

 **1**

다음의 문장을 해석해 보세요.

(1) Bana bir şey söylemeyiniz, lütfen.

(2) Lütfen, biraz bekleyin. David bey şu an meşgul.

(3) Hastasınız, dondurmayı fazla yemeyiniz.

(4) Lütfen, beni rahatsız etmeyin. Şu an başım dolaşıyor.

WORDS

Biraz [비라즈] 조금	Beklemek [베클레멕] 기다리다	Şu an [슈안] 지금, 현재
Mesgul [메슈굴] 바쁜	Hasta [하스타] 병, 아픈	Dondurma [돈두르마] 아이스크림
Fazla [파즐라] 넘치게, 이상으로	Dolaşmak [돌라쉬막] 돌다, 빙글빙글 돌다	

✳ 본문 ❷

TRACK **08-3**

Yabancılar için Türkçe kitabı
외국인을 위한 터키어 책

İşe erken gitmek için hazırlıyorum.
이쉐 엘켄 기트멕 이친 하즐르요름

İşe geç kalmamak için metroya gidiyorum.
이쉐 게취 칼마막 이친 메트로야 기디요름

Alsu için hediye alıyoruz.
알수 이친 헤디예 알르욜루즈

Sizin için yardımcı oluyorum.
시진 이친 야르듬즈 올루요름

Sizin için sorular çok kolay.
시진 이친 소루라르 촉 콜라이

Bugün kar çok yağıyor.
부균 카르 촉 야으올

Bunu için evimizde oturunuz, işe gelmeyiniz.
부누 이친 에빔데 오투르수누즈. 이쉐 엘메이니즈

Bu ne kitap?
부 네 키탑

Bu yabancılar için Türkçe kitabı.
부 야반지라를 이친 투룩체 키타브

나는 회사에 일찍 가기 위해서 준비합니다.

나는 회사에 늦지 않기 위해서 지하철과 함께 (지하철을 타고) 갑니다.

우리는 알수를 위해서 선물을 구입합니다.

나는 당신을 위해서 도움주는 사람이 됩니다.

당신에게 있어서 매우 쉽습니다.

오늘 눈이 매우 많이 내립니다.
이렇기 때문에 집에 머무시기 바랍니다, 회사에 오지 마시기 바랍니다.

이것은 어떤 책입니까?

이것은 외국인들을 위한 터키어 책입니다.

WORDS

TRACK **08-4**

Hazırlamak [하즐라막] 준비하다	Metro [메트로] 지하철
Hediye [헤디예] 선물	Hediye almak [헤디예 알막] 선물을 구입하다, 선물을 받다
Kolay [콜라이] 쉬운	Sizin için [시진 이친] 당신을 위한, 당신에게 있어서
Bunu için [부누 이친] 이렇기 때문에	Yabancı [야반즈] 외국인
Türkçe kitabı [투룩체 키타브] 터키어 책	

✱ 문법과 표현 ②

1 다양한 의미를 가진 İçin

1 ~을 위한
- Alisa için hediye alıyoruz. [알리샤 이친 헤디예 알르욜누즈]
  우리는 알리사를 위해 선물을 구합니다.
- Emine için bu ders yeterli değil. [에미네 이친 부 데르스 에텔리 데일]
  에미네를 위해 이 수업은 충분하지 않습니다.
- Leyla hanım için biz gizli parti yapıyoruz. [에일라 하늠 이친 비즈 기즐리 팔티 야프욜누즈]
  레일라 씨를 위해 우리는 비밀스러운 파티를 하고 있습니다.

2 동사원형 için을 사용하면 '동사원형을 하기 위해/하기 위한'으로 사용된다.
- Sabah erken uyanmak için alarm kuruyorum. [사바 엘켄 우얀막 이친 알람 쿠루요름]
  나는 아침 일찍 일어나기 위해서 알람을 설정합니다.
- Daha para kazanmak için çalışıyorum. [다하 파라 카잔막 이친 찰르슈요름]
  나는 돈을 더 벌기 위해서 일을 합니다.

3 소유대명사에 için을 붙이면 '인칭에게 있어서', '인칭을 위한' 이라는 뜻이 된다.
- Sizin için bu sınav çok kolay. [시진 이친 부 스나브 촉 콜라이]
  당신/너희들에게 있어서 이 시험은 매우 쉽습니다.
- Onların için bu konu zor değil. [온나른 이친 부 코누 조르 데일]
  그들/그녀들/그것들에게 있어서 이 주제는 어렵지 않습니다.

Benim için 베님 이친	나에게 있어서, 나를 위한
Senin için 세닌 이친	너에게 있어서, 너를 위한
Onun için 오눈 이친	그/그녀/그것에게 있어서, 그/그녀/그것을 위한
Bizim için 비짐 이친	우리에게 있어서, 우리를 위한
Sizin için 시진 이친	당신/너희들에게 있어서, 당신/너희들을 위한
Onların için 온라르 이친	그들/그녀/그것들에게 있어서, 그들/그녀들/그것들을 위한

확인문제 2

다음 문장을 해석해 보세요.

(1) İstanbul Dil Merkezi'nde Yabancılar için Türkçe kursu da var.

.

(2) Koreliler için Türkçe zor değil.

.

(3) Daha seviyeye geçirmek için ders çalışıyorum.

.

(4) Yemekler daha güzel pişirmek için bilgiler topluyoruz.

.

WORDS

Yeter [예테르] 충분	Yeterli [예텔리] 충분한
Parti yapmak [팔티 야프막] 파티를 하다	Gizli [기즐리] 비밀스러운, 비밀스런
Uyanmak [우얀막] 일어나다	Alarm [알람] 알람
Kurmak [쿠르막] 설립하다, 설정하다	Para [파라] 돈
Kazanmak [카잔막] 획득하다, 이상의 것을 획득하다, 이득을 취득하다	
Türkçe kursu [투룩체 쿠르수] 터키어 코스	Zor değil [조르 데일] 어렵지 않다
Seviye [세비예] 등급	Geçirmek [게취르멕] 지나가게 하다
_____A geçirmek [아 게취르멕] ~을 지나가게 하다	Bilgi [빌기] 지식
Toplamak [토플라막] 모으다	_____ toplamak [토플라막] ~을 모으다

✳ 연습문제

TRACK 08-5

1 다음을 듣고 알맞은 것을 고르세요.

① 내일 시험을 위해서(시험 때문에) 일찍 오십시오.

② 너는 내일 일찍 와라.

③ 그녀는 내일 일찍 오세요.

④ 당신은 내일 일찍 오지 마십시오.

2 다음의 질문에 알맞은 대답을 자유롭게 적어 보세요.

(1) Bir çay daha içiniz.

→ _____

(2) Pikniğe gidiniz.

→ _____

(3) Her hafta sonu kitap okunuz.

→ _____

(4) Sen ders çalışın.

→ _____

TRACK 08-6

3 다음을 읽어 보세요.

Yarın sınav var. Mutlaka ders çalışınız.
내일 시험이 있습니다. 반드시 당신은 공부를 하십시오.

Evde temizlik yapınız.
집에서 청소를 하십시오.

Okulda yemekler yemeyiniz
학교에서 음식을 먹지 마십시오.

Sinemada sohbet etmeyiniz.
영화관에서 떠들지 마십시오.

4 다음을 문장을 해석해 보세요.

(1) Erken uyu. Çünkü yarın işler çok.

→ _____

(2) Daima sebze ve meyve ye.

→ _____

(3) Bana göre bunu iyi değil. Böyle yapma.

→ _____

(4) Ben her akşam işten sonra akşam 9'de eve dönüyorum.

→ _____

WORDS

Bir daha 좀 더	Bir günde 하루에	Uyumak 잠을 자다
Vejetaryen 채식주의자	Daima 항상	Bana göre 내가 볼 때
bir daha 이상, 더	İyileşmek 좋아지다	Her akşam 매일 저녁
Dönmek 돌다, 돌아가다, 돌아오다		

✳ 문화

✳ Üsküdar'a Gider İken (위스크다라 기데리켄) ✳
"위스크다르에 가는 길에"

한국전쟁에 참전한 터키군인들이 부르면서 한국에서도 알려지게 된 튀르키예의 민요 **Üskü-dar'a Gider İken**은 오스만투르크 시기 튀르키예의 이스탄불을 넘어 그리스, 세르비아, 아르메니아, 알바니아, 보스니아, 불가리아 등 여러 곳에서 불린 대표적인 튀르키예의 민요이다. 여러 지역에서 불린 노래인 만큼 다양한 언어 버전이 있다. 한국에서는 가수 이해연이 1957년 '우스크다라'라는 이름으로 음반을 발매했다.

❖ 가사(의역)

Üsküdar'a gider iken aldı da bir yağmur.(2)
위스크다르에 가는 길에 비가 내리네.

Kâtibimin setresi uzun, eteği çamur.(2)
나의 님의 긴 코트, 그 코트(치마)에 묻은 진흙.

Kâtip uykudan uyanmış, gözleri mahmur.(2)
방금 깨어난 나의 님, 나른한 눈.

Kâtip benim, ben kâtibin, el ne karışır?
나의 님은 나의 것, 나는 나의 님의 것, 다른 누가 뒤섞으리오.(방해하리오.)

Kâtibime kolalı da gömlek ne güzel yaraşır!
나의 님의 셔츠, 얼마나 멋이 있는지.

Üsküdar'a gider iken bir mendil buldum.(2)
위스다르에 가는 길에 찾은 손수건 하나.

Mendilimin içine (de) lokum doldurdum.(2)
손수건 안에 가득 로쿰을 채워넣고서.

Kâtibimi arar iken yanımda buldum.
나의 옆에서 발견한 나의 님.

Kâtip benim, ben kâtibin, el ne karışır?
나의 님은 나의 것, 나는 나의 님의 것, 다른 누가 뒤섞으리오.(방해하리오.)

Kâtibime kolalı da gömlek ne güzel yaraşır!
나의 님의 셔츠, 얼마나 멋이 있는지!

나는 서울에서 이스탄불로 갑니다

✳ 학습목표

- 여격(~로/~에), 탈격(~로부터/~에서부터)의 활용

✳ 문법과 표현

- 여격(~로/~에)

- 탈력 (~로부터)

✳ 어휘

- 격을 활용하여 표현할 수 있는 명사와 동사

- 월(月)과 계절 관련 어휘

✳ 문화

- 한국에서 볼 수 있는 튀르키예 영화 <아일라>, <고양이 케디>

✳ 본문 ❶

Abdullahim Seul'a gidiyor.
압둘라힘은 서울에 갑니다.

Annem kedimize kedi maması veriyor.

Emine hocamıza soru soruyor.

Abdullahim Seul'a gidiyor.

Nagehan Taksim'e geliyor.

Aigul bahçeye bakıyor.

Ben her sabah matroya biniyorum.

Kedim bana bakıyor.

Elmira hocam size ödev veriyor mu?

Evet, bize ödev veriyor.

Hayır, bize ödev vermiyor.

나의 엄마는 우리의 고양이에게 고양이 먹이를 줍니다.
에미네는 우리의 선생님에게 질문을 합니다.
압둘라힘은 서울에 갑니다.
나게한은 탁심에 옵니다.
아이굴은 정원을(정원에) 봅니다.
나는 매일 아침 지하철에 탑니다.
나의 고양이는 나를(나에게) 봅니다.

엘미나 선생님은 당신/너희들에게 숙제를 줍니까?
네, 우리에게 숙제를 줍니다.
아니요, 우리에게 숙제를 주지 않습니다.

WORDS		TRACK 09-2
Kedi maması 고양이 먹이	Mama 먹이	Vermek 주다
Hoca 선생님, 성직자	Soru 질문	Sormak 질문하다
Taksim 탁심 (이스탄불내 지역 중 하나)	Bahçe 정원	Bakmak 보다
A bakmak ~을(~에) 보다	Metro 메트로	Binmek 타다
Ödev 숙제	Ödev vermek 숙제를 주다, 숙제를 제공하다	

✳ 문법과 표현 ❶

1 여격

1 여격은 행동의 방향을 나타내는 격으로 '누구에게, 무엇에게', '어디로'의 의미인 ~로/~에/~로의 뜻을 가지고 있다.

[명사 + (y)A]

2 접사는 명사의 마지막 끝난 문자에 따라 달라지는데 명사가 모음으로 끝나면 매개자음 y를 추가한다.

Ev → ev-e		Oda → oda-y-a	
Okul → okul-a		Emine → Emine-ye	
Ders → ders-e		Kore → Kore-ye	
Sınıf → sınıf-a			

3 만약 명사의 마지막 문자가 된소리 p, t, ç, k로 끝날 경우에는 b, c, d, g/ğ로 바꾼 후 여격의 A를 추가한다.

p → b	t → c	ç → d	k → g/ğ

Uçak　　　→　　uçağa 비행기로
Sokak　　→　　sokağa 골목에
Renk　　　→　　renge 색깔로

4 인칭대명사에도 여격을 적용할 수 있다.

Ben	Bana	나에게
Sen	Sana	너에게
O	Ona	그/그녀/그것에게
Biz	Bize	우리에게
Siz	Size	당신/너희들에게
Onlar	Onlara	그들/그녀들/그것들에게

5 다음의 단어는 예외적인 단어로 여격 규칙에 적용되지 않는다.
- 명사가 사람의 이름과 같은 고유명사인 경우

  Mehmet → Mehmet'e 메흐멧 → 메흐멧에(에게)

- 한 음절 단어인 경우

  At → ata 말 → 말에(로)

  Top → topa 공 → 공에(으로)

• 그 외

Devlet → devlete 정부 → 정부에(로)

❷ '~을 보다/관찰하다', '~을 시작하다'는 터키어에서 '~에게 보다/시작하다'

1 행동이 이동하는 의미로서 명사에 대해 방향 대소 관계를 표현한다는 의미에서 다음의 동사에 대한 명사는 여격으로 놓는다.

• Şimdi **Türkçe dersine** başlıyor.
지금 터키어 수업을 시작합니다.
(→ 직역: 지금 터키어 수업에 시작합니다.)

• Biz **bebeğimize** bakıyoruz.
우리는 우리의 아기를 봅니다.
(→ 직역: 우리는 우리의 아기에게 봅니다.)

• Kediniz **bize** bakıyor
당신의 고양이는 우리를 봅니다.
(→ 직역: 당신의 고양이는 우리에게 봅니다)

2 '명사의 인칭화'가 적용된 명사는 '명사의 특성'을 지니고 있으므로 명사에 붙는 터키어의 모든 격을 첨가할 수 있다.

➕ 터키의 모든 격: 처격, 탈격, 대격(목적격), 여격, 속격

3 '명사의 인칭화'된 명사 + 여격

• Oda 방

Benim oda-m-a	나의 방으로, 나의 방에
Senin oda-n-a	너의 방으로, 너의 방에
Onun oda-sı-n-a	그/그녀/그것의 방으로, 그/그녀/그것의 방에
Bizim oda-mız-a	우리의 방으로, 우리의 방에
Sizin oda-nız-a	당신/너희들의 방으로, 당신/너희들의 방에
Onların oda-ları-n-a	그들/그녀들/그것들의 방으로, 그들/그녀들/그것들의 방에

확인문제 1

다음의 문장의 빈칸에 알맞은 여격을 적어 보세요.

(1) Alina sinema   gidiyor.

   알리나는 영화관에 갑니다.

(2) Alisa kedi   bakıyor.

   알리샤는 고양이를 봅니다. (고양이에게 봅니다.)

(3) Elena kız kardeşin   gülüyor.

   엘레나는 (그녀의) 여자 형제에게 웃습니다.

WORDS

Ziyaret etmek 방문하다   Ziyaret 방문

Seul'den İstanbul'a geliyoruz.
서울에서부터 이스탄불로 옵니다.

İstanbul'dan Ankara'ya gidiyorum.

Manavdan meyve alıyorum.

Adelina'dan kitap istiyorum.

Evden okula gidiyoruz.

Ahmet'ten kitaplar alıyorum.

Evimden şimdi çıkıyorum.

Uçaktan iniyorsunuz.

Kimden yarım almak istiyorsunuz?

Kamile'den istiyorum.

Nereden nereye gidiyorsunuz?

Seul'den İstanbul'a gidiyorum.

나는 이스탄불에서부터 앙카라로 갑니다.
나는 과일상으로부터 과일을 구입합니다
나는 아델리나로부터 책을 원합니다.
우리는 집에서부터 학교로 갑니다.
나는 아흐멧으로부터 책을 받습니다.
나는 나의 집으로부터 지금 나옵니다.
우리는 비행기로부터 내립니다.

당신은 누구로부터 도움 받기를 원합니까?
나는 카밀레로부터 원합니다.

당신은 어디에서부터 어디로 갑니까?
나는 서울에서부터 이스탄불로 갑니다.

WORDS

Manav 과일상, 과일상점	Meyve 과일	Almak 구입하다, 받다, 얻다
Kitap 책	Çıkmak 나오다, 나가다, 빠져나오다	Uçak 비행기
İnmek 내리다, 하차하다	Kimden 누구로부터	Kim 누구
Nereden 어디에서부터	Nereye 어디로	

✳ 문법과 표현 ❷

1️⃣ 탈격

1 떨어지는 개념으로 사용하는 것으로 떨어지는 대상이 되는 명사에 탈격을 붙인다.

[명사 + dan / tAn]

- ev → evden 집 → 집에서부터
- okul → okuldan 학교 → 학교에서부터
- İstanbul → İstanbul'dan 이스탄불 → 이스탄불에서부터

2 명사의 마지막 문자가 된소리 f, s, t, k, ç, ş, h, p로 끝날 경우 d → t로 바꾸어 적용한다.

- Doktor → doktordan 의사 → 의사로부터
- dolap → dolaptan (옷)장, 캐비넷 → (옷)장, 캐비넷으로부터
- Ahmet → Ahmet'ten 아흐멧 → 아흐멧으로부터

3 이외에도 다음의 경우에는 '탈격'을 사용한다.

언제 사용할까?	예문
원인을 나타낼 때	Mutluluktan 기쁨으로 인해
시간을 나타낼 때	Sabah erkenden 이른 아침부터
무엇으로 만들어졌는지를 나타낼 때	Kardan 눈으로부터
무엇 중 '하나' 임을 나타낼 때	Dükkanlardan biri 가게들 중에 하나
일부 동사 앞에	-dan söz etmek ~로 부터 약속하다 -dan bahsetmek ~로 부터 언급하다
~대신에	-dan dolayı ~ 대신에
행동 방식을 나타낼 때	Kar hafiften yağıyor 눈이 가볍게 내립니다
~ 만큼	Evden okula kadar 집에서부터 학교에까지

4 명사의 인칭화가 적용된 명사에도 탈격을 첨가한다.

- Ev 집

Benim ev-im-den	나의 집으로부터
Senin ev-in-den	너의 집으로부터
Onun ev-i-n-den	그/그녀/그것의 집으로부터
Bizim ev-imiz-den	우리의 집으로부터
Sizin ev-iniz-den	당신/너희들의 집으로부터

Onların ev-leri-n-den	그들/그녀들/그것들의 집으로부터
Evden şimdi çıkıyorum.	나는 집에서부터 지금 나옵니다.
Uçaktan iniyoruz.	우리는 비행기로부터 내립니다.

2 명사의 탈격을 가지고 오는 동사

1 다음의 동사는 명사의 탈격을 가지고 올 수 있으며 이때 의미는 다음과 같다.

Nefret etmek	싫어하다, 증오하다	Biz savaştan çok nefret ediyoruz. 우리는 전쟁을 매우 싫어합니다.
Hoşlanmak	좋아하다, 호감을 느끼다	Ben senden hoşlanıyorum. 나는 너에게 호감이 있습니다. 나는 너를 좋아합니다.
Korkmak	무서워하다	Çocuklar köpekten korkuyorlar. 어린이들은 개를 무서워합니다.
Bahsetmek	말하다, 언급하다	Ben Emine'den bahsediyorum. 나는 에미네에 대해서 말합니다.
Satın almak	거래하다, 구입하다	Nereden kitaplar (satın) alıyorsunuz? 당신은 어디서부터 책을 구입합니까?
Almak	사다, 받다, 얻다	Kitap evinden alıyorum. 나는 책을 책방에서부터 구입합니다.

 **2**

다음 문장을 해석해 보세요.

(1) Ben sabahtan akşama kadar çalışıyorum.

.

(2) Öğrenciler hazirandan eylüle kadar tatil yapıyor.

.

(3) Emine neyden korkuyor?

.

(4) Emine ayıdan korkuyor.

.

WORDS

Kadar 만큼	A kadar ~명사 만큼	Kitap evi 서점
Haziran 6월	Eylül 9월	Neyden 무엇으로부터
Ayı 곰	Hafif 가벼운	

✳ 연습문제 ────────────────

TRACK **09-5**

1 다음을 듣고 알맞은 것을 골라 보세요.

① 우리는 지금 서울에서 튀르키예로 갑니다.

② 우리는 집에서 이스탄불로 갑니다.

③ 나는 튀르키예에 갑니다.

④ 나는 지금 이스탄불로 갑니다.

2 다음의 질문의 뜻을 쓰고 틀린 대답을 골라 보세요.

Ne yapmak istiyorsunuz? → _____ ?

① Seul'dan İstanbul'a uçak ile gitmek istiyorum.
서울에서 이스탄불로 비행기로 가기를 원합니다.

② Kitap almak istiyorum.
나는 책을 구입하기를 원합니다.

③ Adelina ile kahvehaneye gitmek İstiyorlar.
나는 아델리나와 함께 커피숍에 가기를 원합니다.

④ Elmira hocam'dan Türkçe dersi almak istiyorum.
나는 엘미나 선생님으로부터 터키어 수업을 받기를 원합니다.

3 여격과 처격을 주의하여 부정형으로 적어 보세요.

(1) Ben bugün okul'a gidiyorum. 나는 오늘 학교에 갑니다.

→ _____

(2) Biz Seul'a gidiyoruz. 우리는 서울로 갑니다.

→ _____

(3) Bu kitap Emine'den alıyorum. 이 책은 에미네로부터 받습니다.

→ _____

(4) Size yardım vermek istiyoruz. (또는 Yardımcı olmak istiyoruz.)

우리는 당신에게 도움을 주기를 원합니다.

→ _____

4 **여격과 처격을 주의하여 다음의 한국어를 보고 터키어로 적어 보세요.**

(시제: 현재진행형(현재형))
우리는 오늘 비행기를 타고 이스탄불로 갑니다. 나는 이스탄불에서 여행하기를 원합니다.
당신은 우리에게 도움을 주실 수 있습니까? 우리는 당신의 도움을 받기를 원합니다. 우리
는 튀르키예 여행에서 즐거움을 얻기를 희망합니다.

_____

_____

_____

WORDS

Keyif almak 즐거움을 얻다   Keyif 즐거움

✳ 문화

✳ 한국에서 볼 수 있는 튀르키예 영화: 아일라, 고양이 케디 ✳

튀르키예의 영화사는 오스만투르크로 거슬러 올라간다. 1895년 루미에르 형제(Lumière Brothers)가 제작한 무성 영화 L'Arrivée d'un train en gare de La Ciotat로 1896년 콘스탄티노플(現 이스탄불)에서 상영된 것이 최초의 근대 영화이다. 한편 튀르키예에서 제작한 최초의 영화는 육군 장교 출신의 푸아트 우즈크나이(Fuat Uzkinay)의 다큐멘터리 영화 'Ayastefanos'taki Rus Abidesinin Yıkılışı' (산 스테파노의 러시아 기념물 철거)'로 1914년 제작되었다. 한국에도 최근들어 다양한 장르의 튀르키예의 영화가 선보이고 있다.

---

1   아일라 (원제 Ayla)

6.25 한국전쟁에 참전한 튀르키예군 부사관인 슐레이만와 고아 소녀 아일라의 실제 이야기를 바탕으로 제작된 영화로 60년의 시간을 두고 두 사람의 인연을 담고 있다. 2017년에 개봉했다.

2 고양이 케디 (원제: Kedi film)

터키계 미국인 감독 제이다 토룬(Ceyda Torun)이 제작한 영화로 이스탄불에 살고 있는 길고양이 7마리를 주인공으로 한 이스탄불의 젠트리피케이션 문제를 담고 있는 다큐멘터리영화이다. 2017년에 개봉했다.

UNIT
10

나는 서울에서
이스탄불로 갑니다

✳ **학습목표**

• 조격(~와 함께), 대격(~을/~를)의 활용

✳ **문법과 표현**

• 여격(~로/~에)

• 탈격(~로부터/~에서부터)

• 조격(~와 함께)

• 대격(~을/~를)

✳ **어휘**

• 격을 활용하여 표현할 수 있는 명사와 동사

• 월(月)과 계절 관련 어휘

✳ **문화**

• 투르크 공동체 투르크국가기구

Ben evden işe kadar arabayla gidiyorum.
나는 집에서부터 회사까지 자동차로 갑니다.

Biz yemekten önce ellerimizi yıkıyoruz.

Emine sınavdan önce ders çalışıyor.

우리는 식사 전에 우리의 손을 씻습니다.
에미네는 시험 전에 공부를 합니다.

Biz yemekten sonra kahve içiyoruz.

Emine sınavdan sonra parka gidiyor.

우리는 식사 후에 커피를 마십니다.
에미네는 시험 이후에 공원에 갑니다.

Ali ile Ahmet yemekten önce sinemaya gidiyor(lar).

Emine ile Timir sınavdan sonra kafeye gidiyor(lar).

알리와 아흐멧은 식사 전에 영화관에 갑니다.
에미네와 티미르는 시험 후에 카페에 갑니다.

당신은 무엇으로 작성하십니까?
저는 펜으로 작성합니다.

Sizin neyle yazıyorsunuz?

Ben kalem ile yazıyorum.

에미네씨, 당신은 무엇으로 집에서부터 회사에 갑니까?
저는 집에서부터 회사까지 자동차로 갑니다.

Emine hanım, neyle evden işe gidiyorsunuz?

Ben evden işe kadar arabayla gidiyorum.

WORDS

Yemek 식사, 음식	El 손
Eller 양손	Yıkmak 씻다
Ders çalışmak 공부하다	Kahve içmek 커피를 마시다
Sinemaya gitmek 영화를 보러가다	Neyle 무엇으로, 무엇과 함께
Yazmak 쓰다, 작성하다	Arabayla 자동차와 함께, 자동차로

✳ 문법과 표현 ❶

1 ~이전에, ~이후에

1 탈격에서 '이전'을 나타내는 단어 önce와 '이후'를 나타내는 단어 sonra를 활용하여 '이전에', '이후에'
를 표현할 수 있다.

이전에 -dAn/tAn önce

- Kanalda diziden önce reklamlar var.
  채널에서 드라마 전에 광고들이 있습니다.
- Türkler Türkiye'de ana yemekten önce çorba ve salata yiyor(lar).
  터키인들은 튀르키예에서 식사(메인 식사) 전에 스프와 셀러드를 먹습니다.
- Emine işten önce çay içiyor.
  에미네는 근무 전에 차를 마십니다.

이후에 -dAn/tAn sonra

- Ben işten sonra internet oyunu oynuyorum.
  나는 퇴근 후에 인터넷 게임을 놀이합니다.
- Öğleden sonra parka gidiyorum.
  나는 정오 후에 공원에 갑니다.
- Spordan sonra duş alıyorum.
  운동 후에 샤워를 합니다.

2 조격 : ~와 함께

1 명사에 '~와 함께, ~을 가지고'라는 의미의 조격/조격 도구를 붙여 사용한다.

조격 : 명사 + (y)lA | 조격 도구: 명사 ile

➕ 조격과 조격 도구는 형태만 다를 뿐 의미는 동일하다.

	[조격 도구] 명사 ile	[조격] 명사 + (y)lA	의미
Ahmet	Ahmet ile	Ahmet'le	아흐멧과(함께)
Kalem	Kalem ile	Kalemle	필기구로
Emine	Emine ile	Emine'yle	에미네와(함께)
Ali	Ali ile	Ali'yle	알리와(함께)
Ne	Ne ile	Neyle	무엇으로

예문
- Arkadaşımla konuşuyorum. 나는 친구들과 함께 대화를 합니다.
- Makasla kağıt kesiyorum. 나는 가위와 함께 종이를 자릅니다.

* Neyle süt içiyorsunuz? 당신은 무엇과 함께 우유를 마십니까?
* Bir bardakla içiyorum. 저는 컵과 함께 마십니다.

2 조격은 인칭대명사에도 붙여서 사용할 수 있으며 의미는 다음과 같다.

Benimle	나와 함께
Seninle	너와 함께
Onunla	그/그녀/그것과 함께
Bizimle	우리와 함께
Sizinle	당신/너희들과 함께
Onlara	그들/그녀들/그것들과 함께

확인문제 **1**

다음의 한국어와 괄호 안의 명사를 참고하여 빈칸에 알맞은 명사로 적어 보세요.

(1) _____ işe gidiyoruz. (otobüs) 우리는 버스와 함께 회사에 갑니다.

(2) _____ konuşuyoruz. (telefon) 우리는 전화기와 함께 대화합니다.

(3) _____ futbol oynuyoruz. (top) 우리는 공과 함께 축구를 놀이합니다.

WORDS

Kanal TV 및 방송 채널	Dizi 드라마	Reklam 광고
Ana yemeği 식사, 메인 식사	Çorba 스프, 국	Salata 샐러드
İşten önce 근무 전, 일하기 전	İşten sonra 퇴근 후, 일을 끝낸 후	İnternet oyunu 인터넷 게임
Öğle 정오	Spor 운동	Spor yapmak 운동하다
Duş almak 샤워하다	Makas 가위	Kağıt 종이
Kesmek 자르다	Bardak 컵	Futbol 축구
Futbol oynamak 축구게임을 하다		

Ben seni seviyorum.
나는 너를 사랑합니다.

Ben seni seviyorum.

Bu kitabu okuyorum.

Sizin kitabınızı okuyorum.

Çocukları çok seviyoruz.

Seni seviyorum.

İstanbul'u seviyorum.

Emine'yi beğeniyor musunuz?

Evet. Onu beğeniyorum.

Kimi arıyorsunuz?

Emine'yi arıyorum.

나는 너를 사랑합니다.
나는 이 책을 읽습니다.

나는 당신의 책을 읽습니다.
우리는 어린이들을 매우 사랑합니다.
나는 너를 사랑합니다.
나는 이스탄불을 사랑합니다.

당신은 에미네를 마음에 들어합니까?
네. 나는 그녀를 마음에 들어합니다.

당신은 누구를 찾고 있습니까?
나는 에미네를 찾습니다.

WORDS

TRACK 10-4

Sevmek 사랑하다	Kitabı 책을	Çocuklar 어린이들
Beğenmek 좋아하다	Kimi 누구를	Aramak 찾다

✳ 문법과 표현 ②

1 대격 : ~을/를

1 누구를, 무엇을 등 대격의 대상이 되는 명사에 (y)i를 추가하여 '명사 을/를'로 표현한다.

ev → evi	집을
sınıf → sınıfı	교실을, 학년을
öğretmen → öğretmeni	선생님을

2 명사의 마지막 문자가 모음으로 끝날 경우 매개자음 y를 첨가한다.

araba → arabayı	자동차를
masa → masayı	책상을
Emine → Emine'yi	에미네를

3 만약 명사의 마지막 문자가 된소리 t, p, k, ç로 끝날 경우 d, b, g/ğ, c로 바꾼 후 대격을 첨가한다.

t → d	p → b	k → g/ğ	ç → c

Etek → Eteği 치마를

Kitap → Kitabı 책을

2 언제 대격 '을/를'을 사용할까?

1 기본적으로 터키어의 대격은 특정 사물에 대해 표현할 때 사용한다. 대격을 사용하거나 사용하지 않을 때의 의미차이는 다음과 같다.

서점을 돌아다니다가 책을 한 권 구입했다고 가정할 때

• Alışverişten kitap aldım → 대격 X

어떤 책을 구입했는지가 중요하지 않을 경우 '책'을 '특정 사물'로 두어 강조할 필요가 없으므로 대격을 첨가하지 않는다.

• Alışverişten bilgisayar kitap aldım → 대격 X

역시나 어떤 책을 구입했는지 중요하지 않을 경우 이를 '특정 사물'로 두어 강조할 필요가 없으므로 대격을 첨가하지 않는다.

• Alışverişten bilgisayar kitabı aldım → 대격 O

여러 종류의 책 중에서 '컴퓨터 책'을 구입했다는 것이 중요할 경우 이를 '특정 사물'로 두어 대격을 첨가한다.

2 지시대명사와 의문대명사가 명사 앞에 올 때
- Bu kitabı okuyorum. 나는 이 책을 읽습니다.
- Hangi kitabı okuyorsunuz? 당신은 어떤 책을 읽습니까?

3 '명사의 인칭화'가 된 명사에 대해서
- Sizin kitabını okuyorsunuz. 당신은 당신의 책을 읽습니다
- Emine'nin arabasını biliyorum. 나는 에미네의 자동차를 압니다.

4 명사가 복수일 경우
- Biz kedileri çok seviyoruz. 우리는 고양이들을 매우 사랑합니다.

5 고유명사일 경우
- Emine İstanbul'u çok seviyor 에미네는 이스탄불을 매우 사랑합니다.

확인문제 2

다음의 빈칸에 알맞은 대격을 적어 보세요.

(1) Bu kitap   hemen okumak istiyorum.

　　나는 이 책을 빨리 읽기를 원합니다.

(2) Hangi dergi   almak istiyorsun?

　　너는 어떤 잡지를 구입하길 원합니까?

(3) Sen   çok özlüyorum.

　　나는 너를 매우 그리워합니다.

(4) Bu konu   bir daha açıklıyoruz.

　　우리는 이 주제를 좀 더 설명합니다.

WORDS

Hemem 즉시	Okumak 읽다	Almak istemek 구입을 원하다, 받기를 원하다
Dergi 잡지	Özlemek 그리워하다	Konu 주제
Daha 더	Bir daha 좀 더	Açıklamak 설명하다

✳ 연습문제

1 다음을 듣고 알맞은 것을 고르세요.

① 나는 당신을 사랑합니다.

② 나는 학교에서부터 집으로 갑니다.

③ 나는 출근 전에 커피를 마십니다.

④ 우리는 퇴근 후에 영화관에 갑니다.

2 다음의 듣고 '에미네 선생님과'라는 표현이 들어간 것을 고르세요.

① Evet. Ben sizi seviyoruz.

② Kore'den istanbul'a uçakla gidiyoruz.

③ Hayır. Bundan beğenmiyoruz.

④ Emine hocam ile Türkçe'yi öğreniyorum.

3 다음을 읽고 해석해 보세요.

> Benim adım Emine. Bugün evdeyim çünkü hastayım. Bugün kız kardeşim de evde. Bugün biz çalışmıyoruz. Ama annem işte. Kız kardeşimin adı Nagehan. O haftada beş gün sabah ondan akşam on dokuza kadar işte.

4 다음 문장을 보고 터키어로 적어 보세요.

(1) 나는 이 가방을 구입하고 싶습니다.

→ _____

(2) 나는 백화점에서 이 가방을 모두 구입합니다.

→ _____

(3) 우리는 개를 무서워합니다.

→ _____

(4) 우리는 이 주제를 잘 모릅니다.

→ _____

✳ 문화

✳ 투르크 공동체 조직
투르크국가기구(Organization of Turkic States) ✳

1 투르크계 중 하나인 오구즈투르크

터키어를 공부하는 학습자라면 '투르크', '투르크어권'이라는 말을 한 번 쯤은 들어봤을 것이다. 튀르키예공화국은 투르크계 민족 중 오구즈계 중 하나로 그들이 만든 나라가 오스만투르크(Ottoman Turk)이고, 이후 설립된 공화국이 바로 튀르키예공화국이다. 오스만투르크 시대를 거치면서 다민족화되었지만 본래 오스만투르크 투르크 민족 중 오구즈(Oghuz)계통의 민족으로 이들은 서진하여 6세기에는 이슬람을 받아들였고, 셀주크투르크와 오스만투르크를 세운다.

2 소비예트 붕괴 이후 등장한 투르크계 국가들

20세기 소비예트가 붕괴된 후에는 중앙아시아 4개 투르크계 지역과 코카서스 1개 지역은 독립하여 카자흐스탄, 투르크메니스탄, 우즈베키스탄, 키르기스스탄, 아제르바이잔 등 독자적인 나라를 세운다. 한편 러시아연방에 남으며 문화, 언어를 보장받으며 독립한 타타르스탄공화국, 바쉬키르공화국과 같은 투르크계 공화국이 등장한다.

3 투르크 공동체 조직의 등장

투르크어사용국가협력협의회(투르크협의회) (Cooperation Council of Turkic Speaking States (Turkic Council)에서 출범한 투르크국가기구는 튀르키예공화국의 주도하에 2009년 조직이 되었다. 투르크 국가 간의 포괄적인 협력을 목표로 튀르키예공화국을 중심으로 아제르바이잔, 카자흐스탄, 키르기스스탄이 조직되었고, 2019년 10월에는 우즈베키스탄이 정회원으로 가입했다. 2018년에는 헝가리가 2021년에는 투르크메니스탄이 그리고 2023년에는 ECO(Economic Coperation Organization)가 옵저버 회원자격으로 가입했다.

4 공통의 역사, 언어, 정체성, 문화를 가지고 다협력 중

"공통의 역사, 공통의 언어, 공통의 정체성, 공통의 문화"라는 네 가지 분야를 중심축으로 경제, 과학, 교육, 관광 등 다분야에서 양자 및 다자 협력으로 확대를 목표하고 있다. 투르크 국가들 간의 연대를 촉진함으로써 중앙아시아와 코카서스 지역내의 새로운 모델의 지역 기구로 나가기 위해 다양한 시도 중이다. 투루크국가의회 'TURKPA'(투르크파), 국제투르크문화기구 'TURKSOY'(투르크소이), 국제투르크아카데미(International Turkic Academy), 투르크문화유산재단(Turkic Culture and Heritage Foundation), 투르크비즈니스위원회(Turkic Business Council), 투르크대학연합(Turkic University Union) 그리고 투르크상공회의소(Turkic Chamber of Commerce and Industry)와 같은 산화 기관을 조직 및 지원 운영하고 있다.

우리는 터키어를
공부하고 있는 중입니다

✳ **학습목표**
  - 현재진행형(현재형)

✳ **문법과 표현**
  - 현재진행형(현재형)의 긍정과 부정

✳ **어휘**
  - 기초 터키어 동사

✳ **문화**
  - 투르크민족의 봄, 네브루즈 (Nevruz, Наурыз)

 **본문 ❶**

Ben Türkçe öğreniyorum.
저는 터키어를 공부합니다.

Ben Türkçe öğreniyorum.

Sen kahve içiyorsun.

O her zaman koşuyor.

Biz işte çalışıyoruz.

Siz kitap okuyorsunuz.

Onlar film izliyor(lar).

Ben spor yapıyorum.

Siz yemek pişiriyorsunuz.

Biz konuşuyoruz.

Siz ne yapıyorsunuz?

Biz Korece'yi öğreniyoruz.

저는 터키어를 공부합니다.
너는 커피를 마십니다.
그는 매일 달립니다.

우리는 일을 합니다.
당신은 책을 읽습니다.
그들은 영화를 봅니다.

저는 운동을 합니다.
너는 음식을 조리합니다.
우리는 대화를 합니다.

당신은 무엇을 하고 있습니까?
우리는 한국어를 공부하고 있습니다.

Türkçe 터키어	Korece 한국어	Öğrenmek 공부하다, 배우다
Her zaman 매일	İş 일, 업무	
Çalışmak 일하다, 공부하다, (기계가) 작동하다, (반복적으로) 일하다/작동하다		Film 영화, 영상
İzlemek 시청하다, (특정한 것을) 관람하다　Konuşmak 대화하다		Spor 스포츠
Spor yapmak 스포츠를 하다	Yemek 음식	Yemek pişirmek 음식을 조리하다
Yapmak 하다, 행위를 하다, 행위가 있는 것을 하다		
Ne payoıyorsunuz? (당신은) 무엇을 합니까?		

✳ 문법과 표현 ❶

1 터키어 동사원형

1 터키어 원형은 어근+mAk 형태이다.

2 어근의 모음이 a, ı, o, u로 끝나면 동사원형은 mak 형태이고, 어근의 모음이 e, i, ö, ü로 끝나면 동사원형은 mek 형태이다.

- **Oku**mak 공부하다, 읽다
- **Yap**mak 하다, 행위를 하다, (행위가 있는 것을) 하다
- **Et**mek 하다, (감정적인 것을) 하다, (무형의 것을) 하다
- **Pişir**mek 음식을 조리하다

2 현재진행형(=현재형) : ~동사를 하다(동사를 하는 중이다)

1 터키어의 현재진행형(=현재형)은 영어에서 '현재진행형'과 그 쓰임과 의미가 비슷하다.

2 현재 시제 형태가 일치하여 '현재 무엇을 하고 있는 중이다', '을 한다'라는 의미로 사용한다.

3 터키어의 현재진행형(=현재형)은 가깝거나 또는 현재의 행동에 영향을 주는 미래의 행동을 나타내는 데에도 사용하므로 부분적으로는 미래 시제에도 해당한다고 볼 수 있다.

형태 : 동사 어근+ -(İ)yor + 인칭~입니다

(1) 동사의 어근이 모음으로 끝날 때 접미사 -yor가 첨가된다.

okumak 공부하다, 읽다

- Ben   oku-yor-um.   나는 읽습니다.
- Sen   oku-yor-sun.   너는 읽습니다.
- O   oku-yor.   그/그녀/그것은 읽습니다.
- Biz   oku-yor-uz.   우리는 읽습니다.
- Siz   oku-yor-sunuz.   당신/너희들은 읽습니다.
- Onlar   oku-yor-lar.   그들/그녀들/그것들은 읽습니다.

(2) 동사의 어근이 자음으로 끝나면 모음조화의 규칙에 따라 -İyor가 첨가된다.

yazmak 쓰다, 작성하다

- Ben   yaz-ıyor-um.   나는 씁니다.
- Sen   yaz-ıyor-sun.   너는 씁니다.
- O   yaz-ıyor.   그/그녀는 씁니다.
- Biz   yaz-ıyor-uz.   우리는 씁니다.
- Siz   yaz-ıyor-sunuz.   당신/너희들은 씁니다.
- Onlar   yaz-ıyor-lar.   그들/그녀들/그것들은 씁니다.

(3) 무생물의 3인칭 복수가 동작을 하는 경우에는 복수를 나타내는 lAr를 추가하지 않는다. 생명이 있는 생명의 대상이 동작을 하는 경우에는 복수를 나타내는 lAr를 추가할 수도 있고, 추가하지 않을 수도 있다. 의미는 모두 동일하다.

무생물

- Yapraklar dökülüyor. 잎파리들이 떨어집니다.
- Gemiler harket ediyor. 배들이 움직입니다.
- Arabalar duruyor. 자동차들이 멈춰있습니다.

생물

- Çocuklar oyun oynuyor. = Çocuklar oyun oynuyorlar.
  어린이들이 놀이를 합니다.
- Kediler sokakta geziyor. = Kediler sokakta geziyorlar.
  고양이들이 골목을 돌아 다닙니다.
- Öğrenciler ders çalışıyor. = Öğrenciler ders çalışıyorlar.
  학생들이 수업을 공부합니다. (직역: 수업에 집중합니다, 수업에서 공부합니다.)

(4) 동사의 어근이 모음으로 끝날 경우에는 마지막 끝난 모음 자리는 해당 모음을 기준으로 앞에 있는 마지막 끝난 모음에 따라 모음 변화를 시킨 후 적용한다.

a	→	ı	a	→	u
anlamak 이해하다	→	anlıyor 이해하는 중이다	oynamak 놀다, 연기/공연하다	→	oynuyor 놀이를 한다, 연기를 한다, 공연을 한다
e	→	i	e	→	u
beklemek 기다리다	→	bekliyor 기다린다, 기다리고 있다	söylemek 말하다, (불특정 다수에게) 말하다/ 연설하다	→	söylüyor 말을 한다, (불특정 다수에게) 연설한다, 말을 하는 중이다, (불특정 다수에게) 연설하는 중이다

(5) 단자음 단모음의 동사의 어근은 모음의 형태에 따라 모음변화를 적용시킨다.

- yemek → yiyor
  먹다 → 먹는 중이다, 먹다
- demek → diyor
  말하다, (혼자서) 말하다, 주장하다 → 말한다, 말하는 중이다

(6) 다음의 단어와 같이 어근이 t로 끝난 경우 t는 d로 바뀐다.

- gitmek → gidiyor

  가다 → 간다, 가고 있다, 가는 중이다

- seyretmek → seyrediyor

  구경하다, 관람하다 → 구경한다, 관람한다, 구경하는 중이다, 관람하는 중이다

- tatmak → tadıyor

  맛보다, 즐기다 → 맛본다, 즐긴다, 맛보는 중이다, 즐기는 중이다

- etmek → ediyor

  (형태가 없는 것/감정적인 것) 하다 → 한다, 하는 중이다

✸ 문법과 표현 ❶

확인문제 ❶

다음의 괄호 안에 있는 동사를 활용하여 현재진행형으로 만들어 보세요.

(1) Ben araba   . (kullanmak: 사용하다)

     나는 자동차를 사용합니다.

(2) Siz kahve   . (içmek: 마시다, (냄세를)흡입하다)

     당신/ 너희들은 커피를 마십니다.

(3) O   . (uyumak: 잠을 자다)

     그/그녀/그것은 잠을 잡니다.

(4) Biz ekmek   . (almak: 구입하다, 얻다)

     우리는 빵을 구입합니다.

WORDS

Yazmak 쓰다, 작성하다, 기록하다	Yaprak 잎
Dökülmek 떨어지다	Sokak 골목
Hareket 행동, 움직임, 운행	Hareket etmek 행동을 하다, 움직이다, 운행하다
Gitmek 가다	Durmak 멈추다
Çocuk 어린이, 아이, 얘	Ders 수업
Ders çalışmak (수업을) 공부하다	Anlamak 이해하다
Oynamak 놀다, 연기/공연하다	Beklemek 기다리다
Söylemek 말하다, (불특정 다수에게) 말하다/ 연설하다	Yemek 먹다
Demek 말하다, (혼자서) 말하다, 주장하다	Seyretmek 구경하다, 관람하다
Tatmak 맛보다, 즐기다	Etmek (형태가 없는 것/감정적인 것) 하다

Bebek gülmüyor.
아기는 웃지 않습니다.

Ben kitap okumuyorum.

Bebek gülmüyor.

Emine mektup yazmıyor.

Onlar ekmek almıyor.

Biz Türkçe bilmiyoruz.

Siz müzik dinlemiyorsunuz.

Kedi süt içmiyor.

Ben şimdi kahvalı etmıyorum.

Siz ne yapmıyorsunuz?

Ben şimdi okula gitmiyorum.

나는 책을 읽지 않습니다.
아기는 웃지 않습니다.
에미네는 편지를 쓰지 않습니다.
그들은 빵을 사지 않습니다.
우리는 터키어를 모릅니다.
당신/너희들은 음악을 듣지 않습니다.
고양이는 우유를 마시지 않습니다.
우리는 지금 아침을 먹지 않습니다.

당신은 지금 무엇을 안하고 있습니까?
저는 지금 학교에 가지 않습니다.

WORDS

Bebek 아기	Gülmek 웃다	Mektup 편지
Müzik 음악	Dinlemek 듣다	Süt 우유
Kahvaltı etmek 아침을 먹다		

✳ 문법과 표현 ❷

1 터키어 동사원형으로 "부정"동사원형 만들기

1 기존의 동사원형에서 어근과 mAk 사이에 mA를 추가하여 만든다.

2 의미는 기존의 동사원형이 가진 의미와 반대한다.

- Yazmak → yazmamak 쓰다 → 쓰지 않다
- Etmek → etmemek (형태가 없는 것) 하다 → 하지 않다

2 부정동사원형을 활용하여 현재형(=현재진행형) 만들기

부정동사원형의 어근을 기준으로 마지막 끝난 모음 자리는 해당 모음을 기준으로 앞에 있는 마지막 끝난 모음에 따라 모음 변화를 시킨 후 적용한다.

- Okuma~~mak~~ → okumuyor
  읽지 않다, 공부하지 않다 → 읽지 않는다, 공부하지 않는다
- Anlamamak → anlamıyor
  이해하지 않다 → 이해하지 않는다, 이해하지 않고 있다.

okumamak 공부하지 않다		anlamamak 이해하지 않다	
Ben	okumuyorum	Ben	anlamıyorum
Sen	okumuyorsun	Sen	anlamıyorsun
O	okumuyor	O	anlamıyor
Biz	okumuyoruz	Biz	anlamıyoruz
Siz	okumuyorsunuz	Siz	anlamıyorsunuz
Onlar	okumuyorlar	Onlar	anlamıyor-lar

확인문제 2

다음 괄호 안에 있는 동사를 활용하여 의문사의 문장으로 적어 보세요.

(1) Sen akşamları erken   ?(yatmak)

   너는 저녁마다 일찍 잠을 자지 않습니까?

(2) Ben şimdi çalışmak   ?(istemek)

   저는 지금 일하는 것을 원하지 않습니까?

(3) O hiç peynir   ?(yemek)

   그는 전혀 치즈를 먹지 않습니까?

(4) Bugün biz okula   ? (gitmek)

   오늘 우리는 학교에 가지 않습니까?

WORDS

Akşam 저녁	Akşamlar 저녁마다, 매일 저녁	Yatmak 눕다, 잠자리에 들다, 잠을 자다
İstemek 원하다	Hiç 전혀 ~ 하지 않다	Peyir 치즈

✳ 연습문제

1 다음을 듣고 알맞은 것을 고르세요.

TRACK 11-5

① 나는 지금 책을 읽지 않습니다.

② 나는 지금 책을 읽습니다.

③ 우리는 지금 책을 읽습니다.

④ 우리는 책을 읽습니다.

2 다음의 질문에 알맞은 대답을 적어 보세요.

(1) Siz ne yapıyorsunuz? 당신은 지금 무엇을 하고 있습니까?

→ _____

저는 지금 밥을 먹고 있습니다.

(2) Siz İstanbul'a gidiyor musunuz? 당신은 이스탄불에 갑니까?

→ _____

네, 저는 여행을 위해서 이스탄불에 갑니다.

(3) Siz Türkçe'yi öğreniyor musunuz? 당신은 터키어를 공부합니까?

→ _____

네, 저는 터키어를 공부합니다.

(4) Biz pikniğe gidecek miyiz? 우리는 소풍에 갑니까?

→ _____

아니요, 우리는 소풍을 가지 않습니다. 우리는 내일 학교에 갑니다.

3 된소리(강한 자음)와 동사를 알맞게 적은 후 정확한 발음으로 읽어 보세요.

(1) Bu kız Türkçe kitap_____ oku_____.
이 소녀는 터키어 책을 읽고 있습니다.

(2) Biz bunu hakkında teşekkür et_____.
우리는 이것에 관해 고마워하고 있습니다.

(3) Ben Türk müzik_____ dinle_____.
나는 음악을 듣습니다.

(4) Onlar İstanul'u seyret_____.
그들은 이스탄불을 관람(구경)하고 있습니다.

4 다음 문장을 터키어로 적어 보세요.

(1) 어린이들이 어린이 공원에서 놀고 있습니다.

→ _____

(2) 어린이들은 학교에서 공부를 합니다.

→ _____

(3) 우리들은 매일 저녁 터키어를 공부합니다.

→ _____

(4) 우리들은 학교 친구들을 기다리고 있습니다.

→ _____

✳ 문화

✳ 투르크민족의 봄, 네브루즈 (Nevruz, Наурыз) ✳

낮과 밤이 같아지는 한국의 춘분(春分) 다음날은 투르크민족의 봄 '네브루즈'(Nevruz)이다. 네브루즈는 '새로운 날' 즉 설날을 의미한다. 튀르키예를 비롯한 아제르바이잔, 우즈베키스탄, 카자흐스탄, 키르기즈스탄, 투르크메니스탄, 타타르스탄, 다게스탄, 바쉬키르스탄 등 투르크민족 국가/연방국가 이외에도 타지키스탄, 이란, 아프가니스탄과 같은 페르시아어계와 파키스탄까지 여러나라에서 한 날 한 시에 '네브루즈'를 맞이한다. 네브루즈는 민족 또는 언어별로 '노브루즈, 노우루즈, 나우루즈, 나우르즈, 노루즈, 누루즈, 나브루즈, 네브루즈' 등 부르는 명칭은 다르지만 의미는 같다. 네브루즈는 12개국 공동 유네스코인류문화유형문화유산으로 2009년에 등재되었다.

---

1 기원

네브루즈의 역사는 고대 페르시아로 거슬러 올라간다. 태양과 불을 숭배하는 조로아스터교에서는 매년 춘분이 되면 빛이 어둠을 이긴다고 믿었는데, 이러한 믿음에서 기원한 것이 바로 네브루즈다. 네브루즈는 조로아스터교의 종교적 명절로서 아케메네스제국-제1페르시아제국의 공식적인 지위를 가졌다. 서남아시아 지역에 이슬람이 퍼지고, 투르크계 민족이 이 지역의 지배자가 되면서 네브루즈 문화를 토속적인 문화로 받아들였다. 오늘날에는 태양력에 따라 매년 3월 21일을 네브루즈 기념일을 기념한다.

2 문화와 행사

네브루즈 시작전 사람들은 집과 주변을 청소하고 빛을 받아드릴 준비를 한다. 집안 청소를 하고, 집 담벼락과 문은 새로 칠한다. 문은 영원함을 의미하는 코발트색으로 칠하기도 한다. 부활을 의미하는 철을 주조하거나 달걀에 그림을 그리는 풍습도 있다. 나뭇가지에 끈을 묶으며 복을 빌기도 한다. 네브루즈 전날에는 모든 가족 구성원이 집에 머물어야 하며, 그렇지 않으면 7년간 집에 돌아오지 못한다는 미신이 있다. 네브루즈의 밤에는 손님을 맞이 하지 않고, 손님으로 방문을 하지도 않는다. 밤에는 거리에 모닥불을 켜고 사람들은 그 위를 뛰어내리며 액운을 날리며 소원을 빌기도 한다. 한편, 튀르키예만의 독특한 네브루즈 문화로서 네브루즈 꽃이라 불리는 야생화 '아이리스' 꽃을 꺾어 모으거나 거리마다 장식하며 네브루즈의 봄을 축하하는 행사가 열린다.

당신은 터키 음식을 먹습니까?

✳ **학습목표**

• 현재진행형의 긍정 의문과 부정 의문

✳ **문법과 표현**

• 현재진행형의 의문문

✳ **어휘**

• 기초 터키어 동사

✳ **문화**

• 비엔나 커피의 시초 '터키쉬 커피(Türk Kahvesi)'

TRACK 12-1

Siz Türk yemekleri yiyor musunuz?

당신은 터키 음식을 먹습니까?

Siz okula gidiyor musunuz?

Sen akşamlar erken yatıyor musun?

Siz sabahlar kahvaltı yapıyor musunuz?

Onlar müzik dinliyorlar mı?

Siz Türk yemekleri yiyor musunuz?

Siz okula gitmiyor musunuz?

Sen akşamlar erken yatmıyor musun?

Siz sabahlar kahvaltı yapmıyor musunuz?

Onlar müzik dinlemiyorlar mı?

Siz hiç Türk yemekler yemiyor musunuz?

당신은 학교에 갑니까?
너는 매일 저녁 일찍 잠을 잡니까?
당신은 매일 아침 아침을 먹습니까?
그들은 음악을 듣습니까?
당신은 터키 음식들을 먹습니까?

당신은 학교에 가지 않습니까?
너는 매일 저녁 일찍 잠을 자지 않습니까?
당신은 매일 아침 아침을 먹지 않습니까?
그들은 음악을 듣지 않습니까?
당신은 전혀 터키 음식들을 먹지 않습니까?

WORDS

TRACK 12-2

Erken 일찍	Türk yemekleri 터키 음식들	Okula 학교에

✳ 문법과 표현 ❶

1 현재진행형의 의문형

1 의문형에는 의문사 mI를 사용한다.
➕ 의문사 만드는 방법은 예비편의 터키어 모음그룹 I를 참고하시기 바랍니다.

2 의문사 뒤에는 '인칭~입니다' 를 추가한다. 단, 3인칭 복수의 경우 '인칭~입니다'를 추가하지 않는다.

3 1인칭 단수와 복수의 의문사에서는 mI 뒤에 매게자음 y를 넣은 후 '인칭~입니다'를 추가한다.

Ben	geliyor mu-y-um ?	저는 옵니까?
Sen	geliyor mu-sun?	너는 옵니까?
O	geliyor mu?	그/그녀/그것은 옵니까?
Biz	geliyor mu-y-uz?	우리는 옵니까?
Siz	geliyor mu-sunuz?	당신/너희들은 옵니까?
Onlar	geliyorlar mı?	그들/그녀들/그것들은 옵니까?

Ben	gelmiyor mu-y-um ?	저는 오지 않습니까?
Sen	gelmiyor mu-sun?	너는 오지 않습니까?
O	gelmiyor mu?	그/그녀/그것은 오지 않습니까?
Biz	gelmiyor mu-y-uz?	우리는 오지 않습니까?
Siz	gelmiyor mu-sunuz?	당신/너희들은 오지 않습니까?
Onlar	gelmiyorlar mı?	그들/그녀들/그것들은 오지 않습니까?

2 궁금한 것을 강조해서 물어보기

궁금한 대상이나 의문 뒤에 의문사 mI를 붙이면 대상을 강조하며 질문할 수 있다.

일반 문장

• Bugün biz gidiyor muyuz? 오늘 우리는 갑니까?
• Bugün biz mi gidiyoruz? 오늘 '우리'가 갑니까?
• Bugün mü biz gidiyoruz? '오늘' 우리가 갑니까?

✳ 문법과 표현 ❶

확인문제 1

괄호 안의 단어를 사용하여 의문문을 만들어 보세요.

(1) Sen _____? (uyumak) (부정)

너는 잠을 자지 않습니까?

(2) Biz bugün film _____? (seyretmek)(부정)

우리는 오늘 영화를 보지 않습니까?

(3) Adelina Türkçe _____? (bilmek) (긍정)

아델리나는 터키어를 압니까?

(4) Siz basketbol _____? (oynamak) (긍정)

당신은 농구를 합니까?

(5) Bebek _____? (uyumak) (부정)

아기는 잠을 자지 않습니까?

WORDS

Seyretmek 보다, 시청하다   bilmek 알다

✳ 본문 ❷

> ### Ben sık sık sinemaya gidiyorum.
> 저는 자주 영화관에 갑니다.

Biz genellikle kahve içiyoruz.

Ben sık sık sinemaya gidiyorum.

Sen şimdi havuzda yüzüyorsun.

Siz her sabah yürüyüş yapmıyorsunuz.

Çocuk piyano çalmıyor.

Biz İstanbul'da oturmuyoruz, Seul'de yaşıyoruz.

Siz türkçeyi anlamıyor musunuz, acaba?

Siz meyve sevmiyor musunuz?

Leyla hanım kahve içmiyor mu?

우리는 일반적으로 커피를 마십니다.
저는 자주 영화관에 갑니다.
너는 지금 수영장에서 수영합니다.

당신은 매일 아침 걷기를 하지 않습니다.
어린이는 피아노를 연주하지 않습니다.
우리는 이스탄불에서 머물지 않습니다.
서울에서 살고 있습니다.

당신은 터키어를 이해하지 못합니까?
당신은 과일을 좋아하지 않습니까?
레일라 씨는 커피를 마시지 않습니까?

WORDS

Genellikle 일반적으로, 평소에	Sık sık 자주, 종종	Sinema 영화관
Sinemaya 영화관에	Havuz 수영장	Havuzda 수영장에서
Yüzmek 수영하다	Her 항상, 모든	Her sabahı 매일 아침
Yürüyüş 걷기	Yürüyüş yapmak 걷다, 조깅하다	Oturmak 앉다, 머물다
Yaşamak 살다	Acaba 그런데, 그나저나	Meyve 과일
Sevmek 사랑하다, 좋아하다		

✳ 문법과 표현 ❷

1 현재진행형의 긍정과 부정

1 현재진행형의 긍정 예시

Okumak 읽다	Başlamak 시작하다	Gelmek 오다
okuyorum	başlıyorum	geliyorum
okuyorsun	başlıyorsun	geliyorsun
okuyor	başlıyor	geliyor
okuyoruz	başlıyoruz	geliyoruz
okuyorsunuz	başlıyorsunuz	geliyorsunuz
okuyorlar	başlıyorlar	geliyorlar

2 현재진행형의 부정 예시

Okumak 읽다 → Okumamak 읽지 않다	Başlamak 시작하다 → Başlamamak 작하지 않다	Gelmek 오다 → Gelmemek 오지 않다
okumuyorum	başlamıyorum	gelmiyorum
okumuyorsun	başlamıyorsun	gelmiyorsun
okumuyor	başlamıyor	gelmiyor
okumuyoruz	başlamıyoruz	gelmiyoruz
okumuyorsunuz	başlamıyorsunuz	gelmiyorsunuz
okumuyorlar	başlamıyorlar	gelmiyorlar

다음 문장을 큰 소리로 읽어 보세요.　　　　　　　　　　　　　　　　　　　　　**TRACK 12-5**

Benim adım Elmira, otuz altı yaşındayım. Öğretmenim. Bugün çalışmıyorum çünkü izinliyim. Şimdi kış ve hava soğuk. Bugün kar yağıyor bu yüzden çıkmak istemiyorum. Şimdi kitap okuyorum ve kahve içiyorum. Söyle böyle keyif yapıyorum.

제 이름은 엘미라입니다. 36살입니다. 저는 선생님입니다. 오늘은 일을 하지 않습니다. 왜냐하면 허가를 받은 상황입니다. 지금은 겨울이고 춥습니다. 오늘은 눈이 내립니다. 그렇기 때문에 밖으로 나가기를 저는 원하지 않습니다. 현재 책을 읽습니다. 그리고 커피를 마십니다. 이렇게 저렇게 즐겁게 보냅니다.

WORDS

Izin 허가	Izinli 허가 받은 것, 허가 받은 사람, 허가 받은 상황	
Kış 겨울	Kar 눈	Kar yağmak 눈이 내리다
Yağmak 내리다	Bu yüzden 이렇게 때문에	Dışarı 밖
Çıkmak 나가다, 떨어져 나가다	Dışarı çıkmak 밖으로 나가다	Söyle böyle 이렇게 저렇게
Keyif 즐거움	Keyif yapmak 즐겁게 보내다, 즐거움을 행하다	

✳ 연습문제

1 다음을 듣고 알맞는 것을 골라 보세요.

TRACK 12-6

① 제이넵은 훌륭한 음식을 만듭니까?

② 우리는 내일 소풍을 갑니까?

③ 일라이다는 이스탄불에서 머물고 있습니까?

④ 알리는 노래를 부릅니까?

2 다음을 읽고 해석해 보세요.

(1) Onlar televizyon seyretmiyorlar mı?

→ _____

(2) Sen yarın pikniğe gidiyor musun?

→ _____

(3) Derya piyano çalmıyor mu?

→ _____

(4) Biz geç kalkıyor muyuz?

→ _____

3 다음의 문장을 터키어로 적어 보세요.

    (1)   당신은 한국인이고 한국어를 압니까?

    → _____

    (2)   그러나 당신은 터키어를 모릅니까?

    → _____

    (3)   당신은 터키어를 알고 있습니까?

    → _____

    (4)   당신은 지금 이스탄불에서 살고 있습니까? 앙카라에서 머물고 있습니까?

    → _____

4 본 과에서 배운 문법을 활용하여 현재형 또는 현재진행형 부정 문장을 적어 보세요.

    (1) _____

    (2) _____

    (3) _____

    (4) _____

✳ 문화

✳ 비엔나 커피의 시초 '터키쉬 커피(Türk Kahvesi)' ✳

세계적으로 인기있는 터키쉬 커피(Türk Kahvesi)는 분쇄한 커피콩을 터키쉬 전통 커피 포트에 넣어 끓여 만든 비엔나 커피와 흡사한 진한 에스프레소 형태의 커피다. 갓 볶은 커피콩을 갈아서 고운 가루로 만든 후 분쇄된 커피, 찬물, 설탕을 커피 포드에 넣고 천천히 끓여 거품을 만들어 만든다. 다 끓인 커피는 작은 에스프레소 잔으로 마시는데, 여러 사람들이 모여 대화하거나 책을 읽기도 하며 마신다. 커피를 다 마신 후에는 빈 컵에 남은 찌꺼기로 운세를 점치기도 한다. '터키쉬 커피 문화와 전통' (영문 명: Turkish coffee culture and tradition)이란 타이틀로 2013년에는 유네스코세계문화유산 중 무형문화유산으로 등재되었다.

---

1   터키쉬 커피의 역사

터키쉬 커피는 오스만투르크의 일부였던 오늘날의 튀르키예 지역, 중동, 코카서스, 아프리카, 발칸 유럽 등 여러 지방에 널리 퍼져있었다. 터키쉬 커피의 역사는 16세기 무렵 아프리카 예멘 지역을 오고가던 상인들에 의해 오스만투르크로 유입되었다는 설과 예멘의 총독이던 파샤 요즈데미르(Pasha Özdemir)가 당시 술탄 슐레이만 대제(Sultan Suleyman the Magnificent)에 소개했던 것에 기원하고 있다는 설이 있으나 이 모든 것은 추측일 뿐, 명확한 커피에 대한 역사가 남아있지 않다. 진한 이 에스프레소는 쿠란의 당시 시대적 해석에 따라 마시면 안되는 약으로 간주되어 술탄 무라드 4세(Sultan Murad IV) 집권 시기에는 일시적으로 금지되기도 했다.

2 터키쉬 커피 운세(점)

오래전부터 투르크인들은 터키쉬 커피를 마시고 난 후 남은 찌꺼기로 운세를 점치곤 했다. 이러한 행위를 태세그라피(Tasseography)라고 하는데, 커피 잔을 접시에 뒤집은 후 식혀서 커피 찌꺼기의 남아있는 침전물의 패턴을 보고 점을 친다.

UNIT
13

우리는 매일 아침
책을 읽습니다

✳ **학습목표**

* 현재미래시제(초월시제) 긍정형과 부정
형의 의미와 활용 학습

✳ **문법과 표현**

* 현재미래시제(초월시제) 긍정형과 부정형

✳ **어휘**

* 다양한 동사

✳ **문화**

* 터키어의 기원, 돌궐 비문

Ben her sabah kitap okurum.
나는 매일 아침 책을 읽습니다.

Ben her sabah kitap okurum.

Biz her akşam spor yaparız.

Biz sabahlar kahve içeriz.

Ben hafta sonları parkta koşarım.

Ben her sabah erken kalkarım.

Bir kahve içerim.

Benim arabam yok, bu yüzden işe metroyla giderim.

Onlar metrolda genellikle kitap, gazete ya da dergi okur.

나는 매일 아침 책을 읽습니다.
우리는 매일 저녁 운동을 합니다.
우리는 매일 아침 커피를 마십니다.
나는 주말마다 공원에서 달립니다.

나는 매일 아침 일찍 일어납니다.
나는 커피를 마십니다.
나의 자동차는 없습니다.
그렇기 때문에 회사에 지하철로 갑니다.
그들은 지하철에서 일반적으로 책, 신문 또는
잡지를 읽습니다.

WORDS

Akşam 저녁, 늦은 오후	Kahve 커피	Kahve içmek 커피를 마시다
Her 항상, 모든	Her sabah 매일 아침	Sabahlar 매일 아침
Erken 일찍	Bu yüzden 이렇기 때문에	Genellikle 일반적으로, 보통은
Gazete 신문		

✳ 문법과 표현 ➊

➊ 현재미래시제(또는 초월시제)란?

1　터키어로는 Geniş Zaman (확장된 시간, 넓은 시간)이라 불리는 현재미래시제 (또는 초월시제)는 '현재'와 '미래' 시제 모두에서 어떤 행동을 하거나 되는 것을 나타날 때 사용한다.

- 일반적인 진리, 습관, 관행

  영어에서 현재형과 의미가 흡사

  예문

  Güneş doğudan doğar. 　해는 동쪽에서부터 뜹니다.

- 반복적인 것(움직임)

  예문

  Günde üç kere dişlerimi fırçalarım. 　나는 하루에 3번 나의 치아를(치아들을) 양치합니다.

- 무언가의 행위를 강조할 때

  예문

  Ben seni ararım. 　나는 너에게 연락합니다.

- 무언가를 요구하여 질문할 때

  예문

  Bana yardım eder misin? 　나를 도와주겠니?

✳ TIP ✳

- 영어로는 'Simple Present Tense', 러시아어로는 'Настоящее-будущее время', 한국어로는 '초월시제'라고도 불린다.
- 동사의 어근에 현재미래시제를 나타내는 접사를 붙여서 만든다.
- 접사는 동사의 마지막 끝난 모음과 마지막 끝난 문자에 따라 바뀐다.

✳ 문법과 표현 ❶

2 현재미래시제(또는 초월시제)의 긍정

1 긍정의 의미의 현재미래시제(또는 초월시제)는 다음과 같이 5가지 형태로 동사를 변화시킨다.

- 동사의 어근 + 현재미래형(또는 초월시제) 접사 + 인칭 ~입니다

동사 어근에 2개 이상 모음이 있고, 이 동사 어근이 자음으로 끝나는 경우	동사 어근 + İr + 인칭~입니다	• göndermek 보내다 gönder + ir → gönderim
동사 어근이 l 또는 r로 끝나는 경우		• bilmek 알다 bil + ir → bilir • bulmak 찾다 bul + ur → bulur • görmek 보다 gör + ür → görür
동사 어근이 모음으로 끝나는 경우	동사 어근 + r + 인칭~입니다	• anlamak 이해하다 anla + r → anlar • okumak 공부하다, 책을 읽다 oku + r → èokur • dinlemek 듣다 dinle + r → dinler
동사 어근의 마지막 글자가 t로 끝나는 경우 (t d)	동사 어근 + Ar + 인칭~입니다	• etmek 하다 ed + er → eder
동사 어근이 단모음 + 자음으로 끝나는 경우		• yapmak (행)하다 yap + ar → yapar • bakmak 보다, 관찰하다 bak +ar → bakar

- '인칭~입니다'를 추가한 현재미래시제 (또는 초월시제)

동사 yapmak

인칭	평서문	의문문
Ben 나	Yaparım 나는 합니다	Yapar mıyım? 나는 합니까?
Sen 너	Yaparsın 너는 합니다	Yapar mısın? 너는 합니까?
O 그/그녀/그것	Yapar 그/그녀/그것은 합니다	Yapar mı? 그/그녀/그것은 합니까?

Biz 우리	Yaparız 우리는 합니다	Yapar mıyız? 우리는 합니까?
Siz 당신/너희들	Yaparsınız 당신/너희들은 합니다	Yapar mısınız? 당신/너희들은 합니까?
Onlar 그들/그녀들/그것들	Yaparlar 그들/그녀들/그것들은 합니다	Yaparlar mı? 그들/그녀들/그것들은 합니까?

이외

- gülmek 웃다 : gül + er → güler
- sanmak 상상하다 : san + ır → sanır

✚ 주요 동사의 현재미래시제(초월시제) - 긍정

동사원형	현재미래시제 동사	단어 뜻
Almak	Alır	받다, 얻다, 취득하다
Anlamak	Anlar	이해하다
Bakmak	Bakar	보다, 관찰하다, (관찰하며 눈으로) 돌보다
Bilmek	Bilir	알다
Bulmak	Bulur	찾다
Denmek	Denir	불려지다
Dinlemek	Dinler	듣다
Durmak	Durur	정차하다, 정지하다
Etmek	Eder	(형태가 없는 것, 감정적인 것) 하다
Gelmek	Gelir	오다
Görmek	Görür	보다, (눈에 보이는 것을) 보다
Göndermek	Gönderir	보내다
Kalmak	Kalır	머물다
Olmak	Olur	되다
Okumak	Okur	읽다, 공부하다

Yapmak	Yapar	(형태가 있는 것, 행위를) 하다
Sanmak	Sanır	생각하다, 상상하다, (상상하며) 추론하다/추측하다
Varmak	Varır	도착하다
Vermek	Verir	주다
Vurmak	Vurur	때리다

확 인 문 제 1

다음의 문장의 빈칸에 알맞은 현재미래시제를 적어 보세요.

(1) Ben her sabah altıda _____. (kalkmak)

나는 매일 아침 6시에 일어납니다.

(2) Umarım yarın hava güzel _____ da pikniğe

_____. (gitmek)

나는 희망합니다, 내일 날씨가 좋게 됩니다. 또한 우리는 소풍에 갑니다.

(3) Babam her sabah tıraş _____. (tıraş olmak)

나의 아버지는 매일 아침 면도를 합니다.

WORDS

Umarım 나의 희망, 나는 희망하다	Güzel olmak 예쁘게 되다, 아름답게 되다	De 또한
Mutlaka 반드시	Tıraş 면도	Tıraş olmak 면도를 하다

Yarınki sınav için ders çalışırım.
나는 내일 시험을 위해서 공부를 합니다.

Emine genellikle akşamları dışarıya çıkmaz.

Ankrada'da kışın sıcak olmaz.

Spor yaptıktan sonra soğuk su içmeyiz

Yarınki sınav için ders çalışırım.

Onlar bugünkü sınav için geç kalmaz

Sabahki toplantıya belki gelmem.

Benim ders zor. Seninki nasıl?

Benimki iyi, sorun yok.

에미네는 일반적으로 저녁마다 밖으로 나가지 않습니다.
앙카라에서 겨울은 덥지 않습니다.
우리는 운동을 한 후에 찬 물을 마시지 않습니다.

나는 내일 시험을 위해 공부합니다.
그들/그녀들/그것들은 오늘 시험을 위해 늦지 않습니다.

나는 아침에 있는 회의에 아마도 안 갑니다.(못 갑니다.)

나의 공부는 어렵습니다. 너의 것은 어떻습니까?
나에게 있어서 나의 것은 좋습니다. 문제 없습니다.

WORDS

Akşamlar 저녁마다	Dışarı 밖	Dışarıya 밖으로
Çıkmak 나가다, 빠져나가다	Kışın 겨울에(는)	Sıcak 더운
Sıcak olmak 덥게 되다	Yaptıktan sonra ~한 후에	Soğuk 차가운
Soğuk su 찬 물	Sigara 담배	Zaralı 위험한
Yarınki 내일 것, 내일 있는	Bugünkü 오늘 것, 오늘 있는	Sabahki 아침의 것, 아침에 있는
Toplantı 회의	Belki 아마도	Seninki 너의 것
Nasıl 어떤	Sorun 문제	Sorun yok 문제 없다

✳ 문법과 표현 ②

1 현재미래시제(또는 초월시제)의 부정

1 현재미래시제의 긍정일 때와 동일하게 '현재'와 '미래' 시제 모두에서 어떤 행동을 하거나 되는 것을 나타낼 때 사용한다.

- 일반적인 진리, 습관, 관행 (→ 영어에서 현재형과 의미가 흡사)
- 반복적인 것(움직임)
- 무언가의 행위를 강조할 때
- 무언가를 요구하며 질문할 때

2 동사의 어근 + mAz + 인칭 ~입니다를 첨가한다.
➕단 , '나', '우리'에서는 mAz에서의 z는 탈락되고 그 자리에 매개자음 y를 넣는다.

Ben	-me/-ma	Biz	-me/-ma
Sen	-mez/-maz	Siz	-mez/-maz
O	-mez/-maz	Onlar	-mez/-maz

- 동사 yapmak

인칭	평서문	의문문
Ben 나	Yapmam 나는 하지 않습니다	Yapmaz mıyım? 나는 하지 않습니까?
Sen 너	Yapmazsın 너는 하지 않습니다	Yapmaz mısın? 너는 하지 않습니까?
O 그/그녀/그것	Yapmaz 그/그녀/그것은 하지 않습니다	Yapmaz mı? 그/그녀/그것은 하지 않습니까?
Biz 우리	Yapmayız 우리는 하지 않습니다	Yapmaz mıyız? 우리는 하지 않습니까?
Siz 당신/너희들	Yapmazsınız 당신/너희들은 하지 않습니다	Yapmaz mısınız? 당신/너희들은 하지 않습니까?
Onlar 그들/그녀들/그것들	Yapmazlar 그들/그녀들/그것들은 하지 않습니다	Yapmazlar mı? 그들/그녀들/그것들은 하지 않습니까?

2 Ki

Ki는 무언가의 (소유)것을 의미하며 표현하고자 할 때 사용한다.

- 무언가에 속해있을 때
  Evdeki kedi, benim kedim. 집에 있는 고양이는 나의 고양이입니다.

• 특정한 시간적 의미를 가지고 있을 때

Yarınki ders saat kaçta? 내일의 수업은 몇시(에) 입니까?

• 인칭(인칭대명사)에게 속해있을 때

Benim kedim yaşlı, senin kedin nasıl? 나의 고양이는 나이가 많습니다, 너의 고양이는 어떻습니까?

확인문제 2

다음 괄호 안의 동사를 활용하여 의문사와 긍정/부정의 문장을 완성해 보세요.

(1) Siz uçaktan _____ . (korkmuyorum)

당신은 비행기가(비행기로부터) 무섭지 않습니다.

(2) Siz böcekleri _____ . (sevmiyorum)

당신은 벌레들을 좋아하지 않습니다.

(3) Matematik _____ bazı sorular zor. (alıştırmıyor)

수학 연습에 있는 것의(수학 연습에 있는 것의) 일부 질문들은 어렵습니다.(익숙하지 않습니다.)

(4) Bu restoran yemekler çok lezzetli _____ . (olmuyor)

이 레스토랑 것의(레스토랑의) 음식들은 매우 맛없습니다.

WORDS

Kaç 몇, 얼마	Saat kaç 몇 시	Saat kaçta 몇 시에, 몇 시에서
Böcek 벌레	Matematik 수학	Alıştırma 연습, 훈련
Alıştırmak 연습하다, 훈련하다	Matematik alıştırması 수학 연습(서)	Bazı 일부
Zor 어려운	Restoran 레스토랑	Lezzetli 맛있는

1 다음을 듣고 알맞은 것을 골라 보세요.

TRACK 13-5

① 나는 학교에 일찍 갑니다.

② 너는 회사에 일찍 갑니다.

③ 나는 매일 학교에 일찍 갑니다.

④ 너는 매일 회사에 일찍 갑니다.

2 다음의 질문에 대한 대답을 자유롭게 적어 보세요.

(1) Bir çay daha içer misiniz?
당신은 차 한 잔을 더 마시겠습니까?

→ _____

(2) Her hafta sonu pikniğe gider misiniz?
당신은 매주 주말에 소풍을 가십니까?

→ _____

(3) Her hasfa sonu ne yaparsınız?
당신은 매주 주말에 무엇을 합니까?

→ _____

(4) Sen Türk filmlerinden hoşlanır mısın?
너는 터키영화를(로부터) 좋아합니까?

→ _____

3 다음 괄호 안의 단어를 참고하여 문장을 완성해 보세요.

(1) Üzümlü meyve suyu _____. (sevmek)
저는 포도맛 과일 주스를 좋아합니다.

(2) Bana biraz kendinizi _____? (tanıtmak)
나에게 좀 더 당신 스스로를 소개하시겠습니까?

(3) Ben Türk kahvesinden _____. (hoşlanmak)

나는 터키 커피를(로부터) 선호합니다.

(4) Kahve daha _____. (almak)

당신은 커피를 좀 더 구입하십시오.

4 다음 문장을 해석 해보세요.

(1) Bebekler bir günde ortalama 14 saat uyurlar.

→ _____

(2) Abulhanova vejetaryen.

→ _____

(3) Bana göre bunu bir daha iyileşmez.

→ _____

(4) Ben her akşam işten sonra akşam 9'de eve dönerim.

→ _____

WORDS

Üzümlü 포도맛, 포도맛의	Meyve 과일
Meyve suyu 과일주스	Kendi 스스로
Kendinizi 당신 스스로를	Tanıtmak 소개하다
Türk kahvesi 터키쉬 커피	Hoşlanmak ~로부터 좋아하다, ~로부터 호감이 있다
Bir daha 좀 더	Bebekler 아기들
Bir günde 하루에	Ortalama 평균
Uyumak 잠을 자다	Vejetaryen 채식주의자
Bana göre 내가 볼 때	Bir daha 이상, 더
İyileşmek 좋아지다	Her akşam 매일 저녁
Dönmek 돌다, 돌아가다, 돌아오다	

✳ 문화

✳ 터키어의 기원, 돌궐 문자와 돌궐 비문 ✳

돌궐 문자(터키어: Orhun alfabesi)은 돌궐 8세기부터 10세기 사이 투르민족이 기록을 위해 사용한 문자로 오르콘(또는 오르혼)(Orkhon-Yenisei)으로도 불리는 터키어의 기원이 되는 문자이다.

1 돌궐 비문과 문자의 발견

매머드 화석을 최초로 발굴한 것으로도 유명한 독일계 러시아인 박물관학자겸 지리학자인 다니엘 고틀립(Даниэль Готлиб Мессершмидт)은 1723년 돌궐 문자가 세겨진 돌궐 비문을 발견한다. 그러나 읽을 수 없었기 때문에 연구되지 않았다. 1825년 러시아의 동방학자인 그리고리 스파스키(Спасский Григорий Иванович)는 돌궐 비문에 대한 내용을 상트페테르부르크의 학술지 아시아틱 베스트닉(Азиатский вестник)을 통해 공개하며 세상에 알렸다. 1889년에는 동방학자 야드린체프(Ядринцев Николай Михайлович)가 예니세이 상류 유역을 탐험한 결과에서 얻은 고대 투르크 문자와 한자와의 관련성을 발견했다. 한편 투르크학인 라드로프(Радлов Василий Васильевич)는 오르콘 몽골 탐험대를 조직하여 10개 이상의 문자를 해독하는데 성공했다. 1893년에는 덴마크의 언어학자 톰센(V. Thomsen)이 오르콘-예니세이 지역의 비문 전부를 해독했고, 1894년, 라드로프와 톰센은 오르콘 비문 해석에 대한 기록물을 출판했다.

2 시대에 따라 변화한 투르크 민족의 언어 흔적

돌궐 비문내 문자는 시대에 따라 변화했다. 투르크 민족이 샤머니즘에서 마니교로 받아드린 후에는 비문의 문자는 초기 돌궐 문자가 아닌 마니교 문자로 바뀌었다. 이후 동투르키스탄과 이르티시 계곡을 중심으로 서서히 소그드 문자의 기록으로 변화했고, 변화가는 과정 속에서 고대 위구르어의 탄생으로 이어졌다. 13세기가 되면 중앙아시아의 투르크민족의 이슬람화가 함께 아랍어로 대체된다. 오스만투르크 및 여러 왕조로 정착한 이후에는 비문위의 기록 문화가 쇄퇴했다. 한편 야쿠티아 민족은 19세기까지 비문으로 기록하는 문화가 남아있었다. 수 많은 돌궐 비문은 19세기에 등장한 러시아의 투르크학/박물관학/지리학자들에 의해 러시아와 소비예트내 여러 지역의 박물관으로 흩어졌다. 오늘날에는 튀르키예, 몽골, 타타르스탄공화국 등 투르크민족이 거주하는 여러 지역 내 박물관에서 고대 투르크어의 흔적을 볼 수 있다.

우리는 여름에 안탈리아에 있었습니다

✳ **학습목표**

- 과거형의 활용

✳ **문법과 표현**

- 과거형 긍정과 부정
- 명사와 형용사의 과거형

✳ **단어**

- 기초 어휘

✳ **문화**

- 튀르키예공화국의 국부 아타튀르크와 케말리즘(Kemalism)

Ben bu meyve suyu isterim.
이 과일 주스를 원합니다.

Dün akşam siz nereye kayboldunuz?

Bütün gece sağ tarafım hep zonkladı durdu.

Göçmen kuşlar sıcak diyarlara uçtılar.

Fatih'ten sonra İstanbul'un imarı hemen başladı.

Emine kendini bildi bileli hep iyi bir öğretmen olmayı ister.

Affedersiniz, seçiyor musunuz? Seçtiniz mi?

Bu meyve suyunu isterim.

Nereden nereye gittiniz?

Kore'den İstanbul'a gittim.

어제 저녁 당신은 어디로 사라졌습니까?
밤새 나의 오른쪽(부분이) 모두 욱신거렸습니다.
철새들이 따뜻한 땅으로 날라갔습니다.
파티흐(지역) 이후에 이스탄불 건설은 곧바로 시작됐어요.
에미네는 자신이 기억하는 한 항상 좋은 선생님이 되고 싶었습니다.
죄송합니다, 선택하고 계십니까? 선택하셨습니까?
저는 이 과일 주스를 원합니다.

당신은 어디에서부터 어디로 가셨습니까?
나는 한국에서부터 이스탄불에 갔었습니다.

Dün 어제	Dün akşam 어제 저녁	Kaybolmak 사라지다
Bütün 모든	Gece 밤	Sağ 오른쪽
Taraf 방향	Hep 모두	Zonkladı durmak 욱신거리다
İmarı 건설	Başlamak 시작되다	Göçmen 이민, 외부인
Kuş 새	Göçmen kuş 철새	Sıcak 더운
Sıcak diyar 더운 지역	Bildi bileli 기억하는 한	Affedersiniz 죄송합니다
Seçmek 고르다, 선택하다		

✳ 문법과 표현 ❶

1 과거형: 동사 어근 + di/ti + 과거형 인칭 ~입니다

1 과거의 어느 시점에 일어난 행동 또는 상황을 말하고자 할 때 사용한다.

2 과거형 접사 뒤에는 과거형 인칭~입니다를 추가한다. 과거형 인칭~입니다는 터키어의 일반적인 인칭
~입니다와는 형태가 다르므로 주의한다.

• 과거형 인칭 ~입니다.

Ben	-m	Biz	-k
Sen	-n	Siz	-nız, -niz, -nuz, -nüz
O	---	Onlar	-lar/-ler

• kumak 책을 읽다, 공부하다, (무언가를) 읽다.

인칭	어간+di+과거형 인칭 ~입니다	
	긍정	부정
Ben 나	oku-du-m 나는 읽습니다.	oku-ma-dı-m 나는 읽지 않습니다.
Sen 너	oku-du-n 너는 읽습니다.	oku-ma-dı-n 너는 읽지 않습니다.
O 그/그녀/그것	oku-du 그/그녀/그것은 읽습니다.	oku-ma-dı 그/그녀/그것은 읽지 않습니다.
Biz 우리	oku-du-k 우리는 읽습니다.	oku-ma-dı-k 우리는 읽지 않습니다.
Siz 당신/너희들	oku-du-nuz 당신/너희들은 읽습니다.	oku-ma-dı-nız 당신/너희들은 읽지 않습니다.
Onlar 그들/그녀들/그것들	oku-du-lar 그들/그녀들/그것들은 읽습니다.	oku-ma-dı-lar 그들/그녀들/그것들은 읽지 않습니다.

3 동사의 어근이 된소리 f, s, t, k, ç, ş, h, p로 끝날 경우에는 d가 t로 바뀐다.

• Çalışmak 일하다, 공부하다, (반복적으로) 작동하다, (기계 등) 작동하다, 작업하다.

인칭	어간+ti+과거형 인칭 ~입니다	
	긍정	부정
Ben 나	çalış-tı-m 나는 일합니다.	çalış-ma-dı-m 나는 일하지 않습니다.

Sen 너	çalış-tı-n 너는 일합니다.	çalış-ma-dı-n 너는 일하지 않습니다.
O 그/그녀/그것	çalış-tı 그/그녀/그것은 일합니다.	çalış-ma-dı 그/그녀/그것은 일하지 않습니다.
Biz 우리	çalış-tı-k 우리는 일합니다.	çalış-ma-dı-k 우리는 일하지 않습니다.
Siz 당신/너희들	çalış-tı-nız 당신/너희들은 일합니다.	çalış-ma-dı-nız 당신/너희들은 일하지 않습니다.
Onlar 그들/그녀들/그것들	çalış-tı-lar 그들/그녀들/그것들은 일합니다.	çalış-ma-dı-lar 그들/그녀들/그것들은 일하지 않습니다.

2 **과거형의 의문문**

과거형에서 의문을 표현할 때에는 의문사에 '인칭~입니다'를 첨가하지 않고 과거형 '인칭~입니다'가 첨가
된 과거형 뒤에 의문사 원형으로 놓는다.

• 과거형 의문사 mi?

인칭	긍정	부정
Ben 나	yaptım mı? 나는 했습니까?	yapmadım mı? 나는 하지 않았습니까?
Sen 너	yaptın mı? 너는 했습니까?	yapmadın mı? 너는 하지 않았습니까?
O 그/그녀/그것	yaptı mı? 그/그녀/그것은 했습니까?	yapmadı mı? 그/그녀/그것은 하지 않았습니까?
Biz 우리	yaptık mı? 우리는 했습니까?	yapmadık mı? 우리는 하지 않았습니까?
Siz 당신/너희들	yaptınız mı? 당신/너희들은 했습니까?	yapmadınız mı? 당신/너희들은 하지 않았습니까?
Onlar 그들/그녀들/그것들	yaptılar mı? 그들/그녀들/그것들은 했습니까?	yapmadılar mı? 그들/그녀들/그것들은 하지 않았습니까?

3 과거형의 긍정과 부정 정리

인칭	긍정	부정	긍정 질문	부정 질문
	오다	오지 않다	왔습니까?	안 왔습니까?
Ben 나	Geldim	Gelmedim	geldim mi?	gelmedim mi?
Sen 너	Geldin	Gelmedin	geldin mi?	gelmedin mi?
O 그/그녀/그것	Geldi	Gelmedi	geldi mi?	gelmedi mi?
Biz 우리	Geldik	Gelmedik	geldik mi?	gelmedik mi?
Siz 당신/너희들	Geldiniz	Gelmediniz	geldiniz mi?	gelmediniz mi?
Onlar 그들/그녀들/그것들	Geldiler	Gelmediler	geldiler mi?	gelmediler mi?

확인문제 1

다음을 읽고 알맞은 단어를 넣어 과거형으로 만들어 보세요.

(1) Dün amcami ziyaret _____. (etmek)

　　우리는 어제 나의 삼촌을 방문했습니다.

(2) Geçen hafta teycem bize _____. (gelmek)

　　어제 나의 이모가 우리를(에게) 왔습니다.

(3) Geçen kış Seul'a çok kar _____. (yağmak)

　　지난 겨울 서울에 많이 눈이 내렸습니다.

(4) Biz tatilde İzmir'e _____. (gitmek)

　　우리는 휴가 때 이즈미르에 갔습니다.

✳ 본문 ❷

Biz yazın Antalya'daydık.
우리는 여름에 안탈리아에 있었습니다.

Siz sabah neredeydiniz?

Bugün sabah evdeydim.

Siz geçen yazın Antalya'da mıydınız?

Biz yazın Antalya'daydık.

Yorgun muydunuz?

Yorgun değildim.

Ben dün çok yorgundum.

Benim dün işim yoktu.

Yemek çok lezzetliydi.

Dünkü film hiç güzel değildi.

Onlar nişanlı değiller miydi?

Galiba, öyleydi.

당신은 아침에 어디에 있었습니까?
나는 오늘 아침에 집에서 있었습니다.

너희들은 지난 여름 안탈리아에 있었습니까?
우리는 여름에 안탈리아에 있었습니다.

당신은 피곤합니까?
나는 피곤하지 않습니다.
나는 어제 매우 피곤했었습니다.

나의 어제 (나의)일은 없었습니다.
음식이 매우 맛있었습니다.
어제것 영화는 전혀 아름답지 않았습니다.

그들은 약혼한 것이 아닙니까?
아마도, 그러했습니다.

Nere 어디	**Nerede** 어디에서	**Geçen yazın** 지난 여름, 작년 여름
Yorgun 피곤한	**Yok** 없다, 없는	**Yemek** 음식, 먹는 것, 먹다
Lezzetli 맛있는	**Hiç** 전혀 ~ 아니다	**Nişanlı** 약혼한, 약혼한 사람, 약혼한 상태의
Galiba 아마도	**Öyle** 그러한	

✳ 문법과 표현 ❷

1 명사, 형용사의 과거형

1 명사와 형용사의 상태가 과거에 ~한 상태였음을 표현한다.

- 명사 + (처격: ~ 에서) + (y) dİ/tİ
- 형용사 + (처격: ~ 에서) + (y) dİ/ tİ

2 명사 및 형용사에 처격 '~에서'를 붙여서 <u>"~상태에서/~상황에서"의 뒤에 과거를 나타내는 접사를 추가</u>하여 "과거에 ~상태였다/상황이였다."라고 표현할 수 있다.

3 명사 및 형용사의 마지막 끝난 문자가 f, s, t, k, ç, ş, h, p로 끝날 경우에는 d는 t로 바뀐다.

- Yorgun 피곤한

Ben 나	yorgun-du-m 나는 피곤했습니다.
Sen 너	yorgun-du-n 너는 피곤했습니다.
O 그/그녀/그것	yorgun-du 그/그녀/그것은 피곤했습니다.
Biz 우리	yorgun-du-k 우리는 피곤했습니다.
Siz 당신/너희들	yorgun-du-nuz 당신/너희들은 피곤했습니다.
Onlar 그들/그녀들/그것들	yorgun-du-lar 그들/그녀들/그것들은 피곤했습니다.

예문

- Biz 25 yıl önce öğrenciydik. 우리는 25년 전에 학생이었습니다.
- Eskiden insanlar çalışkandılar. 오래전부터 사람들은 부지런했습니다.
- Ben dün partideydik. 나는 어제 파티에 있었습니다.

➕ Parti + de (~에서) + ydim

Dünkü konu benim için çok ilginçdi. 어제것의 주제는 나에게 있어서 매우 이상했습니다.

4 명사 또는 형용사의 마지막 끝난 문자가 모음으로 끝날 경우에는 과거형 dİ 앞에 매개자음 y를 첨가한다.

- Hasta 병든, 아픈, 병

Ben 나	hasta-y-dı-m 나는 아팠습니다.
Sen 너	hasta-y-dı-n 너는 아팠습니다.

O 그/그녀/그것	hasta-y-dı 그/그녀/그것은 아팠습니다.
Biz 우리	hasta-y-dı-k 우리는 아팠습니다.
Siz 당신/너희들	hasta-y-dı-nız 당신/너희들은 아팠습니다.
Onlar 그들/그녀들/그것들	hasta-y-dı-lar 그들/그녀들/그것들은 아팠습니다.

5 과거에 명사/형용사의 상태가 아니였다라는 표현은 명사/형용사의 과거 뒤에 아니다의 değil + 과거형 인칭 ~입니다의 형태로 표현한다.

• Yorgun değil 피곤하지 않다

Ben 나	yorgun değildim 나는 피곤하지 않았습니다.
Sen 너	yorgun değildin 너는 피곤하지 않았습니다.
O 그/그녀/그것	yorgun değildi 그/그녀/그것은 피곤하지 않았습니다.
Biz 우리	yorgun değildik 우리는 피곤하지 않았습니다.
Siz 당신/너희들	yorgun değildiniz 당신/너희들은 피곤하지 않았습니다.
Onlar 그들/그녀들/그것들	yorgun değillerdi 그들/그녀들/그것들은 피곤하지 않았습니다.

예문

• Bana göre dünkü film enteresan değildi.
내가 볼 때 어제 영화는 흥미롭지 않았습니다.

• Biz dün burada değildik.
우리는 어제 여기에 있지 않았습니다.

• Emine'nin çocuğu eskiden bu kadar yaramaz değildi.
에미네의 아이는 오래전부터 이렇게까지 버릇없지 않았습니다.

• Ben geçen sene İstanbul'da değildim, Seul'deydim.
저는 지난 해 이스탄불에서 있지 않았습니다, 서울에서 있었습니다.

6 "과거에 명사/형용사의 상태였습니까?"라고 과거의 상태나 상황에 관해 질문할 때에는 명사/형용사의 과거 뒤에 의문사 mi + 과거형 인칭~입니다의 형태로 표현한다.

- Yorgun 피곤한

Ben 나	yorgun muydum? 나는 피곤했었습니까?
Sen 너	yorgun muydun? 너는 피곤했었습니까?
O 그/그녀/그것	yorgun muydu? 그/그녀/그것은 피곤했었습니까?
Biz 우리	yorgun muyduk? 우리는 피곤했었습니까?
Siz 당신/너희들	yorgun muydunuz? 당신/너희들은 피곤했었습니까?
Onlar 그들/그녀들/그것들	yorgun muydular? 그들/그녀들/그것들은 피곤했었습니까?

예문

- Siz Türkiye'de miydiniz? 당신은 튀르키예에 있었습니까?
- Siz derste miydiniz? 당신은 수업에 있었습니까?
- Onlar Kore'de miydiler? 그들은 한국에 있었습니까?
- İstanbul kalabalık mıydı? 이스탄불은 복잡했습니까?

7 "과거에 명사/형용사의 상태가 아니였습니까?"라는 표현은 명사/형용사의 과거 뒤에 아니다의 değil 의문사 mi + 과거형 인칭 ~입니다의 형태로 표현한다.

- Yorgun değil 피곤하지 않다

Ben 나	yorgun değil miydim? 나는 피곤하지 않았었습니까?
Sen 너	yorgun değil miydin? 너는 피곤하지 않았었습니까?
O 그/그녀/그것	yorgun değil miydi? 그/그녀/그것은 피곤하지 않았었습니까?
Biz 우리	yorgun değil miydik? 우리는 피곤하지 않았었습니까?
Siz 당신/너희들	yorgun değil miydiniz? 당신/너희들은 피곤하지 않았었습니까?

Onlar 그들/그녀들/그것들	yorgun değil miydiler? 그들/그녀들/그것들은 피곤하지 않았었습니까?

예문

- Geçen yıl Alisa işte değil miydi? 지난 해에 알리사는 회사에 있지 않았었습니까?

- Siz hasta değil miydi? 당신은 아픈 것이 아니였습니까?

- Sizin arabanız kırmızı değil miydi? 당신의 (당신의) 자동차는 붉은색이 아니였습니까?

- Onlar mezun olmadan önce öğrenci değil miydiler? 그들은 졸업하기 전에 학생이 아니였습니까?

확인문제 2

다음의 뜻을 상기하여 정확하게 읽어 보세요.

TRACK 14-5

(1) Siz dün akşam Türkçe kursunda mıydınız?

당신은 어제 저녁에 터키어 과정에 있었습니까?

(2) Dünkü ders nasıldı?

어제 것의 수업은 어땠습니까?

(3) Siz 1 ay önce hasta değil miydiniz?

당신은 1달 전에 아프지 않았었습니까?

(4) Ben geçen yıl 1 ay boyunca Türkiye'deydim

저는 지난 해 1달 간 튀르키예에 있었습니다.

WORDS

İlginçi 이상한, 흥미로운, 독특한	Bana göre 내가 볼 때	Enteresan 흥미로운
Eski 오래된	Eskiden 오래전부터	Bu kadar 이것 만큼
Kadar ~만큼	Yaramaz 까불거리는, 버르장머리 없는	Sene 해, 년
Kalabalık 복잡한, 혼잡한	Araba 자동차	Kırmız 붉은, 빨강(색)
Mezun 졸업	Mezun olmak 졸업하다, 졸업되다	Olmadan önce 되기 전에
Nasıl 어떻게	Geçen yıl 지난 해	Yıl 해, 년 (= sene)
Boyunca 기간, 기간 동안		

✳ 연습문제

1 다음을 듣고 틀린 것을 골라 보세요. TRACK 14-6

① 나는 지난 주에 학교에 갔습니다.

② 우리는 지난 주에 이스탄불에 가지 않았습니다.

③ 우리는 1년 전에 튀르키예에 갔습니다.

④ 나는 지난 주에 친구와 만났습니다.

2 다음 질문의 뜻을 적고 질문에 대한 대답을 완성해 보세요.

Geçen sene neler yaptınız? → _____?

(1) İstanul'a gezmek için git _____.
우리는 이스탄불을 여행하기 위해 갔습니다.

(2) Arkadaşıma ziyaret et _____.
우리는 친구를 방문했습니다.

(3) Türkçe'yi öğren _____. Ama fazla oku _____.
나는 터키어를 배웠습니다. 그러나 많이 읽지는 못했습니다.

(4) Bir hafta 2 kere spor yap _____.
한주에 2회 운동을 했습니다.

3 다음의 한국어를 주의하여 다음을 반대되는 의미의 부정형으로 적어보세요.

(1) 나는 매일 매일 일을 했습니다.

Ben her gün iş çalıştım.

→ _____

(2) 나는 튀르키예로 어행을 갔습니다.

Ben Türkiye'ye gezmeye gittim.

→ _____

(3) 우리의 친척이 우리집에 방문하지 않았습니다.

Akrabamız bize ziyaret etmedi.

→ _____

(4) 우리는 터키어 시험에서 높은 점수를 취득하지 못했습니다.

Türkçe sınavında iyi puan kazanmadık.

→ _____

4 과거형의 질문을 주의하여 다음을 단어를 활용하여 자유롭게 작문해 보세요. (총 4문장)

• 당신은 지난 주에 무엇을 했습니까?

Film izlemek (영화를 보다), Alışveriş yapmak (쇼핑하다), Çalışmak (공부하다),

Öğrenmek (배우다), Yemek pişirmek (음식을 조리하다), Gezmek (산책하다), Tur

yapmak (여행하다), Kitap okumak (책을 읽다), Temizlik yapmak (청소를 하다),

Evde dinlenmek (집에서 쉬다)

_____

_____

_____

_____

_____

✳ 문화

✳ 튀르키예공화국의 국부 아타튀르크와 케말리즘(Kemalism) ✳

튀르키예에 가면 가장 많이 보이는 것이 튀르키예 국기 그리고 아타튀르크 초상화인데, 케말주의(Kemalizm) 또는 아타튀르크주의(Atatürkçülük)의 튀르키예 민주주의 이념을 제시한 인물이 바로 아타튀르크이기 때문이다. 이것은 오늘날 튀르키예공화국의 공식 이념이기도 하다. 케말리즘은 '6개의 화살'이란 이름으로 "공화주의, 국민, 세속주의(국가와 종교, 정치와 종교), 혁명주의, 민족주의, 국가주의"으로 나뉜다.

● **공화주의**(Cumhuriyetçilik)

오스만투르크의 군주제를 법치, 국민 주권, 국민의 미덕으로 바꾸었으며, 국민의 실천하는 자유를 의미한다. 여기서 자유는 헌법에 따라 통치되는 나라에서 국민의 대표를 선출하고, 국민에 대한 정부의 권력이 제한됨을 의미한다.

● **국민**(Halkçılık)

정치적 권력에서 의미하는 국민의 개념으로 정치적인 힘과 권력을 왕조에서 국민으로 이전됨을 의미한다. 이는 국민 주권 확립의 기틀이고 국민 중심의 국가 실현을 의미한다. 케말주의에서 '국민' 앞에는 그어떤 제약의 조건을 제시하지 않는다.

● **세속주의**(Laiklik)

라이시즘 또는 종교적합리주의라고 불리며, 튀르키예공화국의 세속주의 즉, 종교와 정치의 분리를 의미한다. 오스만투르크는 오랫동안 술탄이 정치적 지배자이며 동시에 칼리프라는 종교적 수장의 지위를 가지고 있었다. 신생국가 튀르키예는 1924년 3월, 칼리프 체제의 폐지를 알렸다. 특히 전 분야에서 종교적 요소와 근절하고자 노력, 국가는 모든 종교와의 동등한 거리를 두고 어떠한 종교적 신념도 장려하거나 비난하지 않고자 했다.

● **혁명주의**(Inkılapçılık)

혁명주의, 개량주의, 개혁주의 등 각 나라별로 해석한 용어는 다르나 본질적으로는 국가의 전통적인 제도와 개념을 현대화된 제도와 개념으로 변화해야 한다는 의미를 가지고 있다. 이는 옛것의 변화의 필요성을 주장했던 케말주의에 핵심 중 하나다.

● **민족주의**(Milliyetçilik)

튀르키예는 다민족, 다종교로 구성하고 있는 오스만투르크의 민족 구성을 개승하고자 했다. 모두가 다른 민족에 뿌리를 두고 있음에도 튀르키예국민이며 국가를 사랑하고, 국가의 보호를 받을 수 있다.

● **국가주의**(Devletçilik)

국가가 국가의 전반적인 생산과 경제활동을 규제하고 민간 기업이 원하지 않는 분야에까지 국가 주도적으로 참여해야 함을 의미한다. 국가는 국가의 자본 확보와 투자의 적극적인 개입, 민간 기업과 소상공인의 이익도 함께 고려해야 한다고 해석할 수 있다.

우리는 2년 동안
이 회사에서 근무합니다

✳ **학습목표**

- 현재미래형(초월시제)의 과거 및 다양한
  과거 표현의 활용

✳ **문법과 표현**

- 과거를 나타내는 다양한 표현
- 명사의 형용사화

✳ **어휘**

- 기초 단어

✳ **문화**

- 튀르키예 신비주의 이슬람의 세계, 수피

2 senedir bu şirkette çalışıyoruz.
우리는 2년 동안 이 회사에서 근무합니다.

10 yıldan beri her gün ikişer kahve içerim.

Her gün birer kahve içiyorum.

O her gün birer spor yapıyor.

Ailemiz 1 yıldır onar beraber pikniğe gittik.

Dün gündüzdür hiç evden çıkmadım.

Siz 4 aydır dondurma ve çay içmediniz.

Ben 1 aydır Türkçe öğreniyorum.

2 seneden beri bu şirkette çalışıyoruz.

2 senedir bu şirkette çalışıyoruz.

저는 10년전부터 매일 두 개씩(잔 씩) 커피를 마십니다.
우리는 매일 한 잔씩 커피를 마십니다.
그녀는 매일 한 번씩 운동을 합니다.
우리 가족은 1년 동안 10번씩 함께 소풍에 갔습니다.

저는 어제 낮동안 전혀 집에서부터 나가지 않았습니다.
당신은 4개월 동안 아이스크림과 차를 마시지 않았습니다.
나는 한 달 동안 터키어 공부를 합니다.

우리는 2년 전부터 이 회사에서 일하는 중입니다.
우리는 2년간 이 회사에서 일하는 중입니다.

WORDS

TRACK 15-2

Şirket 회사, 주식회사	Birer 한 개씩	İkişer 두 개씩
İçmek 마시다, (연기 등) 흡입하다	Onar 열 개씩	Beraber 함께
Gündüz 낮, (해가 떠 있는) 하루	Dondurma 아이스크림	

✳ 문법과 표현 ➊

❶ ~이래로

1 정확한 날짜 또는 정확한 시간을 기준하여 이전에 무언가가 시작되거나 발생하여 현재까지 지속되고 있음을 표현할 때 사용한다.

2 일어난 무언가의 행동/사건/년/월 등으로 부터라는 의미의 탈격인 dAn/tAn를 만든 후 뒤에 beri를 붙인다. 만약 일어난 무언가의 행동/사건/년/월 등의 마지막 끝난 문자가 된소리 f,s,t,k,ç,ş,h,p일 경우 d는 t로 바뀐다.

일어난 무언가의 행동/사건/년/월 + ~ dAn beri (~ tAn beri)

예문

- 2010'dan beri bu şirkette çalışıyorum.
  나는 2010년도부터 이 회사에서 일하고 있습니다.
- Saat 07.00 'den beri tatili bekliyorum.
  나는 7시부터 휴가를 기다리고 있습니다.
- 1 aydan beri çok sıcak.
  1달 전부터 매우 덥습니다.
- Sabahtan beri iş yerindeki işlerimi düşünüyorum.
  나는 아침부터 회사에 있는 나의 일들을 생각하고 있습니다.

❷ ~(기간)동안

1 정확한 날짜 또는 정확한 시간을 기준하지 않고 이전에 무언가가 시작되거나 발생하여 현재까지 지속되고 있음을 표현할 때 사용한다.

2 시작되거나 발생한 무언가의 뒤에 dIr를 붙인다. 만약 마지막 끝난 문자가 된소리 f,s,t,k,ç,ş,h,p일 경우 d는 t로 바뀐다.

일어난 무언가의 행동/사건/년/월 + ~ dIr (~tIr)

예문

- 3 gündür Türkiye'deyim.
  나는 3일 동안 튀르키예에 있습니다.
- 6 saatdır iş yerindeyim.
  나는 6시간 동안 회사에 있습니다.
- Sabahlardır parkta geziyoruz.
  우리는 아침 동안 (아침 내내) 공원에서 걷고 있습니다.
- Aylardır hem Türkçe hem de Rusçayı öğreniyoruz.
  우리는 (여러)개월 동안 터키어와 러시아어를 배웁니다.

3 몇 개씩 (숫자 ~개씩)

1 숫자 또는 숫자를 나타내는 명사 뒤에 접사 -(ş)Ar를 추가하면 '숫자 개씩'이란 의미가 된다.

숫자/숫자를 나타내는 명사 + (ş)Ar

2 만약 숫자가 모음으로 끝날 경우에는 매게자음 ş를 추가한다.

숫자	+ ~개씩 접사	뜻
Bir	Birer	한 개씩
İki	İkişer	두 개씩
Üç	Üçer	세 개씩
Dört	Dörter	네 개씩
Beş	Beşer	다섯 개씩
Altı	Altışar	여섯 개씩
Yedi	Yedişer	일곱 개씩
Sekiz	Sekizer	여덟 개씩
Dokuz	Dokuzar	아홉 개씩
On	Onar	열 개씩
Kaç	Kaçar	몇 개씩

확인문제 1

다음의 빈칸에 알맞은 단어를 적어 보세요.

(1) Ben 6 ay _____ İstanbul'da Türkçeyi öğreniyorum.

나는 6개월 동안 이스탄불에서 터키어를 배우고 있습니다.

(2) Akşam _____ beri bir kitap okuyorum.

나는 저녁부터 한 책을 읽고 있습니다.

(3) 19 yaşım _____ beri üniversitedeyim.

나는 19살 때부터 대학교에 있습니다.

(4) Biz 6 yıl _____ beri her hafta sonu spor yaparız.

우리는 6년 전부터 매주 주말 운동을 합니다.

WORDS

Tatil 휴가, 휴무일	Sıcak 더운	İş yeri 회사, 일하는 곳
İş yerinde 회사에서, 일하는 곳에서	Düşünmek 생각하다	Saat 시간, 시각, 시계
Gezmek 돌아다니다, 걷다	Hem A hem (de) B A와 B	Yaşım 나의 나이

Seul'de yaşayan bir Koreli kız.
서울에 살고 있는 한 한국인 소녀입니다.

Evimde çiçekli bir bahçesi var.

Emine, kafeden cevizli ekmek aldı.

Emine'nin ablası üzümlü meyve suyu içiyor.

Ben normalde şekersiz çay ve şütlü kahve içerim.

Evimde uzun kuylu kedi yaşıyor, onun adı Marşık.

Seul'de yaşayan bir Koreli kız

Kore'de yaşayan bir Seul'lu erkek

Aigul dikkatli kız.

나의 집에 꽃이 있는 (꽃 형태의) 한 정원이 있습니다.
에미네는 카페에서부터 호두 맛의(호두 형태의) 빵을 구입했습니다.
에미네의 언니는 포도 맛의 (포도 형태의) 과일 주스를 마십니다.

나는 일반적으로 무설탕 (설탕이 없는 형태의) 차와 우유 맛 (우유 형태의) 커피를 좋아합니다.
나의 집에서 긴 꼬리의 (꼬리 형태의) 고양이가 살고 있습니다, 그의 이름은 마르식입니다.

서울에서 사는 한 한국인 소녀입니다.
한국에서 살고 있는 한 서울인 (서울의) 소년
아이굴은 조심성 있는 한 소녀입니다.

WORDS

TRACK 15-4

Çiçek 꽃	Bahçe 정원	Ceviz 호두
Şeker 설탕	Uzun 긴	Kuy 꼬리
Yaşamak 살다, 삶을 살아가다	Yaşayan 삶	Erkek 남자, 소년
Dikkat 주의	Dikkatli 조심성 있게, 조심성 있는, 조심성의	

✳ 문법과 표현 ❷

1 명사 형태의 형용사

명사에 li를 붙이면 '명사 형태의'라는 뜻이 된다.

명사 + li

- 맛을 나타내는 명사 + li → 맛의, 맛의 형태의
- 장소(국가/도시/지역)를 나타내는 명사 + li → (사람) 장소 출신의, 장소의
- 일반적인 명사 + li → 명사 형태의, 명사의

> 예문
- Arabayı dikkatli kullanınız.
  자동차를 조심히 (조심성 있게) 사용하세요.
- Hem sütlü hem de çikolatalı kahve içiyoruz.
  우리는 우유 맛이며 (우유 형태이며) 초콜릿 맛의 (초콜릿 형태의) 커피를 마십니다.
- Bu uzun boylu, kahve rengi saçlı çocuk Emine'nin çocuğu.
  이 긴 키의, 커피색 머리카락의 아이는 에미네의 아이입니다.
- Sınıfta mavi gömlekli bir kız Koreli.
  교실에서 파란색 셔츠를 입은 (파란색 셔츠 형태의) 한 소녀는 한국인입니다.

2 명사 형태가 아닌

명사에 siz를 추가하면 명사 형태가 아님을 나타낸다.

Tuz 소금	→	tuzsuz yemek 소금이 없는 음식 (무염식)
İş 일, 직업	→	işsiz erkek 일이 없는 / 직업이 없는 남자
Alkol 알콜	→	alkolsüz içecek 알코올이 없는 음료 (무알콜 음료)

> 예문
- Emine'nin çocuğu korkusuz filmi istiyor.
  에미네의 아이는 공포스럽지 않는 (공포가 아닌) 영화를 원합니다.
- Bugün mezuniye töreni var. O yüzden Alisa ütüsüz pantolon giymedi.
  오늘 졸업 행사 (졸업 의식)이 있습니다. 그렇기 때문에 알리사는 다림질이 없는 바지를 입지 않았습니다.

확인문제 2

다음 문장을 정확하게 읽어 보세요.

TRACK 15-5

(1) Bence bu, hem renksiz hem de tatsız.
제 생각에 이것은 개성도 없고 맛도 없습니다.

(2) Onlar şekersiz çay istediler.
그들은 설탕이 없는 차를 원했었습니다.

(3) Emine vefasız değil. O gerçekten çok çalışkan.
에미네는 성실함이 없지 않습니다. 그는 정말로 매우 성실합니다.

WORDS

Akıl 지혜로움, 지혜, 영리함, 똑똑함	Akıllı 영리한, 똑똑한	Muz 바나나
Kullanmak 사용하다	Gözlük 안경	Değer 값, 가치
Değerli 값어치 있는, 값비싼	Eşya 물건	Bırakmak 남기다, 놓다
Lütfen 부탁하다	Hem A hem (de) A와 B	Uzun 긴
Boy 키	Kahve rengi 커피색	Saç 머리카락
Mavi 파란, 파란색	Gömlek 셔츠	Erkek 소년, 남자
Alkol 알코올	İçecek 음료	Korku 무서운
Mezuniyet 졸업	Tören 의식	Mezuniyet töreni 졸업식
O yüzden 그렇기 때문에	Ütüsüz 다림질하지 않은	Pantolon 바지
Giymek 옷을 입다	Renk 색, 개성이 있는	Renksiz 개성이 없는, 색깔이 없는
Tat 맛	Tatsız 맛이 없는	Vefa 성실함
Vefasız 불성실한, 성실하지 않은	Gerçekten 정말로, 진실로	

✻ 연습문제

TRACK 15-6

1 다음을 듣고 맞는 것을 골라 보세요.

① 나는 커피맛 빵을 샀습니다.

② 알리사는 우유맛 차를 마셨습니다.

③ 우리는 파란색 셔츠를 입은 소녀를 알고 알았습니다.

④ 그는 정말로 개성이 있습니다.

2 다음의 질문에 알맞은 대답을 골라 보세요.

2 senedir siz neredeydiniz?
2년 동안 당신은 어디에 있었습니까?

① Okula gittim.

② 2 senedir İstanbul'da Türkçe kursundaydım.

③ 2 seneden beri Türkçe öğreniyorum.

④ 2 seneden beri oldu.

3 다음을 읽고 알맞은 단어를 적어 보세요.

(1) Öğrencilere bir ＿＿＿＿＿＿ soru sor ＿＿＿＿＿＿ .
우리는 학생들에게 한 개씩 질문 하지 않았습니다.

(2) Program için yedi ＿＿＿＿＿＿ kişilik takımlar oluşturduk.
우리는 프로그램을 위해 일곱 명씩 팀을 구성했습니다.

(3) Çok yorgundum, biraz dinlen ＿＿＿＿＿＿ .
나는 매우 피곤했었습니다, 조금 쉬었습니다.

(4) Çok acıktım, yemekler ye ＿＿＿＿＿＿ ve daha ders çalışma

＿＿＿＿＿＿ .
나는 배가 고팠습니다, 음식들을 먹었습니다 그리고 더 이상 공부를 하지 않았습니다.

4 다음의 명사와 설명을 참고하여 알맞은 형용사를 적어 보세요.

akıl	akıl	suç	suç
똑똑한, 지혜로운	어리석은, 지혜롭지 않은	죄책감이 드는, 죄를 진(사람)	죄책감이 없는, 죄가 없는
değer	değer	gönül	gönül
가치가 있는	가치가 없는	자발적으로, 마음에서 (진심으로)	진심이 없는, (그럴) 마음이 없는, 자발적이지 않은
saygı	saygı	tuz	tuz
존경하는, 존경심의	존경하지 않은	유염식, 짠, 염분의, 소금의	무염식의, 짜지 않은, 소금이 없는
acı	acı	güç	güç
매운	맵지 않은	힘이 있는, 권력이 있는, 힘의, 권력의	힘이 없는, 권력이 없는

WORDS

Program 프로그램	Program için 프로그램을 위해
Kişilik 명, 인분	Takım 팀
Oluşturmak 구성시키다, 구성되게 하다, ~되도록 만들다	Acık 배고픈
Yemek 음식, 먹는 것, 먹다	

✱ 문화

✱ 튀르키예 신비주의 이슬람의 세계, 수피 ✱

튀르키예 여행을 홍보하는 영상이며 다큐멘터리에 항상 빠지지 않고 나오는 장면 중 하나는 흰 색의 긴 도포를 입은 남자가 여럿 모여 빙글빙글 돌며 춤을 추는 모습이다. 이는 터키어로 수피즘(Su-fism)라고 부르는 종교적인 행위로, 이슬람의 금욕적이며 신비로운 신앙 활동의 기도방법이다.

1 수피란?

수피즘은 이슬람의 금욕, 영적 실천의 목표, 인간 개개인의 숨겨인 영적 악행과 갈등을 극복하고자 하는 것을 목표로 한다. 고전적인 이슬람 철학에 가깝다고 해석하기도 하는데, 이러한 종교적 행위를 따르는 이들을 수피라고 부른다.

2 수피의 역사

수피는 튀르키예만의 종교는 아니다. 이미 9세기에 수많은 수피학교가 등장했고, 수피즘의 이론과 실천도 활발히 전개되었다. 당시 가장 영향력 있던 학교는 바그다드 수피 학교, 호라산 수피학교였는데, 학교를 대표하던 수피들은 '세상의 오물을 정화하고 신에게 더 가까이 다가가는 길'을 위해 수행해야 하며 수행에는 '성실함과 사심이 없어야 함'을 강조했다. 9세기 말이 되면 수피는 인간 개개인의 '숨겨진' 정신적인 의미가 무엇인지 찾기 시작했고, 이를 위한 시도로 연금술, 관상학, 숫자와 문자 탐구 등의 과학적 요소가 한 동안 받아드려졌다.

수피즘은 여러 종교가 혼합된 종교 운동에서 발전되었음에도 불구하고 이슬람 신주, 신비로운 경험, 빙글빙글 도는 행위(데르비쉬 댄스)를 통해 신과 내가 하나가 된다는 종교 수행 방법 등 강조되는 신비주의는 정통성을 강조하는 이슬람 세계에서는 이슬람의 한 분파로 인정하지는 않는다. 물론 국가마다 이슬람으로서의 수피즘을 받아드리는 범위의 차이가 있으며, 튀르키예에서는 수피즘이 반합적으로 존재한다.

저는 엘미라 선생님을
방문할 것입니다

* **학습목표**
  * 미래형의 활용
  * 시간/시간의 자유로운 활용

* **문법과 표현**
  * 미래형 및 다양한 미래형 표현
  * 시간/시각 표현

* **어휘**
  * 관련 어휘

* **문화**
  * 당나귀의 수난시대 '당나귀 같은 Eşek(에쉑)'

✱ 본문 ❶

TRACK 16-1

Önümüzdeki ay Elmira hocama ziyaret edeceğim.
나는 다음 달에 엘미라 선생님을(에게) 방문할 것입니다.

Yarın sabah erken Uluslararası havalimanına gideceğiz.

Bu akşam arkadaşıma mektup yazacağım.

Önümüzdeki ay Elmira hocama ziyaret edeceğim.

Emine tatilde Almanya'ya gitmeyecek.

Diana bugün dersten sonra alışveriş yapmayacak.

Emine, siz bugün ne yapacaksınız?

Akşam kız kardeşimle Kore restoranı'na gideceğim, orada güzel kore yemekleri yiyeceğim.

Peki, Emine hanım, yarın işte neler yapacaksınız?

Yarın işe gitmeyeceğim. Arkadaşlarımla görüşeceğim

ve onlar ile gelecek tatil hakkında sohbet edeceğim.

우리는 내일 아침 일찍 국제 공항으로 갈 것입니다.
나는 오늘 저녁 친구에게 편지를 쓸 것입니다.

에미네는 휴가 때 독일에 가지 않을 것입니다.
디아나는 오늘 수업 이후에 쇼핑을 하지 않을 것입니다.

에미네, 당신은 오늘 무엇을 할 것입니까?
나는 저녁에 나의 여자형제(자매)와 함께 한국 레스토랑에 갈 것입니다, 그곳에서 훌륭한 한국 음식들을 먹을 것입니다.

좋습니다, 에미네 씨, 내일의 경우 무엇들을 할 것입니까?
나는 내일 회사에 가지 않을 것입니다. 나의 친구와 함께 만날 것입니다 그리고 그들과 함께 다가올 휴가에 대해서 대화할 것입니다.

WORDS

TRACK 16-2

Erken 일찍	Uluslararası 국제	Havalimanı 공항
Uluslararası havalimanı 국제 공항	Bu akşam 오늘 저녁	Mektup 편지
Yazmak 쓰다, 적다	Mektup yazmak 편지를 쓰다	Önümüzdeki (우리의) 앞에 있는
Dersten sonra 수업 이후에	Alışveriş yapmak 쇼핑을 하다	Kore restoranı 한국 식당, 한국 레스토랑
Hakkında ~에 관해서	Sohbet etmek 대화를 나누다, 수다를 떨다	

✳ 문법과 표현 ❶

1 미래형 (y)AcAk

1 미래에 ~을 할 것이다 또는 ~이 될 것이다라는 의미로 사용하며, 동사의 어근에(y)AcAk을 첨가한다.

> 동사 어근 + (y)AcAk

2 '미래에 인칭이 ~을 할 것이다/~될 것이다'라고 표현할 때에는 '인칭~입니다'를 추가한다.

> ➕ 단, ben과 biz의 경우 (y)AcAk에서의 k를 ğ로 바꾼 후 '인칭~입니다'를 붙여준다.

인칭	Gelmek 오다	Gelmemek 오지 않다
Ben 나	Geleceğim 나는 올 것입니다.	Gelmeyeceğim 나는 오지 않을 것입니다.
Sen 너	Geleceksin 너는 올 것입니다.	Gelmeyeceksin 너는 오지 않을 것입니다.
O 그/그녀/그것	Gelecek 그/그녀/그것은 올 것입니다.	Gelmeyecek 그/그녀/그것은 오지 않을 것입니다.
Biz 우리	Geleceğiz 우리는 올 것입니다.	Gelmeyeceğiz 우리는 오지 않을 것입니다.
Siz 당신/너희들	Geleceksiniz 당신/너희들은 올 것입니다.	Gelmeyeceksiniz 당신/너희들은 오지 않을 것입니다.
Onlar 그들/그녀들/그것들	Gelecekler 그들/그녀들/그것들은 올 것입니다.	Gelmeyecekler 그들/그녀들/그것들은 오지 않을 것입니다.

> 예문

- Tatilde güzel bir meyve suyu içeceksiniz.
  당신은 휴가에서 훌륭한 과일 주스를 마실 것입니다.

- Emine'nin doğum günü partisi için restorana rezervasyonu yaptıracağım.
  에미네의 생일 파티를 위해 레스토랑에 예약을 할 것입니다.

3 만약 동사의 어근이 모음으로 끝날 경우 매개자음 y를 추가한다.

인칭	Okumak 읽다, 공부하다	Okumamak 읽지 않다, 공부하지 않다
Ben 나	Okuyacağım 나는 읽습니다.	Okumayacağım 나는 읽지 않습니다.
Sen 너	Okuyacaksın 너는 읽습니다.	Okumayacaksın 너는 읽지 않습니다.
O 그/그녀/그것	Okuyacak 그/그녀/그것은 읽습니다.	Okumayacak 그/그녀/그것들은 읽지 않습니다.

Biz 우리	Okuyacağız. 우리는 읽습니다.	Okumayacağız 우리는 읽지 않습니다.
Siz 당신/너희들	Okuyacaksınız 당신/너희들은 읽습니다.	Okumayacaksınız 당신/너희들은 읽지 않습니다.
Onlar 그들/그녀들/그것들	Okuyacaklar 그들/그녀들/그것들은 읽습니다.	Okumamayacak 그들/그녀들/그것들은 읽지 않습니다.

예문

- Onlar partide şarkı söyleyecekler.
  그들은 파티에서 노래를 부를 것입니다.

- Gelecek hafta bir önemli sınavım var. O yüzden geç uyuyacağim ve ders çalışacağım.
  다가오는 주에 한 중요한 (나의) 시험이 있습니다. 그렇기 때문에 나는 늦게 잠을 잘 것입니다. 그리고 공부를 할 것입니다.

4 동사의 어근이 된소리 t로 끝날 경우 t는 d로 바꾼다.

인칭	Gitmek 가다	Gitmemek 가지 않다
Ben 나	Gideceğim 나는 갈 것입니다.	Gitmeyeceğim 나는 가지 않을 것입니다.
Sen 너	Gideceksin 너는 갈 것입니다.	Gitmeyeceksin 너는 가지 않을 것입니다.
O 그/그녀/그것	Gidecek 그/그녀/그것은 갈 것입니다.	Gitmeyecek 그/그녀/그것은 가지 않을 것입니다.
Biz 우리	Gideceğiz 우리는 갈 것입니다.	Gitmeyeceğiz 우리는 가지 않을 것입니다.
Siz 당신/너희들	Gideceksiniz 당신/너희들은 갈 것입니다.	Gitmeyeceksiniz 당신/너희들은 가지 않을 것입니다.
Onlar 그들/그녀들/그것들	Gidecekler 그들/그녀들/그것들은 갈 것입니다.	Gitmeyecekler 그들/그녀들/그것들은 가지 않을 것입니다.

예문

- Emine İstanbul'a gidecek. Ama diğer şehirlere ziyaret etmeyecek.
  에미네는 이스탄불에 갈 것입니다. 하지만 다른 도시들에는 방문하지 않을 것입니다.

- Yardımcı olursanız gerçekten size teşekkür edeceğim.
  도움을 주신다면 정말로 나는 당신에게 고마워할 것입니다.

5 동사의 어근이 단자음+단모음일 경우 마지막 끝난 모음의 자리에 i를 붙여 준 후 미래형 시제를 첨가한다.

인칭	Demek 말하다	Dememek 말하지 않다
Ben 나	Diyeceğim 나는 말 할 것입니다.	Demeyeceğim 나는 말을 하지 않을 것입니다.
Sen 너	Diyeceksin 너는 말 할 것입니다.	Demeyeceksin 너는 말을 하지 않을 것입니다.
O 그/그녀/그것	Diyecek 그/그녀/그것은 말할 것입니다.	Demeyecek 그/그녀/그것은 말을 하지 않을 것입니다.
Biz 우리	Diyeceğiz 우리는 말 할 것입니다.	Demeyeceğiz 우리는 말을 하지 않을 것입니다.
Siz 당신/너희들	Diyeceksiniz 당신/너희들은 말 할 것입니다.	Demeyeceksiniz 당신/너희들은 말을 하지 않을 것입니다.
Onlar 그들/그녀들/그것들	Diyecekler 그들/그녀/그것들은 말 할 것입니다.	Demeyecekler 그들/그녀들/그것들은 말을 하지 않을 것입니다.

예문

- Türkiye'ye gideceğim ve orada Türk yemekleri yiyeceğim.
  나는 튀르키예에 갈 것입니다 그리고 그곳에서 터키 음식들을 먹을 것입니다.

- Ondan kızdım. Yarın okula gidince ona bir şey diyeceğim.
  나는 그로부터 화가 났었습니다. 나는 내일 학교에 간다면 그에게 뭔가(를) 말할 것입니다.

6 '미래에 ~ 할 것 입니까?/ ~될 것입니까?'라고 질문할 때에는 동사 어근 + 미래형 다음에 의문사 mi + 인칭~입니다를 붙인다.

인칭	Gelmek 오다	Gelmemek 오지 않다
Ben 나	Gelecek miyim? 나는 올 것입니까?	Gelmeyecek miyim? 나는 오지 않을 것입니까?
Sen 너	Gelecek misin? 너는 올 것입니까?	Gelmeyecek misin? 너는 오지 않을 것입니까?
O 그/그녀/그것	Gelecek mi? 그/그녀/그것은 올 것입니까?	Gelmeyecek mi? 그/그녀/그것은 오지 않을 것입니까?
Biz 우리	Gelecek miyiz? 우리는 올 것입니까?	Gelmeyecek miyiz? 우리는 오지 않을 것입니까?

Siz 당신/너희들	Gelecek misiniz? 당신/너희들은 올 것입니까?	Gelmeyecek misiniz? 당신/너희들은 오지 않을 것입니까?
Onlar 그들/그녀들/그것들	Gelecekler mi? 그들/그녀들/그것들은 올 것입니까?	Gelmeyecekler mi? 그들/그녀들/그것들은 오지 않을 것입니까?

예문

- Gelecek zamanda bunlar hiç çalışmayacak mısınız?
  당신은 앞으로 이것들을 전혀 일하지 않을 것입니까?

- 3 ay sonra Kore'e gelecek misiniz?
  당신은 3개월 후에 한국에 올 것입니까?

7 의문사 Ne(무엇)/Neler(무엇들)과 '하다: yapmak'동사 및 '되다: olmak' 동사를 활용하여 '무엇을 할 것입니까?', '무엇이 될 것입니까'라고 질문할 수 있다.

8 인칭의 미래에 대해 물어보고자 할 때에는 미래형 뒤에 '인칭~입니다'를 추가한다.

- **Ne yapacak** 무엇을 할 것입니까?

- **Ne yapmayacak** 무엇을 하지 않을 것입니까?

- **Ne olacak** 무엇이 될 것입니까?

- **Ne olmayacak** 무엇이 안 될 것입니까?

예문

- Sen neler yapacaksın?
  너는 무엇들을 할 것입니까?

- Ben gelecek yıl Türkiye'ye gideceğim. Orada Türkçe'yi öğreneceğim ve gezeceğim.
  나는 내년에 튀르키예에 갈 것입니다. 그곳에서 터키어를 배우고, 여행을 할 것입니다.

- Sizce siz ne olacaksınız?
  당신이 생각했을 때 당신은 무엇이 될 것입니까?

- Bence bilgisayar uzmanı olacağım. Öyle olmak için her gün çalışkanlıyım.
  제 생각에 나는 컴퓨터 전문가가 될 것입니다. 그렇게 되기 위해서 나는 매일 성실합니다. (성실하게 일합니다.)

다음 괄호 안의 단어를 참고하여 빈칸에 알맞은 미래형을 적어 보세요.

(1) Siz gelecek hafta saat kaçta bize ziyaret et   ? (etmek)

당신은 다가올 주에 몇 시에 우리에게 방문할 것입니까?

(2) Ne zaman Kore'ye dön   ? (dönmek)

당신은 언제 한국으로 돌아가시나요?

(3) Ben bir ay sonra bu ayakkabıyı al   . (almak)

나는 한 달 후에 이 신발을 구입할 것입니다.

(4) Ben onunla bir daha konuş   . (konuşmak)

나는 그와 함께 더 이상 대화하지 않을 것입니다.

WORDS

Doğum 태어남, 탄생, 출생	Doğum günü 생일
Doğum günü partisi 생일 파티, 생일 잔치	Rezervasyon 예약
Yaptırmak 하게 만들다, 하다	Rezervasyonu yaptırmak 예약을 하다, 예약이 되게 만들다
Şarkı 노래	Söylemek 말하다, (불특정다수에게)무언가를 말하다, 노래 부르다
Şarkı söylemek 노래를 부르다	Önemli 중요한
Ama 그러나, 하지만	Diğer 다른
Şehir 도시	Yardımcı 도움주는 사람
Yardımcı olmak 도움을 주다, 도움주는 사람이 되다	Olursanız (당신이) ~가 된다면
Kızmak 화나다	Gidince 가게 된다면
Sizce 당신 생각(에/은)	Bence 내 생각(에/은)
Gezmek 돌아다니다, 여행하다	Bilgisayar 컴퓨터
Uzman 전문가	Bilgisayar uzmanı 컴퓨터 전문가
Bir şey 무언가	Gelecek 미래, 앞으로
Zaman (시간) 때	Gelecek zamanda 앞으로, 미래에
Öyle olmak için 그렇게 되기 위해서	Dönmek 돌아가다
Ayakkabı 신발	Onunla 그와 함께
Konuşmak 대화하다	

✳ 본문 ❷

Şimdi saat kaç?
지금은 몇 시입니까?

Şimdi saat kaç?

02:00 Saat iki.

08:10 Saat sekizi on geçiyor.

16:15 Saat dördü çeyrek geçiyor.

17:30 Saat beş buçuk.

23:45 Saat on ikiye çeyrek var.

15:50 Saat dörde on var.

Kaç saat?

Günde kaç saat çalışıyorsunuz?

Ben günde sekiz saat çalışıyorum.

Sabah sekizde işe başlıyor.

지금은 몇 시입니까?

2시입니다.
8시 10분입니다.
(직역: 8시를 10분 지나고 있습니다.)
4시 15분입니다.
(직역: 4시를 4분의 1 지나고 있습니다.)
5시 30분입니다.
(직역: 5시의 반입니다.)
11시 45분입니다.
(직역: 12시에 4분의 1이 있습니다.)
3시 50분입니다.
(직역: 4시에 10이 있습니다.)

몇 시간입니까?

당신은 하루에 몇 시간 일을 합니까?
나는 하루에 8시간 일을 합니다.
아침 8시에(서) 일을 (일에) 시작됩니다.

WORDS

Geçmek 지나가다	Geçiyor 지나가고 있다	Çeyrek 4분의 일, 15
Günde 하루에	İşe başlamak 일을 시작하다	____A başlamak 을(~에) 시작하다
Bitmek 끝내다		

✳ 문법과 표현 ❷

1 몇 시 입니까? Saat kaç?

1 시각을 물어볼 때 사용한다.

➕참고: 숫자표현은 4과를 참고

• 시간

| Saat __ (__시) | 08:00 | Saat sekiz |
| | 14:00 | Saat iki 또는 saat on dört |

• 분

| 30분 | Saat____ buçuk ____시 30분 |
| | 10:30 | Saat on buçuk |

| 15분 | Saat + ____(y)İ çeyrek geçiyor ____시 15분 |
| | 06:15 | Saat altıyı çeyrek geçiyor |

| 30분 미만 | Saat + ____(y)İ ~~~ geçiyor ____시 ~~~ 분을 지나갑니다. |
| | 03:20 | Saat çü yirmi geçiyor |

| 45분 | Saat + ____(y)A çeyrek var ____시가 되기 전까지 15분이 있습니다. |
| | 08:45 | Saat dokuza çeyrek var |

| 30분 이후 | Saat + ____(y)A ~~~ var ____시가 되기 전까지 ~~~분이 있습니다. |
| | 02:40 | Saat üçe yirmi var |

2 그 외 시간표현

____(y)a ~~~ var (__시에 ~~~가 있습니다.)

예문

- 02:40 Saat üçe yirmi var. 3시에 20분이 있습니다.
- 06:55 Saat yediye beş var. 7시에 5분이 있습니다.
- 08.45 Saat dokuza çeyrek var. 9시에 15분이 있습니다.
- 10:45 Saat on bire çeyrek var. 11시에 15분이 있습니다.

____(y)İ ~~~ geçiyor (__시를 ~~~~분 지나갑니다.)

예문

- 03:20 Saat üçü yirmi geçiyor. 3시를 20분 지나갑니다.
- 07:10 Saat yediyi on geçiyor. 7시를 10분 지나갑니다.
- 08:15 Saat sekizi çeyrek geçiyor. 8시를 15분 지나갑니다.
- 10:15 Saat onu çeyrek geçiyor. 10시를 15분 지나갑니다.

✳ 문법과 표현 ❷ ─────

2 **Kaç saat 몇 시간입니까?**

몇 시간의 시간이 소요되는지에 대해서 질문할 때 사용하는 표현이다. 보통은 시간을 반올림하여 30분 단위로 쪼개서 표현하기도 한다.

> 예문

- İstanbul'dan Seul'a kadar uçakla on iki saat sürüyor.
  이스탄불에서 서울까지 비행기로 12시간 소요됩니다.

- Türkçe dersi 1 kere bir buçuk saat sürüyor.
  터키어 수업은 1회에 1시간 반 소요됩니다.

- Film yakılaşık iki buçük saat sürüyor.
  영화는 대략 2시간 30분 소요됩니다.

 **2**

다음의 시간을 터키어로 적어 보세요.

(1)　3:00

(2)　5:30

(3)　12:15

(4)　11:45

(5)　19:05

(6)　20:50

1 다음을 듣고 틀린 것을 골라 보세요.   TRACK 16-5

① 내일 우리는 여행을 갑니다.

② 나는 터키어 책을 읽을 것입니다.

③ 내일 우리는 여행을 가지 않을 것입니다.

④ 나는 터키어 책을 읽지 않을 것입니다.

2 다음의 질문을 보고 알맞은 대답을 만들어 보세요.

Ne yapacaksınız? 당신은 무엇을 할 것입니까?

(1) Arkadaşımla sinemaya git _____. (gitmek)
나는 친구와 함께 영화관에 갈 것입니다.

(2) Yarın işe git _____. Çünkü yarın bayram ol _____.
(olmak)
나는 내일 출근을 하지 않을 것입니다. 내일은 공휴일입니다.

(3) 1 saat sonra toplantımıza gir _____. (girmek)
우리는 1시간 뒤에 회의에 참여할 것입니다.

(4) 1 ay sonra işlerim için İstanbul'a ziyaret et _____. (etmek)
우리는 1달 뒤에 이스탄불에 방문할 것입니다.

3 숫자를 주의하여 다음 문장을 터키어로 읽고 적어 보세요.

(1) 나는 하루에 8시간 일을 하지 않습니다.

→ _____

(2) 우리는 아침 9시부터 저녁 6시까지 일을 하지 않습니다.

→ _____

(3) 당신의 일은 내일 6시간 동안 진행됩니다.

→ _____

(4) 그들의 영화는 오후 2시에 시작될 것입니다.

→ _____

4 시간 표현에 주의하여 다음의 시간을 터키어로 적어 보세요.

(1) 10:30

→ _____

(2) 14:15

→ _____

(3) 17:45

→ _____

(4) 02:04

→ _____

✳ 문화

✳ 당나귀의 수난시대 '당나귀 같은~! Eşek(에쉑) ✳

말과 동물인 당나귀는 몸길이 1~1.6m에 몸무게 100~480kg의 말보다는 작은 동물로 말과 흡사한 모습을 한 동물이다. 회색의 털과 긴 귀, 말에 비해 짧은 다리와 긴 꼬리 털이 매력적이다. 당나귀는 기원 전부터 이미 짐을 싣는 목적으로 사용되어 온 가축으로, 투르크 세계의 언어에도 가축 당나귀의 흔적이 남아있다. 투르크어에서 당나귀 "Eşek"(에쉑)은 여전히 어원의 기원에 논란이 있다. G(응) 발음이 남아있는 투르크 고어에는 Eşgek(에쉐응)으로 표기되었고, 이후 Eşyek 형태로 변화했다.

1 당나귀 수난시대의 시작

투르크민족은 계절에 따라 이동을 하며 긴 반농반목의 역사를 가지고 있다. 생활 환경은 가축을 기르고 사용해야 했고, 이러한 생활 습성은 구전 문학, 서면 문학 등 언어 문화에 중대한 영향을 미쳤다. 투르크인들은 동물과 삶을 공유했고, 이는 언어에도 중요한 요소로 등장하는데 대표적인 것이 바로 당나귀이다.

반농반목하던 투르크민족에게 당나귀는 말에 비해 몸집이 작고 많은 먹이를 먹는 동물이고, 낙타에 비해서는 많은 짐을 실을 수 없어 실용성이 떨어지는 동물이었을 것이다. 이러한 당나귀의 특성 때문에 터키어를 비롯한 투르크계 언어에서 당나귀는 부정적인 다양한 의미로의 어원을 가지고 있는 것이 아닌가 추측해 볼 수 있다.

2 Eşek gibi (당나귀 같다)

상대방을 향해 '당나귀 같다'라고 말하면 대단히 무례할 수 있겠다. 이때 당나귀는 '쓸모없거나, 부지런하지 않거나, 둔하거나, 영리하지 않거나' 등 다양한 부정적 의미로 해석할 수 있기 때문이다.

그러면 내 자신을 향해 내가 스스로 '나는 당나귀 같다'라고 표현하면 어떤 뜻이 될까? 요즘 말로 머리가 잘 돌아가지 않다 내지 업무/공부 효율이 떨어진다 등의 의미로 사용할 수 있다. '오늘 하루는 당나귀 같다'라고 표현하면 '오늘 하루는 효율이 떨어졌다', '오늘은 열심히 공부/업무가 진행되지 않았다' 등 부정적인 의미의 표현이 된다.

언어에는 문화가 있고, 문화에는 역사가 있다. 투르크어의 언어적인 뿌리를 이해한다면 귀여운 우리들의 동물 친구 당나귀를 마냥 놀릴 수 없을 것이다.

UNIT 17

주말에 가장 아름다운
공원으로 소풍을 갑시다

✳ **학습목표**

- 시간의 처격의 응용

- 희망형의 활용

- 비교급과 최상급의 종류와 활용

✳ **문법과 표현**

- 시간의 처격

- 희망형, 청유형

- 비교급과 최상급

✳ **어휘**

- 기초어휘

✳ **문화**

- 세계에서 가장 긴 단어는?

Film kaçta başlıyor?
영화는 언제 시작합니까?

Film kaçta başlıyor?

Saat yedide.

Saat yediye on kala.

Saat yedi buçukta.

Saat yediyi çeyrek geçe.

Uçak saat kaçta kalacak?

Saat onu yirmi geçe.

Saat sekize çeyrek kala.

Ders saat kaçta bitti?

Saat on biri çeyrek geçe.

Saat bire yirmi kala.

영화는 언제 시작합니까?
7시에(입니다)
7시 10분 전에 (7시가 되기 10분 남았을 때)
7시 30분에(입니다)
7시 15분에 (7시 15분을 지날 때에)

비행기는 언제 뜰 것입니까? (비행기는 언제 출발할 것입니까?)
10시 20분이 지날 때에(입니다)
8시에(까지) 15분 남았을 때(입니다)

수업은 언제 끝났습니까?
11시 15분이 지날 때에(입니다)
1시에(까지) 20분이 남았을 때(입니다)

WORDS

Kaç 몇, 얼마	**Kaçta** 언제(에)	**Kalmak** 서다, 뜨다, (비행기 등) 출발하다
Bitmek 끝나다		

✳ 문법과 표현 ❶

▎1 몇 시에 ~입니까?/있습니까?

Saat 뒤에 수량 및 숫자를 나타내는 kaç + 처격 ta을 붙여서 "몇 시에 ~입니까?/ 있습니까?" 라고 질문 할
수 있다.

Saat kaçta? 몇 시에 ~입니까?/있습니까?

예문

- Saat kaçta ders başlıyor? 몇 시에 수업을 시작합니까?
- Saat kaçta sinema başladı? 몇 시에 영화가 시작되었습니까?
- Saat kaçta uçak kalayacak? 몇 시에 비행기가 뜰 것입니까?
- Saat kaçta iş yerinize gidersiniz? 당신은 몇 시에 당신의 회사에 갑니까?

▎2 몇 시에 ~입니다.

1 0~29분까지의 시간을 나타낼 때는 아래의 형태를 갖는다.

Saat (y) _____(y)İ ~~~ geçe _____시를 ~~~ 지날 때

예문

- 10:20 → Saat onu yirmi geçe 10시를 20분 지날 때
- 13:25 → Saat biri yirmi beş geçe 1시를 25분 지날 때

2 15분을 나타낼 때는 아래의 형태를 갖는다.

Saat _____(y)İ çeyrek geçe _____시를 1/4(15) 지날 때

예문

- 11:15 → Saat onbiri çeyrek geçe 11시를 15분 지날 때

3 30분을 나타낼 때는 아래의 형태를 갖는다.

Saat _____ buçukta _____시(에) 1/2(30)에

예문

- 16:30 → Saat dörte buçukta 4시 30분에
- 17:30 → Saat beş buçukt 5시 30분에

4 31~59분을 나타낼 때는 아래의 형태를 갖는다.

Saat _____(y)A ~~~kala _____시에(까지) ~~ 남았을 때

예문

- 05:55 → Saat altıya beş kala 6시에(까지) 5분 남았을 때
- 21:55 → Saat ona on kala 10시에(까지) 5분 남았을 때

5 45분을 나타낼 때는 아래의 형태를 갖는다.

Saat ____(y)A çeyrek kala ____시에(까지) 1/4(15) 남았을 때

6 정각을 나타낼 때는 아래의 형태를 갖는다.

Saat ____ dA/tA ____시에(서)

예문

· 11:30 → Saat on bir buçukta 11시 30분에
· 21:30 → Saat dokuz buçukta. 9시 30분에

확인문제 1

다음의 시간을 보고 빈칸에 알맞은 단어를 적어 보세요.

(1) _____ Türkçe ders başlıyor. (19:00)

7시에 터키어 수업이 시작됩니다.

(2) Biz _____ toplantıdaydık. (11:15)

우리는 11시 15분에 회의에 있었습니다.

(3) Film _____ bitecek. (22:30)

영화는 10시 30분에 끝날 것입니다.

(4) Genelde sabah _____ evden çıkıyorum. (06:45)

나는 일반적으로 아침 6시 45분에 집에서부터 나옵니다.

WORDS

Kala 남아있는	Geçe 지나가는	Buçuk 반 (2분의 1)
Çeyrek 4분의 1 분량의		

Hafta sonu en güzel parka pikniğe gidelim!
주말에 가장 아름다운 공원으로 소풍을 갑시다!

Bugün çok hastayım, biraz evde dinleneyim.

나는 오늘 매우 아픕니다, 조금 집에서 쉬기를 원합니다. (쉬겠습니다.)

Bu film çok güzel ve en ünlü film.

İşten sonra sinemaya gidelim.

이 영화는 매우 훌륭하며 가장 유명한 영화입니다. 최근 후에 영화관에 갑시다.

Yarın erken kalkmayalım.

Çünkü yarınki işlerimiz iptal oldu.

내일 일찍 만나지 맙시다.
왜냐하면 내일 것 우리의 일이 취소 되었습니다.

Size tatil fotoğraflarımızı göstereyim.

Bu bana göre en güzel fotoğraflarımız.

당신에게 우리의 휴가 사진들을 보여드리기를 원합니다. (보여드리겠습니다.)
이것은 내가 볼 때 가장 예쁜 우리의 사진입니다.

Parkt yerlere çöp atmayalım.

En kötü şey bu.

공원에 있는 장소들에 쓰레기를 버리지 맙시다.
가장 나쁜 것은 이것입니다.

WORDS

TRACK 17-4

Tamam 좋다, 좋습니다	Haydi 자	İptal 취소
İptal olmak 취소되다	Bana göre 내가 볼 때	Yer 땅, 지면, 지역
Çöp 쓰레기	Atmak 던지다, 버리다	Kötü 나쁜

✳ 문법과 표현 ❷

1 희망(바람)형

1 터키어에서는 '인칭~원합니다' 의미의 동사 istemek(원하다) 의 동사를 활용해서 무엇을 원하는지를 직접 화법으로 표현하는 방법 이외에도 아래와 같이 두 가지의 문법으로 희망 사항을 표현할 수 있다.

참고

- İstemek + 인칭~입니다   인칭~원합니다.
- İstememek + 인칭~입니다   인칭~원하지 않습니다.
- Eve dönmek istiyorum.   나는 집으로 돌아가기를 원합니다.
- Yarın işe gitmek istemiyorum.   나는 내일 회사에 가기를 원하지 않습니다.
- Biz bunu istemedik.   우리는 이것을 원하지 않았습니다.
- Bence siz bunlar istemeyeceksiniz.   제 생각에 당신은 이것들을 원하지 않을 것입니다.

2 특히 1인칭인 '나', '우리'에서 주로 사용하며, 희망형 뒤에는 '희망(바램)형 인칭 + 입니다'를 붙여준다.

3 동사의 어근이 t로 끝날 경우에는 d로 바꾸어 준다. (etmek ed)

동사 어근 + (y)A + 희망(바램)형 인칭~입니다

인칭	동사 어근 + (y)A + 희망(바램)형 인칭~입니다
Ben 나	동사 어근 + (y)A + yİm
Sen 너	동사 어근 + (y)A + sİn
O 그/그녀/그것	동사 어근 + (y)A
Biz 우리	동사 어근 + (y)A + lİm
Siz 당신/너희들	동사 어근 + (y)A +sİnİz
Onlar 그들/그녀들/그것들	동사 어근 + (y)A + lAr

인칭	Gelmek 오다	Gelmemek 오지 않다
Ben 나	Geleyim 내가 가겠습니다.	Gelmeyeyim 나는 오지 않겠습니다.
Sen 너	Gelesin 너가 오세요.	Gelmeyesin 너는 오지 마세요.
O 그/그녀/그것	Gele 그/그녀/그것이 오세요.	Gelmeye 그/그녀/그것은 오지 마세요.

Biz 우리	Gelelim 우리는 옵시다.	Gelmeyelim 우리는 오자.
Siz 당신/너희들	Gelesiniz 당신/너희들은 오세요.	Gelmeyesiniz 당신/너희들은 오지 마세요.
Onlar 그들/그녀들/그것들	Geleler 그들/그녀들/그것들은 올 것입니다.	Gelmeyeler 그들/그녀들/그것들은 오지 않을 것입니다.

4 의문의 경우, 1인칭인 '나'와 '우리'에 대해서만 질문한다.

인칭	Gelmek 오다	Gelmemek 오지 않다
Ben 나	Geleyim mi? 나는 올까요?	Gelmeyeyim mi? 나는 오지 말까요?
Sen 너	-	-
O 그/그녀/그것	-	-
Biz 우리	Gelelim mi? 우리는 올까요?	Gelmemeyelim mi? 우리는 오지 말까요?
Siz 당신/너희들	-	-
Onlar 그들/그녀들/그것들	-	-

2 최상급 En: 가장 ~한

1 형용사 앞에 en을 놓으면 '가장 ~한'이라는 최상급 표현이 된다.

예문

- En güzel 가장 아름다운
- En pahalı 비싼
- En sıcak mevsim yaz. 가장 더운 계절은 여름입니다.
- En soğuk mevsim kış. 가장 추운 계절은 겨울입니다.
- En akıllı hayvan yunus. 가장 똑똑한 동물은 돌고래입니다.
- En sevenli gün Cumartesi. 가장 사랑하는 날은(요일은) 토요일입니다.

✳ 문법과 표현 ❷

2 최상급 en은 'A의 가장' 'A에 있는 가장'이란 의미로 '비슷한 의미 전달'을 위해 사용이 가능하다.

A_(n)İn en ~ = _A_dAkİ/tAkİ en ~~

예문

- Dünyanın en güzel şehir İstnabul. 세계의 가장 아름다운 도시는 이스탄불입니다.
- Dünyadaki en güzel şehir İstanbul 세계에서의 가장 아름다운 도시는 이스탄불입니다.

3 기타 비교급

1 ~만큼: 명사/형용사 kadar

예문

- Bir kahve daha içmek istiyorum. 나는 커피를 더 마시기를(마시는 것) 원합니다.
- Bir daha tekrar deneyiniz, lütfen. 당신께서는 더 다시 시도하시기 바랍니다/부탁입니다.

2 ~보다 ＿＿하다: 명사dAn/tAn 형용사

예문

- Elmira, Emine'den daha büyük. 엘미라는 에미네보다 더 큽니다.
- Ankara, İstanbul'dan daha küçük. 앙카라는 이스탄불보다 더 작습니다.

3 ~처럼: 명사/소유대명사 gibi

예문

- Bu meyve suyu bal gibi tatlı. 이 과일 주스는 꿀 처럼 답니다.
- Sizin gibi mutlu olmak istiyoruz. 우리는 당신 처럼 행복하기를 원합니다.

4 소유대명사 + 처럼

- Benim gibi 나처럼
- Senin gibi 너처럼
- Onun gibi 그/그녀/그것 처럼
- Bizim gibi 우리 처럼
- Sizin gibi 당신/너희들 처럼
- Onlar gibi 그들/그녀들/그것들처럼

참고(요일)

월요일	Pazartesi
화요일	Salı
수요일	Çarşamba

목요일	Perşembe
금요일	Cuma
토요일	Cumartesi
일요일	Pazar

다음을 빈칸에 알맞은 단어를 적어 보세요.

(1) Sence bu pahalı bilgisayar al   ?

당신 생각에 나는 비싼 이 컴퓨터를 살까요?

(2) Mandalina, muz ve karpuz   meyveler çok faydalıdır.

귤, 바나나 그리고 수박처럼 과일들은 매우 훌륭합니다(유용합니다).

(3) Türkiye'deki   kalabalık şehir İstanbul.

튀르키예에서 가장 복잡한 도시는 이스탄불입니다.

(4) Yarin dünyanın en güzel şehir Seul'a git   .

우리는 내일 가장 아름다운 도시 서울에 갑시다.

WORDS

Pahalı 비싼	Akıllı 똑똑한	Yunus 돌고래
Dünya 세계	Sıcak 더운	Soğuk 추운
Mevsim 계절	Yas 여름	Cumartesi 토요일
____daki ~에서 있는	Dünya 세계	Şehir 도시
Bir daha 좀 더, 더	Daha 더	Tekrar 다시
Denemek 시도하다,	Büyük (키, 직위, 나이, 크기 등) 크다	Küçük (키, 직위, 나이, 크기 등) 작다
Bal 꿀	Tatlı 달콤한, 단, 귀여운	Mutlu 행복한
Mandalina 귤	Karpuz 수박	Faydalı 유용한, 훌륭한
Kalabalık 복잡한, 혼잡한		

1 다음을 듣고 알맞은 것을 골라 보세요.

TRACK 17-5

① 내일 우리는 소풍에 갈까요?

② 제가 이것을 구입할까요?

③ 당신이 가장 좋아하는 음식은 무엇입니까?

④ 서울은 이스탄불보다 큽니까?

2 다음 괄호 안의 단어를 참고하여 빈칸에 알맞은 단어를 적어 보세요.

(1) Bu akşam birlikte yemeğe _____. (gitmek)
오늘 저녁에 함께 식사에 갑시다.

(2) Emine'ye söyleyiniz, beni _____. (aramak)
에미네에게 말씀주시기 바랍니다, 나에게 전화주시기를 원합니다.

(3) Yarın okula _____. (gitmek)
나는 내일 학교에 가지 않을 것입니다.

(4) Çok uykum var. O yüzden ben galiba size şimdi rezorvasyonu iptal

_____. (etmek)
많은 잠이 있습니다. 그래서 아마도 저는 당신에게 취소를 할 것입니다.

3 다음의 질문에 대한 대답을 자유롭게 적어 보세요.

(1) En seveli yemekler ne?

→ _____

(2) Seul, İstanbul'dan küçük mü?

→ _____

(3) Türkiye, Seul'den büyük mü?

→ _____

(4) Siz Türkçe gibi İngilizce de öğreniyor musunuz?

→ _____

4 다음의 글을 터키어로 적어 보세요.

나는 내일 에미네를 만날 것입니다. 내일 영화는 10시 20분에 시작될 것입니다. 이 영화는 현재 가장 유명합니다. 작년의 영화보다 이 영화는 더 흥미롭습니다. 우리는 영화 이후에 한국 레스토랑에 갈 것입니다. 한국음식은 터키음식 만큼 맛있습니다. 음식(식사) 이후에 우리는 집으로 돌아갈 것입니다. 내일은 오늘 보다 더 즐거울 것입니다.

WORDS

Birlikte 함께   Beni aramak 나에게 연락하다   Uykum 잠, (나의) 잠

✳ 문화

✳ 세계에서 가장 긴 단어는? ✳

교착어인 터키어는 어근에 많은 접미사를 추가하여 단어를 만들 수 있다. 이러한 터키어의 특성 때문인지 터키어는 세계에서 가장 긴 단어를 가지고 있는 언어로도 알려져 있는데, 긴~~ 단어는 터키어의 특성을 말해준다. 터키어의 특성을 안다면 누구라도 긴 단어를 만들어 볼 수 있다.

터키에서 한동안 유행했던 긴 단어 만들기에 불을 지폈던 '요리하다'를 소개해보면 다음과 같다.

- Piş-ir-di-ler → 그들은 요리를 했습니다.

- Piş-ir-t-ti-ler → 그들이 요리를 하게 만들었었습니다.

- Piş-ir-t-tir-di-ler → 그들은 그것을 요리하게 만들었습니다.

- Piş-ir-t-tir-t-ti-ler → 그들은 그에게 그것을 요리하게 만들었습니다.

- Piş-ir-t-tir-t-tir-di-ler → 그들은 그에게 그것을 요리하도록 하게 만들었습니다.

유행했던 단어로 다음의 긴 터키어 단어를 빼놓을 수 없다.

- "Çekoslovakyalılaştıramadıklarımızdan mıymışsınız?
  → 당신은 우리가 체코슬로바키아화 할 수 없는 사람입니까?

한동안 유행했던 이 단어는 누군가가 다음과 같이 더 긴~~~단어를 만들어 내면서 인기를 잃었다. 아직까지는 이 보다 더 긴 단어를 만들거나 찾아낸 이가 없다고 한다.

- Muvaffakiyetsizleştiricileştiriveremeyebileceklerimizdenmişsinizcesine
  → 마치 권한을 박탈당할 수 없는 사람인 것처럼

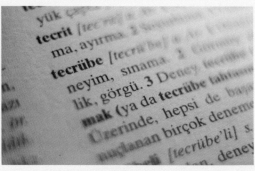

이스탄불 날씨는 덥다고 합니다

✳ **학습목표**

- 전언법 (~인 것 같다, ~라고 한다)의 활용

✳ **문법과 표현**

- ~인 것 같다의 추측의 전언법

- ~라고 한다의 (간접 의미에서) 전언법

- ~일 때에 iken

✳ **어휘**

- 기초 어휘

✳ **문화**

- 투르크 역사 유물(1)

| İstanbul'da hava sıcakmış.
이스탄불(에서) 날씨가 덥다고 합니다.

Bağıran kız kimmiş?
O Emine. Emine öğrencilere bağırmış.

소리를 지른 소녀는 누구였던가요?
그녀는 에미네입니다. 에미네는 학생들에게 소리를 쳤습니다.

Seul'de çok kar yağmış.
Ama İstanbul'daki hava sıcakmış ve kar yağmamış.

서울에는 눈이 많이 내렸습니다.
하지만 이스탄불의 날씨는 따뜻하고 눈이 내리지 않았습니다.

Bir saat önce uçak kalkmış.
Ama uçağın saatini unutmuşsun.

한 시간 전에 비행기가 떠났습니다.
하지만 당신은 시간을 잊어버렸습니다.

Bir varmış, bir yokmuş.
Tataristan'ın başkenti Kazan'da bir mutsuz kedi yaşarmış.

옛날 옛적에
타타르스탄의 수도 카잔에는 행복하지 않은 고양이가 살았습니다.

Siz buradaki kitaplar okurmuş muydunuz?
Evet okudum.

당신은 여기에 있는 책들을 읽어봤었습니까?
네, 읽었습니다.

Bunlar güzelmiş.
Bence bunlar güzel değilmiş.

이것들은 예쁜 것 같습니다.
제 생각에는 이것들은 예쁘지 않은 것 같습니다.

Dün İstanbul sıcak mıymış?
Sıcak değilmiş.

어제 이스탄불은 더웠던가요?
덥지 않았습니다.

WORDS

TRACK 18-2

Bağırmak 소리치다, 고함치다	**Yağmak** (비, 눈 등) 내리다	**Kalkmak** 떠나다, 서다
Bir varmış, bir yokmuş 옛날 옛적에	**Tataristan** 타타르스탄	**Başkent** 수도
Kazan 카잔 (타타르스탄공화국의 수도)		

✳ 문법과 표현 ❶

1 무언가를 추측하며 부정확한 것을 말할 때 사용하는 **mİş**

1 mİş는 말하는 사람 또는 듣는 사람이 대화 또는 서술하는 사건의 직접적인 당사자가 아닌 상태에서 해당 내용을 말하고 전달할 때 사용한다.

2 <u>직접 보지 않은 것을 말할 때 / 들은 것을 전달할 때 / ~인 것 같다고 추측한 것을 말할 때</u> 사용한다.

3 직접적인 당사자가 아니므로 '아마도, 추측하기로는, 그렇다고 한다, 분명히 그런 것 같다' 등과 같은 추측의 의미가 포함되어 있다.

> 동사 어근/시제/명사/형용사 + (y) + **mİş** + 인칭~입니다

4 단어의 마지막 끝난 문자가 모음일 경우 접사 mİş 앞에 매개자음 y를 추가한다.

✳ TIP ✳

● **mİş** 는 언제 사용할까? - 사례

텔레비전, 라디오 등에서 타인의 행위나 사건에 대해 들은 것을 타인에게 전달 할 때: ~하고 합니다.

소문으로만 들리는 내용에 대해 이야기할 때: ~라고 합니다.

동화 또는 전해져 내려오는 이야기: "옛날 옛날에 토끼와 거북이가 살았었다고 해요."

말하는 현재 시점을 기준으로 알려져 있는 사실 을 전할 때: ~라고 합니다, ~인 것 같습니다.

놀라움, 기쁨, 걱정, 불만, 후회, 간청, 비난, 비하 등 객관적이지 않은 부분에 대해 말할 때: ~인 것 같습니다.

'아마도(Belki, Galiba, Sanırım ki)' 단어와 함께 사용하여 '추측'하는 것을 말할 때: 아마도 ~인 것 같습니다.

의심할 여지가 없는 사실에 주관적인 의미를 부여하여 말할 때: (주관적으로 볼 때) ~인 것 같습니다, ~라고 생각합니다.

화자가 대화에서 자신이 목격하지 않은 것을 타인에게 전할 때: ~라고 합니다.

5 질문을 할 때는 의문사 mİ 뒤에 인칭~입니다를 첨가한다.

> 동사 어근/시제/명사/형용사 + _mİş mİ + 인칭~입니다

• [동사어근] Bakmak 보다/~(y)A bakmak 관찰하다, 집중해서 보다

인칭	긍정	부정	긍정 의문	부정 의문
Ben 나	Bakmışım	Bakmamışım	bakmış mıyım?	bakmamış mıyım?
Sen 너	Bakmışsın	Bakmamışsın	bakmış mısın?	bakmamış mısın?
O 그/그녀/그것	Bakmış	Bakmamış	bakmış mı?	bakmamış mı?
Biz 우리	Bakmışız	Bakmamışız	bakmış mıyız?	bakmamış mıyız?
Siz 당신/너희들	Bakmışsınız	bak-mamışsınız	bakmış mısınız?	bakmamış mısınız?

Onlar 그들/그녀들/그것들	Bakmışlar	Bakmamışlar	bakmışlar mı?	bakmamışlar mı?

예문

• Annem bana söyledi. Ben bir yaşımda konuşmaya başlamışım.
나의 엄마는 나에게 말씀하셨습니다. 나는 1살 때 말하기를 시작했었다고요.

→ 내가 말하는 것을 내가 스스로 본 적이 없음. 엄마가 나의 경험을 나에게 말을 전달해 줌.

• Siz yemeklere hiç tuz koymamışsınız.
당신은 음식들에 전혀 소금을 넣지 않았습니다.

→ 상대방이 음식에 소금을 넣었는지에 대해 본 적이 없는 상태에서 상대방의 행동이 '이러했을 것이다'라고 추측하며 말함

• Elmira hocam'a sor bakalım. Konferansımız hazırlamış mı?
엘미라 선생님에게 물어봅시다. 우리의 컨퍼런스가 준비되었는지?

→ 1인칭과 2인칭이 3인칭인 Elmira hocam.이 컨퍼런스가 준비되었는지 정확하게 모르는 상태에서 나누는 대화

• Onlar buraya daha önce gelmişler mi?
그들은 이곳에 이전에 왔었나요?

→ 그들이 이전에 이곳에 왔는지에 대해 정확히 모르는 상태에서 하는 질문

2 상황에 따른 **miş** 시제 정리

시제	Gelmek 오다	만드는 방법
과거	Gelmişti	어근 + miş + ti + 과거~인칭 입니다 → '동사의 행위'가 있었던 것 같다.
	Geldimiş	과거형 원형 + miş + 인칭 ~입니다 → '과거의 행위'가 있었다고 한다.
현재	Geliyormuş	현재형 원형 + (y)iyor + miş + 인칭 ~입니다 → 현재 동사를 하고 있는 것 같다/~라고 한다.
미래	Gelecekmiş	미래 시제 원형 + miş + 인칭 ~입니다 → 미래 동사를 하고 있는 것 같다/~라고 한다.
현재미래시제 (초월시제)	Gelirmiş	현재미래시제 원형 + miş + 인칭 ~입니다 → 현재미래시제(초월시제)를 하고 있는 것 같다/~라고 한다.

- Onlar şimdi geliyormuş.
  그들은 지금 오고 있습니다. (오고 있는 것 같습니다. / 오고 있다고 합니다.)

- Emine yarım İstanbul'a gidecekmiş.
  에미네는 내일 이스탄불에 갈 것입니다. (갈 것 같습니다. / 갈 것이라고 합니다.)

- Emine geçen sene İstanbul'a gitmişti.
  에미네는 지난 해 이스탄불에 갔었습니다. (갔었던 것 같습니다.)

- Emine geçen sene İstanbul'a gittimiş.
  에미네는 지난 해에 이스탄불에 갔었습니다. (갔었다고 합니다.)

- Emine her sabah çay içermiş.
  에미네는 매일 아침 차를 마십니다. (마시는 것 같습니다. / 마신다고 합니다.)

- [명사/형용사] Güzel 아름다운

인칭	긍정	부정
Ben 나	Güzelmişim	Güzel değilmişim
Sen 너	Güzelmişsin	Güzel değilmişsin
O 그/그녀/그것	Güzelmiş	Güzel değilmiş
Biz 우리	Güzelmişiz	Güzel değilmişiz
Siz 당신/너희들	Güzelmişsiniz	Güzel değilmişsiniz
Onlar 그들/그녀들/그것들	Güzelmişler	Güzel değilmişler Güzel değillermiş

예문

- Siz Korelimişsiniz.
  당신은 한국인입니다. (당신은 한국인인 것 같습니다.)

- Sokak kedilerin maması şuan yokmuş.
  길고양이들의 먹이가 현재 없습니다. (길고양이들의 먹이가 현재 없는 것 같습니다.)

- Galiba Emine şimdi iş yerinde değilmiş.
  아마도 에미네는 현재 회사에 있지 않습니다. (아마도 에미네는 현재 회사에 있지 않는 것 같습니다.)

인칭	긍정 의문	부정 의문
Ben 나	Güzel miymişim?	Güzel değil miymişim?

Sen 너	Güzel miymişsin?	Güzel değil miymişsin?
O 그/그녀/그것	Güzel miymiş?	Güzel değil miymiş?
Biz 우리	Güzel miymişiz?	Güzel değil miymişiz?
Siz 당신/너희들	Güzel miymişsiniz?	Güzel değil miymişsiniz?
Onlar 그들/그녀들/그것들	Güzel miymişler?	Güzel değil miymişler? Güzel değiller miymiş?

예문

- Onun adı Nagehan mıymış?
  그의 이름은 나게한이었던가요?

- Dün Ankara soğuk muymuş
  어제 앙카라는 추웠던가요?

- O kimmiş?
  그는 누구이던가요?

- O Türkçe öğretmenmiş.
  그는 터키어 선생님인 것 같습니다.

- Bunlar neymiş?
  이것들은 무엇이던가요?

(확)(인)(문)(제) 1

다음의 빈칸에 알맞은 **miş**을 적어 보세요.

(1) Biz daha önce hiç Türk kahvesini iç   .

우리는 이전에 전혀 터키쉬 커피를 마셔본 적이 없습니다.

(2) Sizce bana bu elbise yakış   ?

당신 생각에 나에게 이 옷이 어울립니까?

(3) Burası bana yakış   ?

이 곳은 나에게 어울립니까?

(4) Oradaki restoranın yemekleri lezzetli miymiş?

그곳에 있는 레스토랑의 음식들은 맛있던가요?

- Evet,   . 네, 맛있습니다.

- Hayır,   . 아니요, 맛이 없었습니다.

WORDS

Yaş 나이	Yaşım 나의 나이	Özlemek 그리워하다
Tuz koymak 소금을 넣다	Koymak 넣다, 첨가하다	Sor bakalım 물어봅시다
Sor bakmak 물어보다	Konferans 컨퍼런스	Hazırlamak 준비하다
Anahtar 열쇠, 키워드	Yanına almak 옆에 가지고 있다, 보유하다, 소지하다	
Acaba 아마도, 그런데	Bitirmek 끝내다	Sokak kedisi 골목 고양이, 길 고양이
Sokak 골목	Mama 먹이, 포유류의 젖 (유)	Türk kahvesi 터키쉬 커피
Yakışmak 어울리다		

İstanbul'dayken çok mutluydum.
나는 이스탄불에 있을 적에 매우 행복했습니다.

İstanbul'dayken çok mutluydum.
İstanbul'dayken sizinle konuşacaktım.
Gezmek için Doğu Anadolu'dayken çok üşüyordum.

Çocukken çok tatlıydınız.
Gençken gezmek için çok tatilye çıkardım.
Öğrenciyken her gün yakılaşık 8 saat ders çalıştırdım.

Üç yaşınızdayken anneniz size bir oyuncak hediye etti.
Yedi yaşımdayken babam bana piyano öğretmeni bulmuş.

İstanbul'a giderken yağmuş çok yağmış.
İşlerimi yaparken bir iş daha çıktı.

Tatile çıkarken havalimanıda yolculuklar çoktu

나는 이스탄불에 있을 적에(때에) 매우 행복했습니다.
나는 이스탄불에 있을 적에 당신과(함께) 대화하려고 했었습니다.
나는 여행을 위해서 동부 아나톨리아에 있을 적에(때에) 매우 추웠었습니다. (추운상태였습니다)

당신은 어린시절에 매우 귀여웠습니다.
나는 젊을 적에(때에) 여행을 위해서 휴가를 갔었습니다.
내가 학생일 적에(때에) 매일 대략 8시간 공부를 했습니다.

당신이 3살일 적에(때에) 당신의 어머니는 당신에게 하나의 장난감을 선물로 주었습니다.
내가 7살일 적에(때에) 나의 아버지는 나에게 피아노 선생님을 찾아줬습니다.

이스탄불에 갈 적에(때에) 비가 많이 내렸습니다.
나의 일을 할 적에(때에) 하나의 일이 더 생겼습니다.

휴가를 갈 적에(때에) 공항에서 여행객들이 많았습니다.

WORDS

TRACK 18-4

Doğu Anadolu 동부 아나톨리아	Doğu 동부	Sizinle 당신과 함께
Anadolu 아나톨리아	Oyuncak 장난감	Hediye etmek 선물을 하다
Hediye 선물	Öğretmen bulmak 선생님을 찾다	Gezmek için 여행을 위해서
Tatile çıkmak 휴가를 가다	Tatil 휴가	Çıkmak 나가다, 벗어나다
İş çıkmak 일이 생기다	Yolculuk 여행객	

✳ 문법과 표현 ②

1 ~(y)Ken ~일 적에/~일 때에

1 '~일 적에', '~일 때에'라는 의미로 언제, 그 당시를 표현할 때 사용한다.

명사/형용사/현재미래시제(초월시제) + (y)ken

2 명사/형용사/현재미래시제(초월시제)의 마지막 끝난 문자가 모음일 경우 매제자음 y를 첨가한다.

3 명사 뒤에는 ~에/~에서의 '처격'을 추가할 수 있다.

4 명사를 인칭의 명사화를 만든 후 처격을 추가하고 그 뒤에 ken을 추가할 수 있다.

> **예문**
>
> - İşteyken telefonumu kapatırım.
>   나는 회사에 있을 때 나의 전화기를 닫아놓습니다.
> - İşteyken her sabah 2 kere çay içerdim.
>   나는 회사에 있을 때 매일 2회 차를 마셨습니다.
> - 17 yaşımdayken üniversiteye girmek için çok çalışmalıydım.
>   내가 17살일 때 대학교에 입학하기 위해서 많이 공부할 필요가 있었습니다.
> - Çocukken evimizde bir kedi vardı.
>   어릴 적에 우리의 집에서 한 마리의 고양이가 있었습니다.

2 현재/미래/현재미래(초월시제) 시제 / Var (있다)/Yok (없다) 의 과거형

단순 과거 시제 이외의 현재/미래/현재미래시제 및 있다 var와 없다 Yok에도 과거를 나타나는 di/ti를 첨가할 수 있다.

시제

현재/ 미래/ 현재미래(초월시제) 시제 + di/ti + 과거 인칭~입니다

있다/없다

Var (있다) / Yok (없다) + di/ti

- 활용

시제	Gitmek 가다 (인칭: Ben)
현재(진행)시제 과거	Gidiyordum. 나는 가고 있던 중이었습니다. → Çocukken bir gün okula gidiyordum. 　나는 어린시절 어느날 학교에 가고 있던 중이었어요.
미래시제 과거	Gidecektim. 나는 가려고 했었습니다. → Yağmur yağmurken tatile çıkacaktım. 　나는 비가 내리고 있을 적에(때에) 휴가를 떠났었어요.

현재미래시제 (초월시제) 과거	Giderdim. 나는 갔습니다. (가곤 했습니다.) → Üniversitenin öğrenciyken ara sıra ailesiz olan çocuk-lara yardımcı olmak için destek yapmaya giderdim. 내가 대학교 학생일 적에(때에) 자주 가족이 없는 아이들에게 도움을 주기 위해서 지원을 하러 가곤 했습니다.

Var '있다'의 과거	Vardi. 있었다. → Çocukken evimizde bir köpek, civciv ve kedi vardı. 어린 시절 우리의 집에는 한 마리의 개, 병아리 그리고 고양이가 있었습니다.
Yok '없다'의 과거	Yoktu. 없었다. → Cocukken bende boş zamamım yoktu. 어린 시절 나에게는 (나의) 쉬는 시간이 없었습니다.

다음 해석을 보고 터키어 문장을 완성해보세요.

(1) Çocuk   ben çok çalışkanıydım.

어린 시절 나는 매우 부지런한 한 명의 어린이였습니다.

(2) Ben öğrenci   her sabah saat 8'de kalkardım.

나는 학생일때 매일 아침 8시에 일어났었습니다.

(3) İstanbul'   bir gün Kapadokya'ya gidecektik.

우리가 이스탄불에 있을 때 카파도키아에 가려고 했었습니다.

(4) İstanbul'   çok çeşitli yemekler yiyorduk.

우리가 이스탄불에 있을 때 다양한 음식을들 먹고 있었어요.

WORDS

Kapatırmak 닫히게 하다, 닫다	Kere 횟수, 회
Çalışmalı 일/공부 해야 할 필요성이 있다	Ara sıra 자주, 종종 (반대 sık sık 가끔)
Ailesiz 가족이 없는	Ailesiz olan 가족이 없는 (사람)
yardımcı olmak 도움주는 사람이 되다, 도움을 주다	Destek 지원
Destek yapmak 지원하다	Destek yapmak 지원하다
Desteklemek 지원하다	Civciv 병아리
Bir gün 어느날	Boş zaman 쉴 때에, 아무런 일이 없을 때, (시간이) 비어있을 때
Boş 빈	Çeşitli 다양한

※ 연습문제 ──────────────

1 다음의 일기예보를 듣고 맞는 것을 고르세요.　TRACK 18-5

　① 어제 서울에서는 2시간 동안 눈이 내렸습니다.

　② 어제 서울에서는 4시간 동안 눈이 내리지 않았습니다.

　③ 어제 이스탄불에서는 1시간 동안 바람이 불었습니다.

　④ 어제 앙카라에서는 1시간 동안 바람이 불어서 비행기가 뜨지 못했습니다.

2 다음 빈칸에 알맞은 **miş**를 넣어 적어 보세요.

　(1)　Bir varmış bir yokmuş küçük ve sevimli bir kedi Yaşar _____.
　　　 옛날 옛날에 귀엽고 사랑스러운 고양이가 살고 있었다고 합니다.

　(2)　Belki de bu yemek buzul _____.
　　　 아마도 이 음식은 상한 것 같습니다.

　(3)　Anladığım kadarıyla, yarın bir toplantımız var _____, bir

　　　 hafta sonra bir sunumumuz da ol _____.
　　　 내가 알고 있기로는 우리에게 내일은 회의가 있는 것 같고, 일주일 뒤에는 프리젠테이션
　　　 발표가 있는 것 같습니다.

　(4)　Önce buraya biz gel _____ mi, acaba?
　　　 우리가 이전에 이곳에 왔었던가요?

3 다음 대화를 보고 빈칸에 알맞은 표현을 적어 보세요.

(1) A: Öğrenci _____ hiç Türkiye'ye gittiniz mi?

당신은 학생 때 튀르키예로 여행을 가 본 적이 있습니까?

B: Hayır, maalesef hiç gitmedim.

아니요, 아쉽게도 가 본 적이 없습니다.

(2) A: Çocuk _____ evcil hayvanınız var mıydı?

당신의 어릴 적에는 반려동물이 있었습니까?

B: Ben büyür _____ çok tatlı ve sevimli bir kedimiz vardı.

내가 어릴 적이 우리집에는 귀엽고 사랑스러운 고양이가 한 마리 있었습니다.

(3) A: Çocukluğunuzla ilgili hatırladığınız bir şey var mı?

당신이 어린이였을 때에 대해서 기억하고 계신 것이 있으십니까?

B: Çocuk _____ her gün oyun parkında oynadık.

우리가 어린이였을 때 우리는 매일 놀이터에서 놀았습니다.

(4) A: Bilgisayar programcılığı alanında profesyonel olarak çalışmaya ne

zaman başladınız?

당신은 언제부터 컴퓨터 프로그래밍의 분야에서 전문적으로 일을 하기를 시작하셨습니까?

B: Bir şirkette staj yap _____ bilgisayar programcılığı

alanında profesyonel olarak çalışmaya başladım.

내가 회사에서 인턴쉽을 했을 때 컴퓨터 프로그래밍에 대해 전문적으로 일하게 되었습니다.

✳ 연습문제

4 다음의 제시된 시제에 주의하여 빈칸에 알맞은 단어를 적어 보세요.

(1) Emine geçen sene Türkçe'yi öğrenmek için Türkiye'ye

_____ .

(과거) 에미네는 작년에 터키어를 배우기 위해서 튀르키예에 갔었다고 합니다.

(2) Emine Türkçe'yi öğrenmek için Türkiye'de _____ .

(현재) 에미네는 터키어를 배우기 위해서 튀르키예있는 것 같습니다. (튀르키예에 있다고 합니다.)

(3) Emine, gelecek sene Türkiye'ye Türkçe'yi öğrenmek için

_____ .

(미래) 에미네는 내년에 튀르키예를 배우기 위해서 튀르키예에 갈 것 같습니다. (갈 것이라고 합니다.)

(4) Emine, şu an Türkçe'yi öğrenmek için Türkiye'ye git _____ .

(현재, 현재진행) 에미네는 지금 터키어를 배우기 위해서 튀르키예로 가고 있는 중인 것 같습니다. (튀르키예에 가는 중이라고 합니다.)

WORDS

Bir varmış bir yokmuş 옛날 옛날에	Küçük ve sevimli 작고 사랑스러운
Bozulmak 상하다, 망가지다	Anladığım kadarıyla 내가 알고 있기로는
Evcil hayvan 반려동물	Büyürken 자랄때
Çocukluğunuzla ilgili 당신이 어린이였을 적과 관련해	Hatırladığınız 당신이 기억하고 있는
Bir şey 무언가	Oyun parkı 놀이터
Bilgisayar programcılığı 컴퓨터 프로그래밍	[직업] alanı [직업] 분야
[직업] alanında [직업] 분야에서	Profesyonel 전문적
Sataj yapmak 인턴쉽을 하다	

✳ 문화

✳ 투르크의 역사 유물(1): 곡투르크 석인상 ✳

기록된 역사를 기준으로 곡투르크(Gök Türk)(돌궐)은 튀르키예를 포함한 투르크민족의 조상이 중앙 유라시아에 세운 최초의 국가, 즉 카간국(Göktürk Kağanlığı)이다. 투르크민족과 카간국의 기원 대부분이 중국의 사료에 의존해야 한다는 점에서 한 개성을 가지고 있다. 물론 독자적인 돌궐 문자를 만들어 오르콘 비문을 남겨 놓았으나 기원에 대한 내용은 부재하다. 투르크민족이 지나간 자리에는 곡투르크에 대한 또다른 흔적으로 곡투르크석인상이 남아있다.

● 곡투르크 석인상 (Turkic Statue, Статуя тюркская)

전자의 모습을 한 석상인 곡투르크 석인상은 강력한 튀르크 제국의 시대(Great Turkic Khganate, Тюркский каганат)라 불린 곡투르크 시대 중 6-7세기에 만들어졌다. 발발(Balbal)로 불리었던 석인상은 산중턱의 가장 높은 곳에 세워졌으며 주변은 돌울타리가 쳐져있는 형태이다. 석인상은 오늘날의 러시아의 알타이지역부터 흑해연한 드니프로까지 그리고 유라시아 전 지역에서 발견되었다. 곡튀르크의 석인상에는 세 가지의 의미가 있다고 전해진다.

당시에는 조상을 달래고, 복을 기원하기 위해 조상인 발발에게 제물을 바치는 풍습이 있었다. 석인상은 조상 이상의 의미를 지닌 존재로 가족을 지키는 죽은 조상의 영혼을 상징한다는 뜻을 가지고 있다. 한편으로는 죽은 적의 영혼을 죽은 동지에게 바치고 이를 기리기 위해 세운 석인상으로도 추측할 수 있다 "나의 아버지 엘터리쉬 카간을 기리를 위해 바즈 카간의 이미지를 발발로 돌사슬의 머리에 놓였다"(В честь моего отца-кагана Эльтериша во главе цепочки камней поставили балбалом изображение Баз-кагана) 라는 기록이 남아 있다. 마지막으로 지배층 무덤을 지키기 위한 석인상이라는 설이 있다.

1253년 선교를 위해 몽골로 여행을 떠난 네덜란드의 탐험가였던 빌럼 판 루브뢱(Guillaume de Rubrouck)은 1255년 유럽으로 귀환한 후 동방의 언어, 지리, 풍습, 종교, 지리에 관한 여행기를 자필했는데, 그의 기록에 의하면 지도자의 무덤 앞에 석인상이 놓여 있었으며, 석인상에는 힘과 권력을 상징하는 단검과 장검을 손에 들고 있었다고 한다.

이 컴퓨터는 매우 훌륭하고 매우 예쁩니다

✳ **학습목표**

• 시간, 반복, 연결 관련 표현의 활용

✳ **문법과 표현**

• 일부 Bazı, 항상 Her, 모든 Bütün, 전혀 Hiç,

• 매우 Çok, 꽤 많이 Birçok, 몇 개 Bir kaç

• 접속사

✳ **어휘**

✳ **문화**

• 투르크의 역사 유물(2)

※ 본문 ❶

Bazı Koreliler kedi seviyorlar, diğer ise köpek te seviyorlar.
일부 한국인들은 고양이를 좋아합니다, 다른 일부는 개 또한 좋아합니다.

Ailemiz bazı meyveleri çok seviyoruz.
Bazı Koreliler kedi seviyorlar. Diğer ise köpek te seviyorlar.

Her gün en az dört saat Türkçe öğreniyorum.
Her insan mutsuz olmak istemez.

Kış geçti. Sonra ilk bahar geldi. Bütün çiçekler açmaya başladı.

Ben normalde bütün gün işte çalışırım.
Sonra iş bıraktım.

Hiç Kore'ye gittin mi?
Hiç kimse bilmiyor.

İstanbul'da bir çok müze var.
Bir kaç saat sizi bekledim. Ama siz gelmediniz.

우리 가족은 일부 과일들을 매우 좋아합니다. 일부 한국인들은 고양이를 좋아합니다. 다른 일부는 (다른 경우에는) 개 또한 좋아합니다.

나는 매일 최소 4시간 터키어를 배웁니다. 모든 사람은 행복하지 않기를 원하지 않습니다.

겨울이 지나갔습니다. 이후 봄이 왔습니다. 모든 꽃들은 꽃이 피기 시작했습니다.

나는 일반적으로 모든 일을 해왔습니다. 이후 일을 그만두었습니다.

너는 (전혀) 한국에 가본 적이 있습니까? 아무도 모릅니다.

이스탄불에서 매우 많은 박물관이 있습니다. 나는 몇 시간을 당신을 기다렸습니다. 그러나 당신은 오지 않았습니다.

WORDS

Diğer ise 이와 다른	De/Te 또한	En az 가장 최소
Az 최소, 적은	İnsan 인간	Mutsuz 행복하지 않음
Mutsuz olmak 행복하지 않다, 행복하지 않게 되다		İstemez 원하지 않다
Kış 겨울	İlk bahar 봄	Çiçek açmak 꽃이 피다
Açmak 피다, 열리다	____ açmaya başlamak ___ 피기 시작하다	
İş bırakmak 일을 그만두다	Bırakmak 그만 두다	Müze 박물관

✳ 문법과 표현 ❶

1 Bazı 일부/ Her 항상 / Bütün 모든 / Hiç 전혀~아니다

기간과 수량의 한정을 나타내는 표현들이다.

1 Bazı 일부

- 터키어에서 여러 단위 집단에서 '일부분'을 분리하여 표현할 때 사용한다.
- Bazı 뒤에 오는 명사는 복수형으로 표현한다.

> 예문

- Bazı kediler insanlardan korkuyorlar.
  일부 고양이들은 사람들로부터 무서워합니다.
- Bazı Koreliler Türkiye'ye gezmek için gitmek istiyorlar.
  일부 한국인들은 튀르키예에 여행을 위해 가기를 원합니다.

2 Her 항상

- 모든, 모두를 의미할 때 사용한다.
- Her 뒤에 오는 명사는 단수로 표현한다.

> 예문

- Her programa katılamak istiyoruz.
  우리는 모든 프로그램에 참여하기를 원합니다.
- Her şeyi anladım.
  나는 모든 것을 이해했습니다.

3 Bütün 모든

- 모든을 의미할 때 사용한다.
- Bütün 뒤에 오는 명사는 복수로 표현한다.

> 예문

- Bütün öğrenciler sınava girdiler.
  모든 학생들은 시험에 들어갔습니다.
- Türkiye'nin bütün müzelere ziyaret etmek isterdim. Ama öyle yapmadım. Çünkü
  zamanım o kadar yoktu.
  나는 튀르키예의 모든 박물관에 방문하기를 원했었습니다. 그러나 그렇게 하지 못했습니다. 왜냐하면 나의 시간
  은 그 만큼 없었습니다.

4 Hiç 전혀 ~아니다/없다

- '전혀'라는 의미로 얼마나 많거나 얼마나 적음을 나타낼 때 사용한다.

> 예문

- Siz hiç Türkiye'ye gittiniz mi?
  당신은 전혀 튀르키예에 가보았습니까? (의역: 가보지 않았습니까?)
- Ben hiç oraya gitmedim, gitmek istiyorum.
  나는 전혀 그곳에 가지 않았습니다, 가기를 원합니다.
- Hiçbir zaman. Hiçbir şey.
  전혀 그어떤 시간도. 전혀 그 어떤 무엇도.

5 Çok 매우, 많이

- 명사 앞에 사용하면 '많이'라는 의미가 되고, 형용사 앞에 사용하면 '매우'라는 의미가 된다.

예문

- Geçen sene çok çikolata yedim.
  나는 지난 해에 초코렛을 많이 먹었습니다.
- Bu bebek çok güzel.
  이 아기는 매우 예쁩니다.

6 Birçok 매우 많이

- 매우 많음을 나타낼 때 사용하며 뒤에 오는 명사는 단수로 놓는다.

예문

- Okulda birçok öğrenci gürültü yapıyordu.
  학교에서 매우 많은 학생들이 소음을 만들던 중이었습니다.

7 Birkaç 조금

- '조금'을 나타낼 때 사용하며, 뒤에 오는 명사는 단수형이다.

예문

- Okulda birçok öğrenci gürültü yapıyordu.
  학교에서 적은 학생들이 소음을 만들던 중이었습니다.

다음 빈칸에 알맞은 단어를 넣어 적어 보세요.

(1) Bir _____ kilo domates almak istiyorum.

나는 몇 kg의 토마토를 구입하고 싶습니다.

(2) Biz _____ İstanbul'a gitmedik.

우리는 이스탄불에 가본 적이 없습니다.

(3) _____ çocuklar çok sevimli.

모든 어린이들은 귀엽습니다.

(4) hiç_ _____ şey istemiyormuş.

그는 아무것도 원하지 않는다고 합니다. / 원하지 않는 것 같습니다.

WORDS

Katılamak 응시하다, 참여하다	Girmek (유형, 무형) 들어가다, 접속하다	O kadar 그 만큼
Gürültü 소음	Gürültü yapmak 소음을 만들다	Sevimli 귀여운
Domates 토마토		

 **본문 ❷**

Bu bilgisayar çok iyi ve çok güzel.
이 컴퓨터는 매우 (성능이) 훌륭하고 매우 (외관이) 예쁩니다.

Bu bilgisayar çok iyi ve çok güzel. Emine hanım çok nazik ve iyi.	이 컴퓨터는 매우 (성능이) 좋고 매우 (외관)이 예쁩니다. 에미네 씨는 매우 친절하고 (인품, 성격) 좋습니다.
Bu cep telefonu güzel ama/fakat/ancak yavaş.	이 휴대폰은 좋지만 그러나/하지만/그럼에도 불구하고 느립니다.
Yarın veya gelecek Pazar günü konferansı açıklayacak. Bu akşam çarışıya gideceğim.	내일 또는 다가올 일요일에 컨퍼런스가 열릴 것입니다. 나는 오늘 저녁 시장에 갈 것입니다.
Ailemiz dondurmayı çok severiz. Onlar soğuk çay sever.	나의 가족은 아이스크림을 매우 좋아합니다. 그들은 차가운 차를 좋아합니다.
Balık kebabı yoksa şiş kebabını şipariş edeceğiz. Kahve yoksa çay içeceğim.	우리는 생선 케밥이 없을 경우 쉬쉬 케밥을 주문할 것입니다. 나는 커피가 없다면 차를 마실 것입니다.
Anladım ki, o bunu istemiş. Demiş ki, yarın ders açıklamayacak. Biz bunu yapamadık ki.	나는 이해했습니다만, 이것을 원했었습니다. 말했기로는, 내일 수업은 열리지 않을 것입니다. 우리는 이것을 하지 않았었는데요.

İyi 좋은, (내면) 훌륭한	Güzel 예쁜, 좋은	Cep telefonu 휴대폰
Cep 주머니	Pazar günü 일요일	Açıkmak (물체, 행사) 열리다, 개최되다
Balık kebabı 생선 케밥, 고등어 케밥	Şiş kebabı 쉬쉬케밥, 꼬챙이 케밥	Şipariş 주문
Şipariş etmek 주문하다	Kimin hakkında (사람) 누구에 대해서	Dedikodu 쑥덕거림, 험담
Dedikodu yapmak 쑥덕거리다, 험담하다		

1 터키어에서 자주 사용되는 다양한 접속사

1 Ve: 그리고

A 그리고 B 또는 A, B 그리고 C 등 여러개의 대상을 '그리고'로 연결해 줄 때 사용한다.

3개 이상일 경우 A, B ve C와 같이 마지막으로 오는 대상의 앞에 ve를 붙인다.

예문

- Kedi, köpek ve tavşan yaşarmış.
  고양이, 개 그리고 토끼가 살고 있었습니다.
- Evimde Korece kitaplar ve Türkçe kitaplar var.
  나의 집에는 한국어책들과 터키어 책들이 있습니다.

2 Ama/Fakat/Ancak : 그러나

Ancak은 '그러나 오직', '오직'이라는 의미를 함께 가지고 있다.

예문

- İşlerimden ancak bunu bitireceğim.
  나의 일들 중에서 오직 이 일을 끝낼 것입니다.
- Siz ancak beni inamıyorsunuz.
  당신은 오직 나를 믿지 않고 있는 중입니다.

3 Veya : 또는

A또는 B를 표현할 때 사용한다.

예문

- Gelecek sene İstanbul veya Ankara'ya işlerim için ziyaret edeceğim.
  나는 다가올 해(내년)에 이스탄불 또는 앙카라에 일을 위해 방문할 것입니다.
- Cumartesi veya Pazar günü sizinle görüşebilirim.
  나는 토요일 또는 일요일에 당신을 만날 수 있습니다. (만나는 것이 가능합니다.)

4 İse : ~라면, ~일 경우

'~라면'의 조건이 되는 명사/형용사 단어 뒤에 위치한다.

만약 대상이 되는 단어가 모음으로 끝날 경우 매개자음 y를 붙인다.

예문

- Öğrenciler çalışırsa sınavdan iyi puan alabilir.
  학생들은 공부할 경우 시험에서 좋은 점수를 받을 수 있습니다. (받는 것이 가능합니다.)
- Koreliler için Türkçe zor değil, Çince ise kolay değil.
  한국인들을 위해서 터키어는 어렵지 않습니다, 중국어의 경우 쉽지 않습니다.

5 Yoksa : 아니라면, 그렇지 않으면, 또는

앞에서 일어난 행위 또는 상황에 대해 '반대'되는 행위 또는 상황에 대해 말할 때 사용한다.

예문

- Evinizde kedi mi yoksa köpek mi besliyorsunuz?
  당신은 당신의 집에서 고양이 또는 (그렇지 않다면) 개를 기르고 있습니까?

• Dondurmayı yoksa pastayı almak istiyorsunuz?
당신은 아이스크림 또는 (그렇지 않다면) 케이크를 구입하기를 원하십니까?

6 Ki: (앞에서 말한, 앞에서 설명한/된) '그'것

앞에서 말했거나 설명된 부분에 대해 '그'것이라고 지칭할 때 사용한다.

예문

• Size dün söyledim ki, bunu izlemek için sinemaya gidelim mi?
당신은 어제 말했던것이요, 이것을 보기 위해서 우리 영화관에 갈까요?

• Geçen sene yaptım ki, bunlar hepsi silendireceğim. Çünkü iptal oldu.
지난 해(작년에) 내가 했던 것이요, 이것들을 나는 모두 지울 것입니다. (지워지게 할 것입니다.)
왜냐면 모두 취소되었습니다.

✳ **TIP** ✳

● **Ki의 활용**

1 이 접속사는 항상 단어와는 별도로 쓰인다. 즉, Ki의 앞에는 단어가 단독적으로 오지 않는다. 복잡한 문장에서
주절과 부속절을 연결하는 역할로서 사용할 수 있다.

예문

• Sınav için gerçekten çok çalıştım ki, neden sonuç o kadar kötü olduğu inanmıyorum.
시험을 위해서 나는 정말로 열심히 공부했는데요, 왜 결과가 그것 만큼 나쁘게 되었는지 나는 믿을 수 없습니다.

• Artık anladım ki, neden bana tekrar aynı sözler söylüyorsunuz?
이미 나는 이해했었는데요, 왜 당신은 나에게 또다시 같은 말들을 하고 있습니까?

2 문장 끝에 첨가할 경우에는 감정을 강조할 수 있다.

예문

• Çocuklar bana dediler ki yarın lunaparka gidecek dedi.
어린이들이 나에게 말했었는데, 내일 놀이공원에 갈 것이라고 말했었습니다.

• Öğretmen bana dedi ki yarın mutlaka ödevimi bitirmeliymiş.
선생님이 나에게 말했었는, 내일 반드시 나의 숙제를 나는 끝내라고 말했었습니다.

3 부정적인 문장의 끝에 사용할 경우 '결국에는 부정적인 상황이 되다'라는 의미를 가지고 온다.

예문

• Ona inanılmaz ki. O zaman ben ne yapmalıyım?
그를 믿을 수 없는데요, 그때 나는 뭘 해야 하는지요?

• Bilmem ki! Neden bana böyle kötü söylüyorsunuz?
나는 모르는데요! 왜 나에게 이렇게 나쁘게 말씀하시는 것인지요?

7 Hakında: ~에 대해서/ ~에 관해서

어떤 주제, 분야, 인칭에 대해서/관해서라는 의미로 사용한다.

예문

- Şimdi biz doktor hakkında konuşuyoruz.
  지금 우리는 의사에 관해서 대화하고 있습니다.

- Abdullahim hakkında konuştuk.
  우리는 압둘라힘에 대해서 대화했었습니다.

✚ ~인칭에 대해서/관해서라고 표현할 경우: 인칭+소유격 hakkında

소유대명사 hakkında	뜻
Benim hakkında	나에 대해서/ 관해서
Senin hakkında	너에 대해서/관해서
Onun hakkında	그/그녀/그것에 대해서/관해서
Bizim hakkında	우리에 대해서/관해서
Sizin hakkında	당신/너희들에 대해서/관해서
Onların hakkında	그들/그녀들/그것들에 대해서/관해서

✴ 문법과 표현 ❷

확인문제 2

다음의 문장을 정확하게 읽어 보세요.

TRACK 19-5

(1) Kimin hakkında Mehmet'e soracaktım.

나는 (불특정한) 누군가에 대해서 메흐메트에게 물어보려고 했었습니다.

(2) Bunun hakkında konuşalım mı?

이것에 관해서 대화할까요?

WORDS

Tavşan 토끼	Bitirmek 끝내다, 끝내게 만들다	İyi puan 좋은 점수
Puan 점수	Kolay 쉬운	
Beslenmek 밥을 먹이다, 먹이를 주다, 키우다		Pasta 케이크
Çince 중국어	İzlemek 보다, (영화, 드라마 등) 시청하다	Hepsi 모두
Silendirmek 지우다, 지워지게 만들다	Silmek 지우다	İptal 취소
İptal olmak 취소되다	Kötü olmak 나쁘게 되다	Olduğu inanmak 된 것을 믿다
Olduğu inanmamak 된 것을 믿지 않다	Sonuç 결과	O kadar 이미, 여전히
Lunapark 놀이공원		

✳ 연습문제

1 다음을 듣고 알맞은 것을 고르세요. TRACK 19-6

① 이스탄불에는 눈이 많이 내렸다고 합니다.

② 서울에는 눈이 많이 내렸다고 합니다.

③ 이스탄불에는 눈이 많이 내리지 않았다고 합니다.

④ 서울에는 눈이 많이 내리지 않았다고 합니다.

2 다음을 읽고 빈칸에 알맞은 단어를 적어보세요.

(1) _____ hafta içi isteyiz. _____ sabah 9'dan akşam 6'a

kadar çalışırız.

우리는 매주 주중에는 회사에 있습니다. 매 아침 9시부터 저녁 6시까지 우리는 일을 합니다.

(2) Hafta sonu _____ spor yapmaya spor salonuna gidiyorum.

나는 주말에는 때론(=때때로) 운동을 하기 위해 운동센터에 갑니다.

(3) _____ biber alabilir miyim? Var mı, şimdi?

나는 조금 고추를 구입할 수 있습니까? 지금 (고추가) 있습니까?

(4) Vaktımı _____ değilse de sizinle görüşeceğim, aşkım!

나의 시간이 없음에도 나는 저는 당신과 만날 것입니다, 나의 사랑!

3 다음 대화를 보고 질문에 알맞은 대답을 적어 보세요.

(1) A: Siz her zaman mı işe gidiyorunuz? 당신은 매일 회사에 갑니까?

B: _____.

저는 매일 회사에 갑니다.

(2) A: Bu bilgiler hepsi anlıyor musunuz? 당신은 이 모든 정보를 이해하십니까?

B: _____.

아쉽게도 나는 조금의 정보만 이해하고 있습니다.

(3) A: Türkiye'nin harihini biliyor musunuz?

당신은 튀르키예의 역사에 대해서 아십니까?

B: _____.

아쉽게도 나는 튀르키예의 역사에 대해서 모두 알지 못합니다. 그러나 저에게 시간이
있다면 저는 튀르키예의 역사에 대한 책을 읽고, 정보를 얻기를 희망합니다.

19 이 컴퓨터는 매우 훌륭하고 매우 예쁩니다 **279**

✳ 연습문제

4 다음의 **형광색부분**을 주의하여 문장을 해석해 보세요.

나는 나에 관해서 여러분들에게 소개합니다. 저의 주제는 "나의 하루"입니다. 저는 매일 아침 9시 회사에 갑니다. 회사에서는 때로 회의에 참여합니다. 모든 업무는 컴퓨터를 사용합니다. 매우 많이 일을 하지만 저는 나의 일을 좋아합니다. 회사가 끝난 후 저는 때로 친구들과 만납니다. 친구들과 함께 영화를 보거나 또는 쇼핑을 합니다. 그렇지 않으면 일찍 집으로 돌아온 후 가족들과 저녁을 먹습니다. 그리고 가족들과 대화를 합니다.

WORDS

Her sabah 매일 아침	Spor salonu 운동센터	Biber 고추
Alabilir miyim? 나는 구입할 수 있습니까	Yok değilse de 없음에도	Aşkım 나의 사랑!
Bilgi almak 정보를 얻다	Toplantıya katılamak 회의에 참여하다	_(y)A katılamak ~에 참여하다

✳ 문화 ────────────────────────────

✳ 투르크의 역사 유물(2): 쿠만 폴로베츠, 퀼 테긴 석두상 ✳

쿠판 폴로베츠는 11세기에서 12세기 사이 킵차크 쿠마니아(Cumania Qipchaq) 지방을 지배했던 투르크 유목민이 만든 석인상이다. 당시 투르크민족은 죽은 조상을 달래기 위해 정사각형 내지 직사각형 형태의 석상을 만들었다. 남성의 얼굴은 콧수염과 턱수염으로 표현했고 여성은 통통하며 풍만한 가슴을 보이는 형태로 표현했다. 시간의 흐름에 따라 장례의식을 이끄는 지도자를 위한 숭배의 대상으로 석인상의 의미가 변한다. 당시 투르크인들에게 조상은 곧 할아버지이자 아버지였고, 숭배의 대상이던 조상은 '투르크인의 영원함'을 상징한다.

8세기에 제작된 퀼 테긴 석두상은 1957년 몽골의 북구 오르콘의 코쇼차이담 지역을 발굴하던 중에 발견됐다. 제2동투르크 카간국의 정치, 군사, 지도자였던 퀼 테긴(785 - 731년)은 중국과의 전쟁에서 승리, 중국과의 국경 무역 확장과 평화 조약을 이끈 인물이다. 퀼 테긴 석두상의 머리에는 새 조각이 된 투구가 있으며, 투구의 중앙에는 검독수리가 조각되어 있다. 검독수리는 투르크민족에게 하늘을 이어주는 텡그리(Tangri) 토템을 상징한다. 퀼 테긴에 대한 기록으로는 러시아의 지역학자이자 고고학자였던 야드린체프(Николай Михайлович Ядринцев)가 1889년에 발견했던 투르크 비문에도 남아있다. 야드린체프의 투르크 룬 비문에는 빌게 카간(Bilge Qaghan, Бильге-хан Богю)과 퀼 테긴에 헌정된 내용과 용의 이미지가 세겨있다.

나는 이 책을
읽어야 합니까?

✳ **학습목표**
- 가정법의 자유로운 활용

✳ **문법과 표현**
- 가정법(필요형) '~해야 한다' mAlı, Gerek, Lazım 및 필요형
- 다양한 가정법

✳ **어휘**
- 기초 어휘

✳ **문화**
- 터키인들의 신화 이야기(1)

본문 ❶

TRACK 20-1

İşlerim için Türkçe'yi öğrenmek zorundayım.
나는 일을 위해서 터키어를 공부해야 합니다.

Gelecek hafta sınav var. O yüzden ben ders çalışmalıyım.

Türkçe'yi daha iyi anlamak için Türkçe kitap okumalıyız.

다가오는 주에(다음 주에) 시험에 있습니다. 그렇기 때문에 나는 공부를 해야 합니다. (공부를 해야 할 필요가 있습니다.)
터키어를 더 이해하기 위해서 우리는 터키어 책을 읽어야 합니다. (읽어야 할 필요가 있습니다.)

Siz hastasınız. soğuk su içmemelisiniz.
Şimdi onunla konuşmamalıyım.
Onlar çalışmalılar mı?

당신은 아프십니다. 차가운 물을 마시면 안됩니다.
지금 나는 그와 대화할 필요가 없습니다.
그들은 일을 해야 합니까? (해야 할 필요가 있습니까?)

Biz şimdi gitmek zorundayız.
Yarınki programımıza gitmek zorunda değiliz.

우리는 지금 가야 합니다. (가야 하는 상태입니다.)
내일 프로그램에 우리는 가지 않아도 됩니다. (가야 하는 상태가 아닙니다.)

İşlerim için Türkçe'yi öğrenmek zorundayım.
İşlerim için Türkçe'yi öğrenmek gerek.
İşlerim için Türkçe'yi öğrenmek lazım.
İşlerim için Türkçe'yi öğrenmek zorunda kaldım.
İşlerim için Türkçe'yi öğrenmek mecburiyetindeyim.

나의 일을 위해서 터키어를 (반드시) 공부해야 하는 상태입니다.
나의 일을 위해서 터키어를 공부할 필요가 있습니다.
나의 일을 위해서 터키어를 공부할 필요가 있습니다.
나의 일을 위해서 터키어를 (반드시) 공부해야 하는 상태에 놓여 있습니다.
나의 일을 위해서 터키어를 (반드시) 공부해야 할 필요에 있습니다.

Saat yediye kadar okula gitmemiz gerekiyor.

우리는 현재 7시까지 학교에 가야 하는 필요에 있습니다.

WORDS

TRACK 20-2

O yüzden 그렇기 때문에, 그런 이유에서
Anlamak için 이해하기 위해서

Daha için 좀 더, 자세히

✳ 문법과 표현 ❶

① mAlİ ~해야 한다

1 동사 어근에 mAlİ를 첨가하여 현재 또는 가까운 시간 내에 ~을 해야 한다라고 표현한다. 영어에서 'must'와 의미가 비슷하다.

동사 어근 + mAlİ + 인칭 ~입니다

긍정

- Ben çalış-malı-y-ım. 나는 일을 해야 합니다.
- Sen çalış-malı-sın. 너는 일을 해야 합니다.
- O çalış-malı. 그/그녀/그것은 일을 해야 합니다.
- Biz çalış-malı-y-ız. 우리는 일을 해야 합니다.
- Siz çalış-malı-sınız. 당신/너희들은 일을 해야 합니다.
- Onlar çalış-malı-lar. 그들/그녀들/그것들은 일을 해야 합니다.

부정

- Ben çalış-ma-malı-y-ım. 나는 일을 하지 않아야 합니다.
- Sen çalış-ma-malı-sın. 너는 일을 하지 않아야 합니다.
- O çalış-ma-malı. 그/그녀/그것은 일을 하지 않아야 합니다.
- Biz çalış-ma-malı-y-ız. 우리는 일을 하지 않아야 합니다.
- Siz çalış-ma-malı-sınız. 당신/너희들은 일을 하지 않아야 합니다.
- Onlar çalış-ma-malı-lar. 그들/그녀들/그것들은 일을 하지 않아야 합니다.

2 필요형의 질문을 할 때에는 '동사 어근 + mAlİ 의문사 mİ + 인칭 ~ 입니다'로 표현한다.

동사 어근 + mAlİ 의문사 mİ + 인칭 ~입니다

긍정

- Ben çalış-malı mı-y-ım? 나는 일을 할 필요가 있습니까?
- Sen çalış-malı mı-sın? 너는 일을 할 필요가 있습니까?
- O çalış-malı mı? 그/그녀/그것은 일을 할 필요가 있습니까?
- Biz çalış-malı mı-y-ız? 우리는 일을 할 필요가 있습니까?
- Siz çalış-malı mı-sınız? 당신/너희들은 일을 할 필요가 있습니까?
- Onlar çalış-malı-lar mı? 그들/그녀들/그것들은 일을 할 필요가 있습니까?

부정

- Ben çalış-ma-malı mı-y-ım? 나는 일을 할 필요가 없습니까?
- Sen çalış-ma-malı mı-sın? 너는 일을 할 필요가 없습니까?
- O çalış-ma-malı mı? 그/그녀/그것은 일을 할 필요가 없습니까?
- Biz çalış-ma-malı mı-y-ız? 우리는 일을 할 필요가 없습니까?
- Siz çalış-ma-malı mı-sınız? 당신/너희들은 일을 할 필요가 없습니까?
- Onlar çalış-ma-malı-lar mı? 그들/그녀들/그것들은 일을 할 필요가 없습니까?

2 Zorunda ~해야 한다

1 '반드시 ~해야 한다'의 의미가 강한 표현으로 행위를 해야 하는 필요성이 의미에 포함되어 있다.

2 긍정형에서 동사는 부정사이며 부정사 뒤에는 '~해야 한다'의 zorunda가 온다.

3 의문형은 의문사 mi를 사용하며 의문사 뒤에는 '인칭 ~입니다'를 추가한다.

> 부정 : 동사원형 zorunda + 인칭 ~입니다

> 의문문 : 동사원형 zorunda 의문사 mi + 인칭 ~입니다

예문

- Biz gerçekten ders çalışmak zorundayız. Yarın bir önemli sınav var.
  우리는 정말로 공부를 해야 합니다. 내일 하나의 중요한 시험이 있습니다.

- Ben şimdi gitmek zorundayım. Çünkü iki saat sonra arkadaşımla görüşeceğim.
  나는 지금 가야 합니다. 왜냐하면 두 시간 후에 나의 친구와 함께 만날 것입니다.

- Onların istediklerini yapmak zorunda değiliz.
  우리는 그들의 원하는 것을 하지 않아도 됩니다.

- Yarin işe gitmek zorunda değilsiniz. Çünkü yarın bayramdır.
  당신은 내일 일(회사)에 가지 않아도 됩니다. 왜냐하면 내일은 명절입니다.

- Biraz sonra gitmek zorunda mısınız?
  당신은 조금 후에 가야 합니까?

- 1 ay sonra İstanbul'a gitmek zorunda değil miyiz?
  우리는 한 달 후에 이스탄불에 가야 하지 않습니까?

3 '~해야 한다' 의미의 다양한 표현 방법

터키어에는 '필요'의 의무와 강도에 따라 다양한 형태의 '해야 한다'의 표현이 있다.

1 동사원형 gerek/lazım : ~해야 합니다.

- Bunlar bitirmek gerek/lazım.
  이것들을 끝내야 합니다.

2 동사원형 gerek + 시제 + 인칭~입니다: 시제에서 동사를 해야 합니다.

- Bunu bitirmek gerekiyorum.
  나는 지금 이것들을 끝내야 합니다.

3 동사 어근 (+ 명사의 인칭화) (+ 대격: 을/를) gerek/lazım
  동사 어근 (+ 명사의 인칭화) (+ 대격: 을/를) gerek + 시제 + 인칭~입니다
  : 인칭이 동사를 해야 합니다.

- Bunlar bitirmem gerek/lazım.
  내가 이것들을 끝내야 합니다.

- Bunlar bitirmem gerekiyor.
  내가 지금 이것들을 끝내야 합니다.

4 동사원형 zorunda/mecburiyetinde + 인칭 ~입니다: 동사를 (반드시) 해야 합니다.

- Bunlar bitirmek zorundayım/mecburiyetindeyım.
  (반드시) 내가 이것들을 끝내야 합니다. (끝내야 하는 상태입니다.)

5 동사 어근 + mAyA mecbur/kal + 인칭 ~입니다

동사 어근 + mAyA + 인칭 ~입니다

: 동사를 해야 하는 상태입니다. (상태에 놓여 있습니다.)

- Bunlar bitirmeye mecburum/kaldım.
  내가 이것들을 끝내야 하는 상태입니다. (상태에 놓여 있습니다.)

확 인 문 제 1

다음의 문장을 보고 해석해 보세요.

(1) Türkçe öğrenmek zorundayım.

.

(2) Bu işi yarına kadar bitirmek zorundayız.

.

(3) Hemen cevap vermek zorunda değiliz.

.

(4) Ona söylemek zorunda mıyım?

?

WORDS

Biraz sonra 조금 후에	Onların 그들의
İstediklerini (그들이) 원하는 것들을	Onların istedikleri 그들이 원하는 것들을

✱ 본문 ❷

TRACK 20-3

Bu kitabınızı okusam mı?
나는 이 당신의 책을 읽어야 합니까?

Keşke bizde çok zaman olsa! Birkaç gün dinlensem.	만약 우리에게 많은 시간이 있었다면! (좋겠습니다.) 나는 몇일 더 쉴 수 있다면!
Keşke müdür bize izin verse. Keşke gelsen.	만약 매니저가 우리에게 허락해 준다면 (좋겠습니다.) 만약 너가 온다면 (좋겠습니다.)
Bu kahve alsam mı? Bu kitabınızı okusam mı? Bugün sizinle sinemaya gitsem mi?	이 커피를 나는 사야 할까요? 나는 당신의 책을 읽어야 할까요? 나는 오늘 당신과 함께 영화관에 가야 할까요? (영화관에 함께 간다면요?)
Biz her yıl İstanbul'da okuyorduk. Gelecek sene de İstanbul'a gelmesek mi? Bugün işlerimiz çoktu. Maalesef bu akşam sinemaya gitmesek mi?	우리는 매년 이스탄불에서 공부하고 있었습니다. 내년에 또한 우리는 이스탄불에 가야 하지 않겠습니까? (가지 않는다면요?) 오늘 우리의 일은 매우 많았습니다. 아쉽지만 우리는 오늘 저녁에는 영화관에 가지 말까요? (가지 않는다면요?)
Dün gece hiç uyumadım. Keşke daha az kahve içseydim. Bugün hava yağmurlu. Keşke şemsiye ile gelseydiniz.	나는 어제 밤 전혀 잠을 못잤습니다. 만약 좀 더 커피를 마셨더라면 (그랬으면 좋았을 텐데요.) 오늘 날씨는 비가 내립니다. 만약 당신께서 우산과 함께 (가지고) 왔다면 (그랬으면 좋았을텐데요.)
Keşke hiç onunla kavga etmeseydim. Keşke sorunlarım o kadar büyümeseydi.	만약 내가 전혀 그와 함께 싸운 적이 없었더라면 (좋았을 텐데요) 만약 나의 문제들이 이 만큼 커지지 않았었더라면 (좋았을 텐데요)
Bu defter alsa mıydık? Emine'ye bağırmasa mıydınız?	우리는 이 노트를 사야 할까요? 당신은 에미네에게 소리쳤어야 하지 않았나요?

WORDS   TRACK 20-4

Her yıl 매년	Gelecek yıl 내년	Sinemaya gitmek 영화관에 가다
Yağmurlu 비가 내리는	Şemsiye 우산	Bağırmak 소리치다

✳ 문법과 표현 ❷

1 가정법(조건부)

1 현재 시제에서의 가정법은 화자인 인칭의 소원 및 가정을 표현할 때 사용하며 "만약 ~라면", "~라면 좋았을 텐데" 등의 가정의 조건의 의미를 가진다.

2 Eğer, Keşke와 같이 '만약'이라는 의미의 단어와 함께 사용할 수 있다.
동사의 어근 + sA + 가정법의 인칭~입니다.

3 가정법의 '인칭~입니다'는 '과거형의 인칭~입니다'와 동일하다.

Ben	Sen	O	Biz	Siz	Onlar
-m	-n	-	-k	-nız	-lar, -ler

• Yapmak (행동, 행위가 있는 것을) 하다

Ben	yap-sa-m	내가 한다면
Sen	yap-sa-n	너가 한다면
O	yap-sa	그/그녀/그것이 한다면
Biz	yap-sa-k	우리가 한다면
Siz	yap-sa-nız	당신/너희들이 한다면
Onlar	yap-sa-lar	그들/그녀들/그것들이 한다면

• Yapmamak (행동, 행위가 있는 것을) 하지 않다

Ben	yap-ma-sa-m	내가 하지 않는다면
Sen	yap-ma-sa-n	너가 하지 않는다면
O	yap-ma-sa	그/그녀/그것이 하지 않는다면
Biz	ap-ma-sa-k	우리가 하지 않는다면
Siz	yap-ma-sa-nız	당신/너희들이 하지 않는다면
Onlar	yap-ma-sa-lar	그들/그녀들/그것들이 하지 않는다면

4 현재 시제에서의 가정형에 대해 질문을 할 때에는 의문사 **mi**를 활용한다. 과거형과 마찬가지로 가정형 또한 의문사 **mi**의 뒤에 '가정형의 인칭~입니다'를 붙이지 않고, 가정형에다가 붙인다.
동사의 어근 + sA + 가정법의 인칭~입니다 **mi?**

• Yapmak 하다

Ben	yap-sa-m mı?	내가 한다면요?
Sen	yap-sa-n mı?	너가 한다면요?
O	yap-sa mı?	그/그녀/그것이 한다면요?
Biz	yap-sa-k mı?	우리가 한다면요?
Siz	yap-sa-nız mı?	당신/너희들이 한다면요?
Onlar	yap-sa-lar mı?	그들/그녀들/그것들이 한다면요?

• Yapmamak 하지 않다

Ben	yap-ma-sa-m mı?	우리가 하지 않는다면요?
Sen	yap-ma-sa-n mı?	너가 하지 않는다면요?
O	yap-ma-sa mı?	그/그녀/그것이 하지 않는다면요?
Biz	yap-ma-sa-k mı?	우리가 하지 않는다면요?
Siz	yap-ma-sa-nız mı?	당신/너희들이 하지 않는다면요?
Onlar	yap-ma-sa-lar mı?	그들/그녀들/그것들이 하지 않는다면요?

2 기타 다양한 가정법(조건부)

1 동사 어근 + sA (+ 가정법 ~입니다) bile/dA~: ~하더라도

• Siz gelseniz bile biz derse gitmeyeceğiz.
당신은 온다고 해도 우리는 수업에 가지 않을 것입니다.

• Siz gelmeseniz bile yarın derse gideceğim.
당신이 오지 않는다고 해도 나는 내일 수업에 갈 것입니다.

2 (Keşke/Eğer) 동사 어근 + sA + y +과거 dİ + 과거 인칭 ~입니다: 과거에 ~했었더라면

• Keşke sınava daha çok çalışsaydık. Ne kadar kötü sonuç aldık ki.
만약 우리가 시험에 더 많이 공부를 했었더라면. 이렇게 나쁜 결과를 받았으니까요.

• Eğer daha çalışarak para kazansaydık.
만약 우리가 더 일을 했더라면 돈을 더 벌었을 텐데.

3 명사/형용사 + (y) sA + 가정법 인칭~입니다: 명사/형용사 한다면

- Türkçe'yi okumaktan mutluysanız daha öğrenelim.
  당신은 터키어를 공부하는 것으로부터 행복하다면 우리 더 공부해 봅시다.

- Onlar Koreliyse tabiki Korece'yi bilir.
  그들이 한국인이라면 당연히 한국어를 압니다.

4 명사/형용사 + değil + sA + 가정법 인칭~입니다: 명사/형용사가 아니라면

- Türkçe'yi okumaktan mutlu değilseniz diğer dil okuyunuz.
  터키어를 공부하는 것으로부터 행복하지 않다면 다른 언어를 공부하십시오.

- Onlar Koreli değilse tabiki Korece'yi bilen de yok.
  그들이 한국인이 아니라면 당연히 한국어를 아는 사람 또한 없다.

5 동사 어근 + 시제 + (y)sA + 가정법 인칭~입니다: (시제) ~하는 것이라면

- Şimdi dükkana gidiyorsanız, süt de alınız.
  당신께서 지금 상점에 가는 중이라면, 우유 또한 구입하십시오.

- Eğer İstanbul'a gitmek isterseniz, gitmeden önce Türkçe'yi öğrenelim mi?
  만약 당신께서 이스탄불에 갈 것이라면, 가기 전에 함께 터키어를 공부할까요?

6 동사 어근 + A + rağmen: 동사 임에도 (불구하고)

- Sıcağa rağmen beş saat parkta koştum.
  더운데도 (불구하고) 나는 다섯 시간 (동안) 공원에서 뛰었습니다.

- Yağmura rağmen işe kadar yürüyerek gittim.
  비가 옴에도 (불구하고) 회사까지 걸어서 갔습니다.

7 동사 어근 + mA +인칭의 명사화 + (n)+ A + rağmen: 인칭이 동사 함에도 (불구하고)

- Türkçe'yi öğrenmeme rağmen iyi konuşmuyorum. (öğrenmeme è öğren-me-m-e)
  나는 터키어를 배웠음에도 불구하고 훌륭하게 말하지 못합니다.

- Türkçe'yi öğrenmemesine rağmen iyi konuşuyorum. (öğrenmemesine è öğren-me-me-si-n-e)
  나는 터키어를 배우지 않았음에도 불구하고 훌륭하게 말합니다.

✚ 3인칭 단수/복수의 인칭의 명사화 다음에 격이 올 때는 사이에 매게자음 n을 넣어 준다.

 **2**

다음의 빈칸에 알맞은 가정형을 적어 보세요.

(1) Eğer havanızda değil   , evde kalınız.

   만약 당신에게 기분이 좋지 않다면 오늘은 집에 머무십시오.

(2) Yanınızda arkadaşlarınız   onlarla dışarı çıkınız.

   만약 당신의 친구가 옆에 있다면 그들과 함께 밖으로 나가시기 바랍니다.

(3) Vaktiniz   , konuşalım. Olur mu?

   만약 당신에게 시간이 있다면 우리 대화를 합시다.

(4) Eğer meşgul değil   beni ara, lütfen.

   만약 너가 바쁘지 않다면 나에게 전화를 주시기 바랍니다, 부탁입니다.

WORDS

Have 씨, 감정	**Dışarı çıkmak** 밖으로 나가다, 산책을 나가다
Olur mu 가능합니까?	**Meşgul** 바쁜
Armak 찾다, 전화하다	**Varsa** 있다면
Ne kadar 얼마나	**Ne kadar kötü** 얼마나 나쁜
Sonuç 결과	**Kazanmak** (받아야 할 것 이상으로) 취득하다, 벌다, 얻다
Okumaktan 공부하는 것으로부터, 읽는 것으로부터	**Tabiki** 당연히
Diğer dil 다른 언어	**Dil** 언어, 혀
Bilen 아는 것, 아는(사람)	**Dükkan** 가게, 상점
gitmeden önce 가기 전에	**Yürüyerek** 걸어서

✳ 연습문제

TRACK 20-5

1 다음을 듣고 알맞은 것을 고르세요.

① 너는 공부를 해야 합니다. 왜냐하면 다음달에 당신에게는 중요한 시험이 있습니다.

② 우리는 학교에 가야 합니다. 왜냐하면 한 시간 뒤에 우리의 수업이 시작됩니다.

③ 당신은 일주일 뒤에 숙제를 제출해야 합니다. 왜냐하면 이것은 중요한 숙제입니다.

④ 나는 회사에 가야 합니다. 왜냐하면 나에게는 일이 많이 있기 때문입니다.

2 다음을 괄호안의 단어를 참고하여 빈칸에 알맞은 단어를 적어 보세요.

(1) Yarın gel _____ bile yarın çıkacağız. (gelmek)
내일 당신이 오지 않는다 해도 우리는 떠날 것입니다.

(2) Keşke daha çal _____, iyi bir not alabilecektin. (çalmak)
만약 너가 더 열심히 공부했더라면 좋은 점수를 받았을 것입니다.

(3) Meşgul ol _____ rağmen butün hafta spor yaptım. (olmak)
바쁜데도 불구하고 나는 이번주 내내 운동을 했습니다.

(4) Bir aydır egzersiz yap _____ rağmen kilo veremedim.

(yapmak)
나는 한 달 동안 운동을 했음에도 살이 빠지지 않았습니다.

3 다음의 대화를 보고 빈칸에 알맞은 단어를 적어 보세요.

(1) A: Bugün sizinle müzeye git _____ mı? (gitmek)
나는 오늘 당신과 함께 박물관에 갈까요?
(나는 만약 오늘 당신과 함께 박물관에 간다면요?)

B: İyi. Şimdi gidelim mi?
좋습니다. 지금 갈까요?

(2) A: Gubün bu kitabı al _____ mı? (almak)
나는 오늘 이 책을 구입한다면요? (나는 만약 오늘 이 책을 구입한다면요?)

B: Ben de bu kitabı merak ettim. Ben debu kitabı alacağım.
저도 이 책이 궁금했습니다. 저도 이 책을 살 것입니다.

(3) A: Türkiye'ye gezmeye git _____ mı? (gitmek)

내가 튀르키예로 여행을 간다면요? (내가 만약 튀르키예로 여행을 간다면요?)

B: Ben den Türkiye'ye gezmek için gitmek isterim.

저 또한 여행을 위해 튀르키예에 가고 싶습니다.

(4) A: Bende işler çok. Bu yüzden hiç uymadım.

나는 일이 많았습니다. 그래서 나는 전혀 잠을 못잤습니다.

B: Öyle mi? Keşke işlerim az ol _____. (olmak)

정말이요? 만약 일을 많이 않았더라면 (그랬으면 좋았을 텐데요.)

4 다음의 주어진 '~해야 한다'를 활용하여 빈칸에 알맞은 단어를 적어 보세요.

(1) Zorunda

Bugün işlerimi bitirmek _____. Çünkü yarın bu işlerim

hakkında Ankara'da bir taplantıya katılacağım.

나는 오늘 이 일을 모두 끝내야 합니다. 왜냐하면 내일 이 일과 관련해서 앙카라에서 회의에 참석할 것이기 때문입니다.

(2) mAlİ

Bugün işlerimiz bitir _____?

우리는 오늘 이 일을 모두 끝내야 합니까?

(3) Gerek

Şu an bu işleriniz bitir _____.

아시겠지만 당신은 지금 이 일을 모두 끝내야 하는 상황입니다.

(4) Mecbur

Bugün bu işlerimi bitir _____.

나는 오늘 이 일을 모두 끝내야 하는 상황에 놓였습니다.

WORDS

Not 점수	Alabilecekti (~을/를) 받을 수 있었을 것이다
Meşgul olmak 바쁘게 되다	Bütün hafta 매주
Bir aydır 한 달	Egzersiz 운동
Kilo vermek 살을 빼다	Az olmak 조금 있다 (직역: 조금 되다)

✳ 문화

✳ 터키인들의 신화 이야기(1) '회색늑대 Bozkurt' ✳

회색늑대 토템을 가지고 있는 투르크민족의 신화는 언제부터 시작되었는지 정확하지 않지만 아제르바이잔계 소비예트의 투르크학자 아판디예프(Paşa Əfəndiyev)는 5세기의 카즐 피마페이(Казлы Тимофеи)와 10세기 나제바 하마딘(Наджиба Хамадан)의 기록에 이미 회색늑대 신화가 다음과 같이 남아 있다고 기록했다.

"Если из волчьей кожи сделать барабан и играть на нем, все остальные барабаны лопнут. Если волчью кожу натянуть на лук и дернуть тетиву, то натянутая тетива всех других луков порвется"

(늑대 가죽으로 북을 만들어 연주하면 다른 모든 북이 터진다. 늑대 가죽을 활에 씌우고 활시위를 당기면 다른 모든 활의 활시위가 부러진다)

신화에 따르면 투르크민족은 공격 중에 늑대의 울부짖음을 모방하여 적을 혼란스럽게 하여 겁에 질린 상황을 만들어 빠른 승리를 이끌어냈다고 한다. 오늘날의 러시아땅인 중앙유라시아와 몽골 지역에 살고 있는 회색늑대가 투르크인들에게는 두려움의 동물이었나보다. 투르크민족은 지도자를 쿠르트(늑대)라 불렀고, 늑대 토템을 이어받은 전사민족을 바쉬쿠르트(Bashkort)라 칭했는데, 이들은 즉 오늘날의 바쉬코르트스탄(Республика Башкортостан)의 바쉬키르 민족의 기원이다.

투르크학자 아판디예프의 연구에 따르면 회색늑대는 또다른 의미에서 '빛의 아들' 신화로도 존재하는데, 투르크의 회색늑대 토템이 곧 하늘이고 지배자임을 상징한다. 이 신화에서는 회색의 암늑대의 젖을 먹은 한 소년이 투르크민족을 다스렸다고 한다. 하늘의 아들인 회색늑대는 인간에게 선과 악을 동시에 가지고 올 수 있는 존재이며 이는 고대 투르크어 서사시에 다수 남아있다.

터키 문학의 서사시 '키탑 데데 코루트 (Kitabi Dede Korkut)'에서는 늑대가 전사적인 영웅으로 언급되기도 한다.

"Эзвай гурд энуги еркегинде бир кокум вар" (나는 두려움을 모르는 늑대족이다)

"Гара башым гурбан олсун, гурдым, сана" (나의 늑대여, 나의 검은 머리가 당신의 제물이 되기를)

오늘이나 내일
눈이 내릴 것입니다

✳ **학습목표**
- 가능형 동사를 만들고 활용

✳ **문법과 표현**
- 가능형 동사
- 터키어의 다양한 용법들

✳ **어휘**

✳ **문화**
- '회색늑대 Bozkurt'와 서사시

Türkçe konuşabilirim.
나는 터키어를 말할 수 있습니다.

Siz Türkçe konuşabilirsiniz.
Ben internet oyunu oynayabilirim.
Yarın yaz tatili olacak, o yüzden biz izin alabiliriz.

Türkçe konuşabiliyor musunuz?
Bize yardım edebilir misiniz, lütfen?

Çok kilo almışım ama artık kilo veremiyorum.
Çok meşgülüm. O yüzden diğer işlerimi bitiremeyeceğim.
Bana göre sizin işleriniz çok.
İnternet oyunu oynayamazsınız.

İstanbul'a gelebilirim.
İstanbul'a gelemem
İstanbul'a gelmeyebilirim.
İstanbul'a gelemeyebilirim.

당신은 터키어를 말 할 수 있습니다.
나는 인터넷 게임을 플레이 할 수 있습니다.
내일 여름 휴가가 됩니다, 그렇기 때문에 우리는 허가를 받을 수 있습니다.

당신은 터키어를 말할 수 있습니까?
당신께서는 우리에게 도움을 주실 수 있으십니까? 부탁드립니다.

나는 많이 살이 쪘습니다. 하지만 여전히 살을 빼지 않고 있습니다.
나는 매우 바쁩니다. 그렇기 때문에 다른 나의 일들을 끝낼 수 없을 것입니다.
내가 볼때에 당신의 일들은 많습니다. 당신은 인터넷 게임을 할 수 없습니다.

나는 이스탄불에 올 수 있습니다.
나는 이스탄불에 올 수 없습니다.
나는 이스탄불에 올 수 없을 것입니다.
아마도 나는 이스탄불에 올 수 없을 것입니다.

İnternet oyunu 인터넷 게임	Yaz tatili 여름 휴가	Yaz tatli olacak 여름 휴가가 되다
Yardım etmek 도와주다	Kilo almak 살이 찌다	Kilo vermek 살을 빼다
Erken 이른, 일찍	Erken gelince 일찍 온다면	Gelince 온다면
Artık 여전히		

✻ 문법과 표현 ❶

1 '~가능하다' 가능형 동사

1 기본 동사의 어근을 활용하여 '동사 어근이 가능하다'의 새로운 동사원형을 만들 수 있는데, 이를 터키어로 '가능형 동사'라고 하는데, 가능형 동사는 다음의 형태로 만든다.

> 동사 어근 + (y)Abilmek

2 이렇게 만든 '가능형 동사'는 다양한 시제로 표현이 가능하지만, 일반적으로는 현재 및 미래형으로 특히 많이 사용된다.

3 '~할 수 있다', '~하는 것'이 가능하다는 의미를 가진다.

> **Okumak 읽다, 공부하다**
>
> • Ben oku-y-abil-ir-im   나는 읽을 수 있습니다. / 읽는 것이 가능합니다.
> • Sen oku-y-abil-ir-sin   너는 읽을 수 있습니다. / 읽는 것이 가능합니다.
> • O oku-y-abil-ir   그/그녀/그것은 읽을 수 있습니다. / 읽는 것이 가능합니다.
> • Biz oku-y-abil-ir-iz   우리는 읽을 수 있습니다. / 읽는 것이 가능합니다.
> • Siz oku-y-abil-ir-siniz   당신/너희들은 읽을 수 있습니다. / 읽는 것이 가능합니다.
> • Onlar oku-y-abil-ir-ler   그들/그녀들/그것들은 읽을 수 있습니다. / 읽는 것이 가능합니다.

4 질문은 의문사 mi를 활용하여 표현할 수 있다. 인칭~입니다는 mi의 뒤에 첨가한다.

> **Okumak 읽다, 공부하다**
>
> • Ben oku-y-abilir mi-y-im?   나는 읽을 수 있습니까? / 읽는 것이 가능합니까?
> • Sen oku-y-abilir mi-sin?   너는 읽을 수 있습니까? / 읽는 것이 가능합니까?
> • O oku-y-abilir mi?   그/그녀/그것은 읽을 수 있습니까? / 읽는 것이 가능합니까?
> • Biz oku-y-abilir mi-y-iz?   우리는 읽을 수 있습니까? / 읽는 것이 가능합니까?
> • Siz oku-y-abilir mi-siniz?   당신/너희들은 읽을 수 있습니까? / 읽는 것이 가능합니까?
> • Onlar oku-y-abilirler mi?   그들/그녀들/그것들은 읽을 수 있습니까? / 읽는 것이 가능합니까?

5 일반 동사와 가능형 동사

일반 동사	뜻	가능형 동사
Anlatmak	이해하다	Anlatabilmek
Beklemek	기다리다	Beklebilmek
Bakmak	(을)보다, 관찰하다	Bakabilmek
Bilmek	타다	Bilebilmek
Çalışmak	일하다, 작동하다	Çalışabilmek
Demek	말하다	Diyebilmek

Durmak	멈추다	Durabilmek
Etmek	(행위가 없는 것) 하다	Edebilmek
Gelmek	오다	Gelebilmek
Gitmek	가다	Gidebilmek
Görmek	보다	Görebilmek
İçmek	마시다, 흡입하다	İçebilmek
İnanmak	믿다	İnanabilmek
Kalmak	머물다, 살다	Kalabilmek
İstemek	원하다	İsteyebilmek
Kaybetmek	잃어버리다	Keybedebilmek
Kazanmak	얻다, 획득하다	Kazanabilmek
Kesmek	자르다	Kesebilmek
Açmak	열다	Açabilmek
Alışmak	익숙해지다	Alışabilmek
Başlamak	시작되다, 시작하다	Başlayabilmek
Bulmak	찾다	Bulabilmek
Çıkmak	나가다, 빠져나가다	Çıkabilmek
Dinlemek	듣다	Dinleyebilmek
Dönmek	돌다, 반복하다	Dönebilmek
Düşmek	떨어지다	Düşebilmek
Getirmek	가져오다	Getirebilmek
Göndermek	보내다	Gönderebilmek
Hatırlamak	생각하다, 생각해내다	Hatırabilmek
Kalkmak	일어나다, 출발하다	Kalkabilmek
Kapamak	닫다	Kapatabilmek
Oturmak	앉다, 머물다	Oturabilmek

Sormak	질문하다	Sorabilmek
İnmek	타다	İnanabilmek

2 가능형 부정과 가능형 부정 동사원형

1 가능형 부정은 사람/사물/동물 등 행동이 대상이 어떠한 행동을 할 수 없는지를 전달할 때 사용한다.
   일반동사의 어근 뒤에 (y)AmAk를 첨가한다.

2 일반적으로는 현재미래시제(초월시제)와 함께 사용한다.
   일반동사의 어근 + (y)AmAk

3 일반 동사와 가능형 부정동사

일반 동사	뜻	가능형 동사
Anlatmak	이해하다	Anlatamak
Beklemek	기다리다	Bekleyemek
Bakmak	(을)보다, 관찰하다	Bakamak
Bilmek	타다	Bilemek
Çalışmak	일하다, 작동하다	Çalışamak
Demek	말하다	Deyemek
Durmak	멈추다	Duramak
Etmek	(행위가 없는 것) 하다	Edemek
Gelmek	오다	Gelemek
Gitmek	가다	Gidemek
Görmek	보다	Göremek
İçmek	마시다, 흡입하다	İçemek
İnanmak	믿다	İnanamak
Kalmak	머물다, 살다	Kalamak
İstemek	원하다	İsteyemek
Kaybetmek	잃어버리다	Kaybetemek

Kazanmak	얻다, 획득하다	Kazanamak
Kesmek	자르다	Kesemek
Açmak	열다	Açamak
Alışmak	익숙해지다	Alışamak
Başlamak	시작되다, 시작하다	Başlayamak
Bulmak	찾다	Bulamak
Çıkmak	나가다, 빠져나가다	Çıkamak
Dinlemek	듣다	Dinleyemek
Dönmek	돌다, 반복하다	Dönemek
Düşmek	떨어지다	Düşemek
Getirmek	가져오다	Getiremek
Göndermek	보내다	Gönderemek
Hatırlamak	생각하다, 생각해내다	Hatırlayamak
Kalkmak	일어나다, 출발하다	Kalkamak
Kapamak	닫다	Kapayamak
Oturmak	앉다, 머물다	Oturamak
Sormak	질문하다	Soramak
İnmek	타다	İnemek

4 가능형 부정동사의 현재미래시제(초월시제)

일반 동사	일반동사의 현재미래시제 (초월시제)	가능형 동사의 현재미래시제 (초월시제)
Anlatmak	Anlatmaz	Anlatamaz
Beklemek	Beklemez	Bekleyemez
Bakmak	Bakmaz	Bakamaz
Bilmek	Bilmez	Bilemez
Çalışmak	Çalışmaz	Çalışamaz

Demek	Demez	Deyemez
Durmak	Burmaz	Buramaz
Etmek	Etmez	Edemez
Gelmek	Gelmez	Gelemez
Gitmek	Gitmez	Gidemez
Görmek	Görmez	Göremez
İçmek	İçmez	İçemez
İnanmak	İnanmaz	İnanamaz
Kalmak	Kalmaz	Kalamaz
İstemek	İstemez	İsteyemez
Kaybetmek	Kaybetmez	Kaybedemez
Kazanmak	Kazanmaz	Kazanamaz
Kesmek	Kesmez	Kesemez
Açmak	Açmaz	Açamaz
Alışmak	Alışmaz	Alışamaz
Başlamak	Başlamaz	Başlayamaz
Bulmak	Bulmaz	Bulamaz
Çıkmak	Çıkmaz	Çıkamaz
Dinlemek	Dinlemez	Dinleyemez
Dönmek	Dönmez	Dönemez
Düşmek	Düşmez	Düşemez
Getirmek	Getirmez	Getiremez
Göndermek	Göndermez	Gönderemez
Hatırlamak	Hatırlamaz	Hatırlayamaz
Kalkmak	Kalkmaz	Kalkamaz
Kapamak	Kapamaz	Kapayamaz

✳ 문법과 표현 ❶

Oturmak	Oturmaz	Oturamaz
Sormak	Sormaz	Soramaz
İnmek	İnmez	İnemez

❸ '가능형 부정형 동사'를 활용한 과거/현재/현재미래시제(초월시제)

동사 okumak 읽다, 공부하다

과거

- Ben okuyamadım   나는 읽을 수 없었습니다. / 불가능했습니다.
- Sen okuyamadın   너는 읽을 수 없었습니다. / 불가능했습니다.
- O okuyamadı   그/그녀/그것은 읽을 수 없었습니다. / 불가능했습니다.
- Biz okuyamadık   우리는 읽을 수 없었습니다. / 불가능했습니다.
- Siz okuyamadınız   당신/너희들은 읽을 수 없었습니다. / 불가능했습니다.
- Onlar okuyamadılar   그들/그녀들/그것들은 읽을 수 없었습니다. / 불가능했습니다.

현재

- Ben okuyamıyorum   나는 읽을 수 없습니다. / 불가능합니다.
- Sen okuyamıyorsun   너는 읽을 수 없습니다. / 불가능합니다.
- O okuyamıyor   그/그녀/그것은 읽을 수 없습니다. / 불가능합니다.
- Biz okuyamıyoruz   우리는 읽을 수 없습니다. / 불가능합니다.
- Siz okuyamıyorsunuz   당신/너희들은 읽을 수 없습니다. / 불가능합니다.
- Onlar okuyamıyorlar   그들/그녀들/그것들은 읽을 수 없습니다. / 불가능합니다.

현재미래시제(초월시제)

- Ben okuyamam   나는 (현재~미래에) 읽을 수 없습니다. / 불가능합니다.
- Sen okuyamazsın   너는 나는 (현재~미래에) 읽을 수 없습니다. / 불가능합니다.
- O okuyamaz   그/그녀/그것은 나는 (현재~미래에) 읽을 수 없습니다. / 불가능합니다.
- Biz okuyamayız   우리는 나는 (현재~미래에) 읽을 수 없습니다. / 불가능합니다.
- Siz okuyamazsınız   당신/너희들은 나는 (현재~미래에) 읽을 수 없습니다. / 불가능합니다.
- Onlar okuyamazlar   그들/그녀들/그것들은 나는 (현재~미래에) 읽을 수 없습니다. / 불가능합니다.

✻ 문법과 표현 ❶

4 이외 불가능을 의미하는 부정형(불가능형) 동사

1 행위/사건이 일어나기 않을 수 있음을 나타낼 때 사용하는 부정형이다.

2 부정형 동사원형은 다음과 같이 만든다.

동사의 어근 + (y)mAyAbilmek

<u>예문</u>

- Bizi beklemeyiniz, gelmeyebilirim. Çünkü işlerimiz çok, artık bitirmedik.
  우리를 기다리지 마시기 바랍니다, 우리는 (현재~미래에) 가는 것이 불가능합니다. 왜냐하면 우리의 일이 많습니다, 아직까지도 우리는 끝내지 못했습니다.

- İşlerimiz bitiremedik. Galiba müdür hanım biz çıkmamıza izin vermeyebilir. Öyle sanırım.
  우리는 우리의 일을 끝내지 못했습니다. 아마도 관리자 씨(여자)는 우리가 나가는 것에 허가를 주지 않을 수 있습니다. 나는 이렇게 생각합니다.

확인문제 1

다음 괄호 안의 단어를 참고하여 가능형 동사로 적어보세요.

(1) Ben Türkçe'yi konuş _____. (konuşmak)

나는 터키어로 말할 수 있습니다.

(2) Ben arabayı kullan _____. (kullanmak)

나는 자동차를 운전할 수 없습니다.

(3) Ben size yardımcı ol _____. (olmak)

나는 당신을 도와줄 수 있습니다.

(4) Ben bugün okula git _____. (gitmek)

나는 오늘 학교에 갈 수 없습니다.

WORDS

Müdür 매니저, 담당자	Çıkma 나가는 것	Çıkmamız 우리가 나가는 것
-(y)A izin vermek ~에/를 허가하다	Öyle sanırım 나는 이렇게 생각합니다	

 **본문 ❷**

Ya bugün ya yarın kar yağacak.
오늘이나 내일 눈이 내릴 것입니다.

Ya bugün ya yarın kar yağacak.
Ne Emine ne Alina bu işleri yapıyor.
Tatil olduğu için hem bugün hem de yarın evde oturacağım.

Lokantada yemek yiyip kahve içmeye gittim.
Evimde kahve içerek kitap okurum.

İlkbahar gelince beraber pikniğe gideceğiz.
Ders çalışırken müzik dinlerim.
Sizinle görüşmeden Kore'ye döndüm.

Dersi dinleyen öğrenciler sınavdan kazanabilir.
Benim de sinemaya gidecek vaktim var.

오늘이나 내일 눈이 내릴 것입니다.
에미네와 알리나는 이 일들을 하지 않습니다.
나는 오늘은 휴일이니 오늘과 내일은 집에 있을 것입니다.

나는 식당에서 밥 먹고 커피 마시러 갔어요.
나는 집에서 커피를 마시고 책을 읽습니다.

우리는 봄이 오면 함께 소풍을 갈 거예요.
나는 공부할 때에 음악을 듣습니다.
나는 당신을 만나지 못하고 한국으로 돌아왔습니다.

강의를 듣는 학생은 시험에 합격할 수 있습니다.
나는 영화관에 갈 시간이 있어요.

WORDS

Dinlemek 듣다, 수업을 듣다, 집중하다   Bende 나에게

✳ 문법과 표현 ②

1 A와 B를 연결하는 다양한 용법

A와 B의 수를 일치시켜 사용할 수 있다.

Ya A ya (da) B	A이거나 B
Ne A ne B	A도 B도 아닌
Hem A hem (de) B	A 또한 B

예문

- Hem beni aramıyorsunuz hem (de) bana yazmıyorsunuz.
  당신은 나에게 연락도 하지 않고, (메시지를) 쓰지도 않습니다.
- O ne hem akıllı ne güzel.
  그녀는 똑똑하지도 예쁘지도 않습니다.
- Ya dondurma ya da pasta istiyorum.
  나는 아이스크림 또는 케이크를 원합니다.

2 (y)İp ~을 했고 vs ~ArAk~하면서

1 (y)İp 과 Arak은 자주 사용되는 접사 중 하나로 동일한 동작의 주어가 A행동을 한 후 B행동을 한다고 연결할 때 사용한다.

2 (y)İp 은 시간상으로 첫 번째 동작은 두 번째 동작을 하기 바로 전에 일어난다. 즉, 동일한 동작의 주어가 동일한 시점에 행동을 한다고 해도 순서에 따라 ip으로 분리된다. 동사 어간이 모음으로 끝나는 경우 접사는 매개자음 "y"을 추가한다.

	Almak → alıp
	Gelmek → gelip
동사의 어근 + (y)İp	Etmek → edip
	Yapmak → yapıp
	Okumak → okuyup

예문

- Orada gidip ekmek aldım.
  나는 그곳에 갔고 (가서 즉시) 빵을 구입했습니다.
- Türkçe'yi okudup hemen ödev yapmaya çalıştım.
  터키어를 공부하고 즉시 숙제를 했습니다.

✳ 문법과 표현 ❷

3 반면 ArAk은 동일한 동작 주어서 동일한 시간에 A와 B행동을 할 때 이 행동이 순서에 따라 이루어진 것이 아니라 '동시에' 일어난 것을 의미한다. 동사 어간이 모음으로 끝나는 경우 접사는 매개자음 "y"을 추가한다.

동사 어근 + (y)ArAk	Almak	→ alarak
	Gelmek	→ gelerek
	Etmek	→ ederek
	Yapmak	→ yaparak
	Okumak	→ okuyarak

예문

- Kedi severek köpek severim.
  나는 고양이도 좋아하면서 개도 좋아합니다.
- Yemek yiyerek kola içiyorum.
  나는 음식을 먹으면서 콜라를 마십니다.

3 İncA 와 ken

1 İncA는 동사가 일어난 즉시/이후/때에의 의미를 가지고 있는 접사이다. 만약 동사의 어근이 모음으로 끝날 경우 역시나 매개자음 y를 추가한다.

예문

- Kışlar bitince çiçekler açar.
  겨울이 끝나면 꽃들이 핍니다.
- Sizi görmeyince mutlu oldum.
  나는 당신을 봤을 때 행복했습니다.

2 반면 ken은 동사어근이 발생하는 시점을 의미할 때 사용하는데 특히 현재미래형(초월시제)에서 자주 사용한다. 즉, 현재의 시간에 근접한 시점을 표현할 때 사용할 수 있는 시간 표현이다.

예문

- Ders çalışırken telefon çaldı.
  공부를 할 때에 전화가 울렸습니다.
- Size bir şey anlatırken benim sözümü kesmeyiniz.
  내가 당신에게 뭔가를 설명하고 있을 때에 나의 말을 끊지 마시기 바랍니다.

4 하지 않고 mAdAn, ~하지 않는 -mAz, ~할 AcAk

1 '하지 않고 mAdAn ~~행동을 하지 않고 ~~행동을 하고/일어나고'는 무언가를 하지 않거나 일어나지 않았음을 의미한다.

예문

- Seni görmeden Seul'a dönemeceğim
  나는 너를 보기 전에 서울에 돌아가지 않을 것입니다.
- Beni dinlemeden kızıyorsunuz, neden?
  너는 (나의 말을) 듣기 전에 화를 내고 있습니다, 왜?

2 '~~ mAz ~~을 하지 않는/은'은 부정적인 의미에서 현재미래시제(초월시제)의 분사형으로 사용한다.

예문

- Çıkmaz sokak 나갈 수 없는 골목
- Yaramaz kedi 까불거리는 고양이

3 '~~AcAk ~을 할'은 미래에 일어나거나 행동할 동사에 사용하는 분사이다. 동사의 어간이 모음으로 끝나면 매개자음 y를 붙인다.

예문

- Gelecek ay tatile için İstanbul'a gideceğim.
  나는 다음 달에 휴가를 위해서 이스탄불에 갈 것입니다.
- Gelecek sene Türkiye'ye gezmek için gideceğiz.
  우리는 내년에 튀르키예로 여행을 위해 갈 것입니다.

5 이외 다양한 터키어의 접사와 분사

~(y)A 동사의 반복성/다양성/강도를 전달하는 접사	· Yaza yaza parmaklarım şişti. 　열심히 타이핑을 해서 나의 손가락들이 쑤십니다. ✚ Yaza yaza 쓰면서 쓰면서 · Bu işi seve seve yaparsın. 　너는 일을 열정적으로 합니다. ✚ seve seve 좋아하며 좋아하며
~meyİp ~을 하지 않고	· Bugün hiçbir yere gitmeyip evimde oturacağım. 　나는 오늘 어떤 곳도 가지 않고 집에 있을 것입니다. · Lokantadaki yemekleri beğenmeyip çıktım. 　나는 간이 식당의 음식들을 마음에 들지 않아 했고 나왔습니다.
-(y)Alİ ~이래로, ~부터	· Türkçe'yi okuyalı 10 ay geçti. 　터키어를 공부한 이래도 10년이 지났습니다 · Sizinle görüşeli 10 sene oldu. 　당신과 만난 이래로 10년이 되었습니다.

~(A)r ~ mAz ~즉시	• Sizi görür görmez aşık oldum. 나는 당신을 보자마자 사랑에 빠졌습니다. • Eve gider gitmez beni arayınız. 당신께서는 집에 돌아가자마자 저에게 연락주세요.
~(y)An ~하는	• Orada kitap okuyan insanlar Koreliler. 그곳에서 책을 읽는 사람들은 한국인들입니다. • Ankara'a giden araba var. 앙카라로 가는 자동차가 있습니다. ➕ Bilmek è bilen 아는 　Beklemek è bekleyen 기다리는 　Gitmek ègiden 가는 　Yapmak è yapan 하는
~dİğİ (+인칭의 명사화) (+명사의 격) ~하고 있는/되고 있는	• Ben öğrendiğim konu zor değil. 내가 공부하는 주제는 어렵지 않습니다. • Ben öğreneceğim konu zor değil. 내가 공부할 주제는 어렵지 않습니다. ➕ Kitap okuyan kız 책을 읽는 소녀 　Kızın okuduğu kitap 소녀가 읽는 책 　Kızın okuyacağı kitap 소녀가 읽을 책 　Öğrenen konu 공부 주제

다음의 **형광색**을 주의하여 빈칸에 알맞은 단어를 적어 보세요.

(1) Türkiye'de gez   yer çok güzel. (gezmek)

내가 튀르키예에서 여행했던 곳은 매우 아름다웠습니다.

(2) Oyna   bilgisayar kırılmış. (oynamak)

우리가 게임했던 컴퓨터가 망가졌습니다.

(3) Mama yi   kedi şimdi masanın üzerinde uyuyor.
(yemek)

먹이를 먹는 고양이는 지금 테이블 위에서 잠을 자고 있습니다.

(4) Sizin hakkında güzel haberi du   duy

         hemen sizi aradım ve kutlandım. (duymak)

당신에 대해서 좋은 소식을 듣자마자 즉시 나는 당신에게 연락했고 축하했습니다.

WORDS

Hemen 즉시	Ödev 숙제, 과제
ödev yapmak 숙제를 하다, 숙제하는 것	ödev yapmaya çalışmak 숙제하기를 시도하다
kola 콜라	çalmak (악기) 소리가 울리다, 연주하다
şişmek 쑤시다	Lokanta 간이식당
sene/ay olmak 년/월이 되다	sene/ay geçmek 년/월이 지나다
aşık olmak 사랑에 빠지다	aramak 찾다, 연락하다
kırılmak 망가지다	

✳ 연습문제

1 다음을 듣고 알맞은 것을 골라보세요.

TRACK **21-5**

① 나는 터키어를 공부해야 합니다. 왜냐하면 다음 달에 나는 튀르키예에 갑니다.

② 만약 내가 공부를 열심히 했었더라면 시험에서 우수한 성적을 받을 수 있었을텐데.

③ 나는 터키어와 영어를 동시에 모두 잘 말할 수 있습니다.

④ 너는 터키어와 영어를 모두 말할 수 없습니다.

2 다음 터키어를 보고 해석해 보세요.

(1)   Diyet yapıyorum ama kilo veremiyorum, maalesef.

→ _____

(2)   Acaba bu kitabı okusam mı?

→ _____

(3)   Şimdi yemek yemesek, aç değilim.

→ _____

(4)   Siz Korece'yi konuşabiliyor musunuz.

→ _____

3 다음 괄호 안의 단어를 참고하여 빈칸에 알맞은 단어를 적어 보세요.

(1)   Ben bilgisayar oyunu oynayabil _____. (oynamak)
나는 컴퓨터 게임을 할 수 있습니다.

(2)   Birkaç gün dinler _____. (dinlenmek)
내가 몇 일간 쉰다면

(3)   Bana göre bahçede oyna _____ çocuk çok mutlu. (oynamak)
내가 볼 때 정원에서 놀고 있는 어린이는 행복해 보입니다.

(4)   Ödevini yapma _____ kim? Ve ödevini yap _____

kim? (yapmak)
숙제를 하지 않은 사람은 누구입니까? 그리고 숙제를 한 사람은 누구입니까?

4 다음을 보고 올바르게 터키어로 적어 보세요.

(1) 인칭이 읽은 책, 읽지 않은 책

인칭	읽은 책(긍정)	읽지 않은 책(부정)
Ben		
Sen		
O		
Biz		
Siz		
Onlar		

(2) 인칭이 읽을 책, 읽지 않을 책

인칭	읽은 책(긍정)	읽지 않은 책(부정)
Ben		
Sen		
O		
Biz		
Siz		
Onlar		

✳ 문화 ─────────

✳ '회색늑대 Bozkurt'와 서사시 ✳

가장 많은 투르크민족의 구전문학, 서사시 등 언어 인류학 자료가 기록된 소비예트대백과사전 (Большая советская энциклопедия, 1962 초판- 1990년)에 남아있는 투르크어로 쓰여진 서사시 몇 개를 소개해 본다.

---

1 늑대의 자비

Гурд гурда арха чевирмэз.	늑대는 늑대에게 등을 돌리지 않는다.
Гурд эти гурда харамдыр.	늑대 고기는 늑대에게 좋지 않다.
Гурд урейи йейиб!	늑대의 심장, 그것을 먹는다.
Гурддан гурд торейер.	늑대는 늑대를 낳는다.
Гурд гаранлыг север.	늑대는 어둠을 사랑한다.
Гурд узу мубарекдир.	늑대는 행운을 가져다 준다.

2 늑대의 정의로움

Гурд думанлы йер ахтарар.

Гурда гойун тапшырмаг олмаз.

Гурда сән тикмек ойрет, йыртмаг анасынын пешесидир.

Гурду евде сахламагла ев хәйваны олмаз.

Гурдун узу аг олсайды, гундуз чоле чыхарды.

늑대는 안개가 자욱한 곳에서 무언가를 찾는다.

늑대에게 양을 보여서는 안된다.

늑대에게 바느질과 찢는 것은 그의 어머니 조상의 기술이다.

늑대를 집에 묶어도 길들여지지 않는다.

정직한 곳에는 늑대가 나타난다, 빛에는 늑대가 나타난다.

부록

✳ 정답

예비편

연습문제 19p

2 (1) Kedi mi?

 (2) Köpek mi?

 (3) Ev mi?

 (4) Dondurma m?

3 (1) Kediler

 (2) Köpekler

 (3) Evler

 (4) Dondurmalar

UNIT 01

확인문제 1 24p

(1) İyi akşamlar.

(2) Tekrar görüşürüz.

확인문제 2 27p

(1) Tekrar görüşürüz.

(2) O zaman görüşürüz.

(3) Sizinle tekrar görüşmek dilerim.

(4) İnşallah.

연습문제 28p

1 ③ İyi akşamlar.

2 (1) 좋은 아침입니다, 안녕하세요.

 (2) 좋은 날 되세요, 다음에 만나요.

 (3) 좋은 날(오후)입니다, 안녕하세요.

 (4) 좋은 저녁 되세요, 다음에 만나기를 바랍니다.

3 (1) İyi günler.

 (2) İyi akşamlar, görüşürüz.

 (3) Tekrar görüşürüz.

 (4) Hoş geldiniz.

UNITE 02

확인문제 1 37p

(1) Teşekkür ederim, Kyung Min hanım

(2) Alina hanım, çok teşekkür ederim

(3) Hoşça kalın

(4) Güle güle

확인문제 2 41p

(1) Ne var ne yok

(2) Ne haber

(3) Çok teşekkür ederim

(4) Ben de teşekkür ederim

(5) Size de iyi bayramlar

연습문제 42p

1 ② Nasılsınız?

2 (1) 당신은 어떻게 지내십니까?

 (2) 좋습니다, 매우 고맙습니다.

 (3) 나쁘지 않습니다.

 (4) 좋습니다. 너는 어떻게 지냅니까? (너로부터 무슨 소식입니까?)

4 (1) İyi şanslar.

 (2) İyi hafta sonları.

 (3) Görüşürüz, hoşça kalın.

 (4) Tekrar görüşürüz, güle güle.

UNIT 03

확인문제 1 51p

(1) Ne

(2) Ne, Ne

(3) Ne

(4) Ne

(1) Mı, Kalabalık

(2) Mı, O postacı değil

(3) Mi, O bekar değil

연습문제   56p

1   ④ Onlar Koreli değil, Türk.

2   (1) 여기는 어디입니까?

     (2) 여기는 학교가 아닙니다. 학원입니다.

     (3) 알리는 한국인입니까?

     (4) 예쁜 한 고양이입니다.

4   (1) Onlar Türk değil, Koreli.

     (2) Biz Koreli değiliz, Türk.

     (3) Şurası Seul değil, İstanbul.

     (4) Bunlar kitap, kalem ve defter.

UNIT 04

확인문제 1   65p

한국인입니다	한국인이 아닙니다
Koreliyim	Koreli değilim
Korelisin	Koreli değilsin
Koreli	Koreli değil
Koreliyiz	Koreli değiliz
Korelisiniz	Koreli değilsiniz
Koreliler	Koreli değil(ler)

확인문제 2   70p

(1) 나는 오늘 매우 행복합니다

(2) 당신은 매우 부지런합니다

(3) Biz yaşlı mıyız

(4) Biz yaşlı değil miyiz

연습문제   71p

1   ② Biz Koreli değiliz.

2   (1) 나는 학생입니다. 그리고 한국인입니다.

     (2) 그들은 미국인이 아닙니다. 한국인입니다.

     (3) 이것은 고양이입니까?

     (4) 그것은 개들입니까? (그것들은 개들입니까?)

3   (1) Bu Korece, şu Türkçe.

     (2) Siz mutlu musunuz?

     (3) Siz öğrenci misiniz?

     (4) Siz Koreli misiniz?

UNIT 05

확인문제 1   78p

(1) Bu ne demek

(2) Bu zor demek

(3) Siz kimsiniz

(4) Ben üniversite öğrencisiyim

확인문제 2   84p

(1) Nasılsınız? İyi misiniz

(2) Hayır, iyi değilim

(3) Bin beş yüz kırk sekiz

(4) Yırmı dokuz bin yedi yüz elli

연습문제   85p

1   ④ Onlar Japon değil, Çinli.

2   (1) 전체(모두) 50원입니다.

     (2) 과일들은 얼마입니까?

     (3) 이것들은 백 리라입니다.

     (4) 저는 34살입니다. 그리고 저의 형제는 (형제의 경우) 29살입니다.

3 (1) Burada kim var?

　(2) Elmira kim?

　(3) Siz nasılsınız?

　(4) Bu bilet ne kadar?

UNIT 06

확인문제 1 　　　　　　　　96p

(1) m

(2) n

(3) si

(4) miz

(5) niz

(6) leri

(7) niz

(8) sı

(9) nuz

(10) imiz

확인문제 2 　　　　　　　　100p

(1) X, ım

(2) nin, i

(3) X, ı

(4) nin, ın, sı

연습문제 　　　　　　　　101p

1 ② Emine'nin evinin bahçesi.

2 (1) Bu Nagehan'ın bilgisayarı.

　(2) Emine'nin çantası büyük.

　(3) Benim annemin kedisi

　(4) Benim öğrentmenimin kitabı

3 (1) ın

　(2) nin, ği

　(3) nin, inin, si

　(4) imizin, mın, bı

4

Ekmek [에크멕] 빵	의미
Ekmeğim	내 빵, 나의 빵
Ekmeğin	네 빵, 너의 빵
Ekmeği	그/그녀의 빵
Ekmeğimiz	우리들의 빵
Ekmeğiniz	당신/너희들의 빵
Ekmekleri	그들/그녀들의 빵

UNIT 07

확인문제 1 　　　　　　　　108p

(1) ta

(2) mutfaktayız

(3) trafikteyiz

(4) uçakta

확인문제 2 　　　　　　　　112p

(1) okulun

(2) bankanın

(3) kitaplarımız

(4) Okulumuzda

연습문제 　　　　　　　　113p

1 ① Yanında

2 (1) Evet, yarın dersim var.

　(2) Evet, okulda kitap çok.

3 (1) ımız

　(2) ın, si

　(3) ın, i

　(4) ımızın, sı

4 (1) Ailemizin kedisinin evi evin bahçesinin ortasında.

　(2) Evimizde oda çok.

　(3) Ailemizin evin odasında kitaplar var.

　(4) Ailemizin evlerin ordasında kedilerimiz var.

UNIT 08

확인문제 1   120p

(1) 나에게 무언가를 말하지 말아주세요. 부탁입니다

(2) 부탁입니다. 조금 기다려주세요. 다비드 씨는 지금 바쁘십니다

(3) 당신은 아프십니다. 아이스크림을 이상으로 먹지마세요

(4) 부탁입니다. 나를 불편하게(편하지 않게) 하지마세요. 지금 저의 (저의) 머리가 어지럽습니다

확인문제 2   123p

(1) 이스탄불 언어센터에서 외국인들을 위한 터키어 과정도 (또한) 있습니다

(2) 한국인들에게 터키어는 어렵지 않습니다

(3) 나는 좀 더 등급을 통과하기 위해서 공부합니다

(4) 우리는 음식을 좀 더 맛있게 조리하기 위해서 정보들을 모읍니다

연습문제   124p

1 ③ O yarın erken gelsin

2 (1) Teşekkür edeirm. 감사합니다.

(2) Yarın mı? Ne zaman? 내일이요? 언제요?

(3) Hangi kitabı okuyorsunuz? 당신은 어떤 책을 읽고 있습니까?

(4) Tamam. 좋습니다.

4 (1) 일찍 주무세요. 왜냐하면 내일 일이 많습니다.

(2) 항상 야채와 과일을 먹어라!

(3) 내가 볼 때 이것은 좋지 않습니다. 이렇게 하지 마!

(4) 나는 매일 저녁 퇴근 후 저녁 9시에 집에 돌아갑니다.

UNIT 09

확인문제 1   133p

(1))ya

(2) ye

(3) e

확인문제 2   137p

(1) 나는 오전부터 저녁가지 일합니다/공부합니다

(2) 학생들은 6월부터 9월까지 방학을 보냅니다

(3) 에미네는 무엇을 무서워합니까

(4) 에미네는 곰을 무서워합니다

연습문제   138p

1 ② Biz Evimizden İstanbul'a gidiyoruz.

2 당신은/너희들은 무엇을 하길 원합니까?, ③

3 (1) Ben bugün okula gitmiyorum.

(2) Biz Seul'a gitmiyoruz.

(3) Bu kitap Emine'den almıyorum.

(4) Size yardım vermek istemiyoruz. (Yardımcı olmak istemiyoruz).

4 Biz bugün uçakla İstanbul'a gidiyoruz. Ben İstanbul'da gezmek istiyorum. Siz bize yardımcı olmak istiyor musunuz? Biz sizden yardım almak istiyoruz. Biz Türkiye seyahatimizden keyfi almak istiyoruz.

UNIT 10

확인문제 1   146p

(1) Otobüsle/Otobüs ile

(2) Telefonla/Telefon ile

(3) Topla/Top ile

확인문제 2　149p

(1) bı
(2) yi
(3) i
(4) yu

연습문제　150p

1　③ Ben işe gitmeden önce kahve içiyorum.

2　④ 에미네 선생님과 터키어를 배웁니다.

3　제 이름은 에미네입니다. 저는 오늘 집에 있습니다. 왜냐면 저는 아픕니다. 오늘 저의 여자 형제(자매) 역시 집에 있습니다. 오늘 우리는 일을 하지 않습니다. 하지만 나의 어머니는 회사에 있습니다. 나의 여자 형제(자매)의 이름은 나게한입니다. 그녀는 일주일에 5일은 아침 10시부터 저녁 19시까지 회사에 있습니다.

4　(1) Ben bu çanta almak istiyorum.
　　(2) Ben alışveriş merkezinde bu çantalar hepsi alıyorum.
　　(3) Biz köpekten korkuyoruz.
　　(4) Biz bu konuyu bilmiyoruz.

UNIT 11

확인문제 1　160p

(1) kullanıyorum
(2) içiyorsunuz
(3) uyuyor
(4) alıyoruz

확인문제 2　163p

(1) yatmıyor musun
(2) istemiyor muyum
(3) yemiyor mu
(4) gitmiyor muyuz

연습문제　164p

1　④ Biz kitap okuyoruz.

2　(1) Ben şimdi yemek yiyorum.
　　(2) Evet. Ben seyahat için İstanbul'a gidiyorum
　　(3) Evet. Ben Türkçe'yi öğreniyorum.
　　(4) Hayır, biz pikniğe gitmiyoruz. Yarın okula gidiyoruz.

3　(1) bı, yor
　　(2) ediyoruz
　　(3) ği, iyorum
　　(4) ediyor(lar)

4　(1) Çocuklar çocuk parkısında oyunuyor(lar).
　　(2) Çocuklar okulda öğreniyor(lar).
　　(3) Çocuklar her akşam Türkçe öğreniyor(lar).
　　(4) Çocuklar okul arkadaşları bekliyor(lar).

UNIT 12

확인문제 1　172p

(1) uyumuor musun
(2) seyretmiyor muyuz
(3) biliyor mu
(4) oyunuyor musunuz
(5) Uyumuyor mu

연습문제　176p

1　① Zeynep güzel yemek pişiriyor mu?

2　(1) 그들은 TV를 시청하지 않습니까?
　　(2) 너는 내일 소풍을 갑니까?
　　(3) 데리야는 피아노를 연주하지 않습니까?
　　(4) 우리는 늦습니까?

3　(1) Siz Korelisiniz ve Korece biliyor musunuz?
　　(2) Ama Siz Türkçe'yi bilmiyor musunuz?

(3) Siz Korece'yi biliyor musunuz?

(4) Siz şimdi İstanbul'da yaşıyor musunuz?
Ankara'da kalıyor musunuz?

4 예시

(1) Türk kahvesini seviyor musunuz?
당신은 터키쉬 커피를 좋아합니까?

(2) Türkçe okumaktan hoşlanıyor
musunuz? 터키어를 공부하는 것을 만족합니
까? (터키어 공부로부터 즐겁습니까?)

(3) Türk yemekleri biliyor musunuz?
터키음식을 알고 있습니까?

(4) İstanbul daha seviyor musunuz?
이스탄불을 더 좋아합니까?

UNIT 13

확인문제 **1**   186p

(1) kalkarım

(2) olur, giderim

(3) olur

확인문제 **2**   189p

(1) korkmazsınız

(2) sevmezsiniz

(3) alıştırmam

(4) olmaz

연습문제   190p

1 ② Sen işe erken gidiyorsun.

2 (1) Evet, içerim.

(2) Hayır, gitmem.

(3) Sinemaya giderim, arkadaşımla
görüşürüm ve kahve içerim.

(4) Tabiki, Türk filmlerden çok hoşlanırım.

3 (1) severim

(2) tanıtır mısınız

(3) hoşlanırım

(4) alırım

4 (1) 아기들은 매일 평균 14시간 잠을 잡니다.

(2) 압둘하노바는 수의사입니다.

(3) 내가 볼 때 이것은 더 좋지 않습니다.
(낫지 않습니다.)

(4) 나는 매일 저녁 퇴근 후 저녁 9시에 집으로
돌아옵니다.

UNIT 14

확인문제 **1**   199p

(1) ettik

(2) geldi

(3) yağdı

(4) gittik

연습문제   206p

1 ② Biz geçen hafta İstanbul'a gitmedik.

2 당신/너희들은 지난 해에 무엇을 했습니까?

(1) gittik

(2) ettik

(3) dim, madım

(4) tım

3 (1) Ben her gün iş çalışmadım.

(2) Ben Türkiye'ye gemeye gitmedim.

(3) Arkrabamız bize ziyaret etti.

(4) Türkçe sınavında iyi puan kazandık.

4 (1) Geçen hafta sinemaya gittim. Bir güzel
film izledim.
나는 지난주에 영화관에 갔습니다. 좋은 영화
를 관람했습니다.

(2) Geçen hafta Türkçe'yi çok çalıştım ama
evim temizlik yapmadım.
지난 주에 터키어를 매우 열심히 공부했습니다
하지만 집을 청소하지 못했습니다.

(3) Geçen hafta evde dinlendim, kaç tane
kitap okudum.
지난 주에 집에서 쉬었습니다, 몇 권의 책을 읽
었습니다.

(4) Geçen hafta gezmeye gittim ve tur yaptım.
지난 주에 여행을 갔습니다 그리고 투어를 했습니다.

UNIT 15

확인문제 1   215p

(1) dır
(2) dan
(3) dan
(4) dan

연습문제   219p

1 ③ Biz mavi gömlekli kızı tanıyoruz.

2 ②

3 (1) er, madık
   (2) şer
   (3) dim
   (4) dim, dım

4

Akıllı	Akılsız	Suçlu	Suçsuz
Değerli	Değersiz	Gönüllü	Gönülsüz
Saygılı	Saygısız	Tuzlu	Tuzsuz
Acılı	Acısız	Güçlü	Güçsüz

UNIT 16

확인문제 1   229p

(1) edecekmsiniz
(2) döneceksiniz
(3) alacağım
(4) konuşmayacağım

확인문제 2   233p

(1) saat üç
(2) saat beş buçuk
(3) saat on ikiyi çeyrek geçiyor
(4) saat on ikiye çeyrek var
(5) saat on dokuzu beş geçiyor
(6) saat yirmi bire on var

연습문제   234p

1 ④ Ben Türkçe kitabı okumayacağım.

2 (1) deceğim
   (2) meyeceğim, olacak
   (3) eceğiz
   (4) deceğiz

3 (1) Ben bir gün sekiz saattan fazla çalışmıyorum.
   (2) Biz sabah dokuzdan akşam saat altıya kadar çalışmıyoruz.
   (3) Sizin işiniz yarım altı saattır devam edecek.
   (4) Onların filmi öğleden saat ikide başlayacak.

4 (1) Saat on buçuk
   (2) Saat on ikiyi çeyrek geçiyor
   (3) Saat on sekize çeyrek var
   (4) Saat ikiyi dört geçiyor

UNIT 17

확인문제 1   242p

(1) Saat on dokuzda
(2) saat on biri çeyrek geçe
(3) saat yirmi buçukta
(4) saat yediye çeyrek kala

확인문제 2

247p

(1) alayım mı

(2) gibi

(3) en

(4) gideceğiz

연습문제

248p

1 ③ Sizce en sevenli yemek hangisi?

2 (1) gidelim

   (2) arayın

   (3) gitmeyeyim

   (4) etmeyeyim

3 (1) Tavuk şiş kebabı.

   (2) Bence Seul, İstanbul'dan küçük.

   (3) Türkiye, Seul'dan büyük.

   (4) Evet, öğreniyorum.

4 Yarın Emine ile buluşacağım. Yarınki film 10:20'de başlayacak. Bu film şu anda en ünlü. Bu film geçen yılki filmden daha enteresan. Filmden sonra bir Kore restoranına gideceğiz. Kore yemekleri de Türk yemekleri kadar güzel. Yemekten sonra eve döneceğiz. Yarın bugünden daha eğlenceli olacak.

UNIT 18

확인문제 1

259p

(1) mişiz

(2) miş miyim

(3) miş miyim

(4) güzelmiş, güzel değilmiş

확인문제 2

263p

(1) ken

(2) yken

(3) dayken

(4) dayken

연습문제

264p

1 ③ Dün İstanbul'da bir saattır boyunca rüzgar etmiş.

2 (1) armış

   (2) muş

   (3) mış, muş

   (4) miş

3 (1) yken

   (2) ken, ken

   (3) ken

   (4) arken

4 (1) gitmiş

   (2) varmış

   (3) gidecekmiş

   (4) gidiyormuş

UNIT 19

확인문제 1

273p

(1) kaç

(2) hiç

(3) bütün

(4) bir

연습문제

279p

1 ④ Seul'de fazla kar yağmadımış.

2 (1) Her, Her

   (2) bazen

   (3) Bir kaç tane

   (4) Hiç

3 (1) Evet, her gün işe giderim.

   (2) Maalesef bazı bilgiler anlıyorum.

   (3) Maalesef Türkiye'nin tarihi hakkında her şeyi bilmiyorum. Ama zamamım olsaydı Türkiye'nin tarihi hakkında bir kitap okumayı ve bilgilenmeyi umarım.

4 Size kendimle ilgili her şeyi tanıtıyorum. Benim konusu "Benim günüm". Her sabah saat 9'da işe gidiyorum. İş yerinde bazen toplantılara katılıyorum. Tüm işlerim için bilgisayar kullanıyorum. Çok çalışıyorum ama işimi seviyorum. İşten sonra bazen arkadaşlarımla buluşuyorum. Arkadaşlarımla film izliyorum ya da alışverişe gidiyorum. Bunun dışında eve erken geliyorum ve ailemle akşam yemeği yiyorum. Ve ailemle konuşuyorum.

UNIT 20

확인문제 1 287p

(1) 나는 터키어를 배워야 합니다
(2) 우리는 이 일은 내일까지 끝내야 합니다
(3) 우리는 즉시 대답을 해야 하는 것은 아닙니다 (즉시 대답할 필요가 없습니다)
(4) 나는 그녀에게 말해야 합니까

확인문제 2 292p

(1) seniz
(2) varsa
(3) varsanız
(4) seniz

연습문제 293p

1 ③ Biz okula gitmeliyiz. Çünkü gelecek ay size önemli bir sınavımız var.

2 (1) meyecekseniz
(2) saydın
(3) saydım
(4) saydım

3 (1) gidelim
(2) alayım
(3) gideceksem
(4) saydın

4 (1) zorundayım
(2) meli miyiz
(3) mek gerek
(4) memi mecurbur kaldım

UNIT 21

확인문제 1 305p

(1) abilirim
(2) amam
(3) abilirim
(4) gidemem

확인문제 2 311p

(1) diğim
(2) dığımız
(3) yen
(4) yar, maz

연습문제 312p

1 ① Ben Türkçe'yi çalışmalıyım. Çünkü gelecek hafta Türkiye'ye gideceğim.

2 (1) 나는 다이어트를 합니다. 하지만 체중을 감량하지 못했습니다. 아쉽게도요.
(2) 그런데 이 책을 내가 읽을 수 있다면요?
(3) 우리가 지금 음식을 먹는다면, 배가 고프지 않을 것입니다.
(4) 당신은 한국어를 말할 수 있습니까?

3 (1) irim
(2) sem
(3) yan
(4) yan, an

4

(1)

읽은책(긍정)	읽지 않은 책(부정)
Okuduğum kitabı	Okulmadığım kitabı
Okuduğun kitab	Okulmadığın kitabı
Okuduğu kitabı	Okulmadığı kitabı
Okuduğumuz kitabı	Okulmadığımız kitabı
Okuduğusunuz kitabı	Okulmadığınız kitabı
Okuduğu kitabı	Okulmadığı kitabı

(2)

읽은책(긍정)	읽지 않은 책(부정)
Okuyacağım kitabı	Okumayacağım kitabı
Okuyacağın kitabı	Okumayacağın kitabı
Okuyacağı kitabı	Okumayacağı kitabı
Okuyacağımız kitabı	Okumayacağımız kitabı
Okuyacağınız kitabı	Okumayacağınız kitabı
Okuyacağı kitabı	Okumayacağım kitabı

✳ 기초 어휘

A

Açıklamak	설명하다, 알리다 (Açıkça: 솔직하게)
Acil	긴급, 응급 (Acil olmak: 긴급하다, 응급(상태)이다)
Açmak	열다, 오픈하다
Aile	가족
Akraba	친척
Akşam	저녁, 늦은 오후 (Akşam olunca: 저녁, 늦은 오후가 되었을 때)
Aktarma	환승, 경유 (Aktarma yapmak: 환승, 경유하다)
Alışveris	쇼핑 (Alışveriş yapmak: 쇼핑하다)
Alışveriş merkezi	쇼핑센터
Amaç	목적
Amacıyla	목적으로
Ameliyat	수술
Ana noktası	중점, 중요점
Ana okulu	유치원
Animasyon	애니메이션
Anıt	기념, 기념물, 기념관, 기념비
Anket	설문 조사
Anlam	의미 (Anlam yüklemek: 의미를 부여하다)
Anlatmak	설명하다, 이해시키다
Anne	엄마
Anneanne	외할머니
Araştırma	연구 (Araştırmak: 연구하다)
Ardından	그 다음으로는
Artış	증가, 오름세 (Artış gözlenmek: 상승을 보이다)
Aşçı	요리사, 셰프
Asker	군인
Atölye	작업실, 공방
Avukat	변호사
Ay	월, 달

Ayarlamak	조정하다, 맞추다, 관리하다
Ayırmak	구분하다, 구별하다, 분리하다 (Ayırılmak: 구분되다, 구별되다, 분리되다)
Aynı şekilde	동일한 조건에서
Aynı zamanda	동일한 시기에, 동시에

B

Baba	아빠
Balık	생선, 어류
Banka cüzdanı, Banka hesabı	통장, 은행 계좌 (Banka hesabı açtırmak: 은행 계좌를 열다)
Banka komisyonu	은행 수수료
Başar	성공
Başkan	장관
Başkasıyla	다른 것으로
Basmak	누르다
Başvur yaptırmak	등록하다, 등록하게 하다
Batı	서쪽
Bazen	때때로
Bekar	미혼
Beklemek	기다리다
Beslenmek	양육되다, 살아오게 되다, 재배되다, 길러지다
Bildirim	공지(문), 알림(문), 공표 (Bildirimsiz: 알려주지 않은 상태에서)
Bildirmek	알리다, 알게 하다
Bilgi	지식, 정보
Bilgisayar	컴퓨터
Bilgisayar mühendisi	컴퓨터 기술자
Bilgisayar programcı	컴퓨터 프로그래머
Bilim	과학
Bina	건물
Bir hafta sonra	다음 주(에)
Bireysel	개별, 개인

Birkaç günü önce	며칠 전에
Birkaç yüz tane	수백 개
Birleşme	통합 (동사: Birleştirmek)
Bölge	지역
Bölüm	전공, 분야, 볼륨, 대목
Boşaltmak	비우다, 버리다
Boyunca	기간 동안(에)
Bozulmak	(감정) 무너지다, 무너지다
Bu kadar değil	이것 만큼은 아니다
Bu nedenle	이러한 이유로
Bugün	오늘
Bulunan	~에 위치한, ~에 있는 (Bulunmak: 위치하다)
Bulut	구름, 클라우드
Bundan dolayı	그렇기 때문에
Bundan sonra	이후에
Bütün yöntemler	모든 방법, 전체 방법
Büyümek	커지다
C	
Cetvel	자
Cevap vermek	대답하다
Ceza	벌, 형벌
Cezalandırmak	처벌하다, 벌하다
Cüzdan	(휴대 가능한) 지갑
Ç	
Çağırmak	요청하다, 부르다
Çalışma belgesi	근무증명서, 재직증명서
Çalışmak	일하다, 집중하다, 열중하다, (기계) 작동하다, 공부하다
Çarp	곱하기
Çay	차(Tea)

Çevre	환경, 주변 환경
Çift	더블, 이중
Çiftçi	농부
Çiftleşmek	쌍을 이루다, 이중으로 이루다
Çiğ	날 것
Çiğ balığı	회, 날생선
Cihaz	장치, 기구, 부속품, 도구
Çıkarmak	꺼내다
Çocuk	어린이
Çok kültürlülük	다양한 문화, 다문화
Çok okuma	다독
Çöl	사막
D	
Dağa tırmanmak	산에 오르다
Daha erken	더 일찍, 좀 더 일찍이
Daha sonra	이후에
Dahil olmak	포함하다, 참여하다, 사용하다
Daima	항상
Damat	신랑
Danışma	지원(실), 서포터
Dar	좁은
Dayanmak	세월을 보내다, 세월을 견디다
Dayı	외삼촌
Dede	할아버지
Dedikonu	험담 (Dekikonu yapmak: 험담하다)
Defter	공책
Değiştirmek	변화시키다
Demek	말하다, 특정인에게 말하다, 주장하다
Denemek	시도하다, 경험하다
Deniz ürünleri	해산물

Deprem	지진
Ders	수업 (Ders almak: 수업을 받다, Ders vermek: 수업을 하다)
Ders programı	수업 프로그램
Detay	상세히, 자세히
Devam	계속 (Devamlı: 계속적으로)
Devlet	정부
Dikkate almak	(상태를) 주의하다
Din	종교
Diploma	졸업장 (Diploma almak: 졸업장을 받다)
Diplomat	외교관
Doğal	자연
Doğu	동쪽
Doğum yeri	출생 지역
Doktor	의사, 박사
Dolaşma	회전 (Dolaşmak: 회전하다, 돌아다니다)
Dönüşmek	변환하다, 변형하다
Döviz	환전 (Döviz bozdurmak: 환전하다, Döviz kuru: 환율, Döviz masrafı: 환전 수수료)
Düğme	버튼, 단추
Dumanlı	뿌연, 자욱한
Dürüst	정직, 정직함
Düş almak	샤워를 하다
Düşünce	생각
Duygu	느낌, 감정
Düzenlemek	정리하다

E

Eczacı	약사
Eczane	약국
Editör	에디터, 편집자
Eğitim	교육 (Eğitim sistemi: 교육시스템)

Egzersiz	훈련, 운동
Ek	추가
Ekonomi	경제 (Ekonomi sistemi: 경제시스템, Ekonomik büyüme: 경제성장, Ekonomik gelişme: 경제개발, Ekonomik kriz: 경제위기)
Eleman	직원, 일하는 사람, 팀원
Emanet	보관, 위탁 (Emanet etmek: 보관하다, 위탁하다)
Emekli	은퇴자, 퇴직자
En sevenli	가장 좋아하는
Enerji kaynağı	에너지 자원
Engel	방해
Erkek arkadaş	남자친구
Erkek kardeş	남자 형제
Erken	이른, 일찍
Eş	배우자
Eski sokakları	오래된 골목들
Etki	영향 (Etki etmek: 영향을 주다)
Etkili	효율적인
Etnik	민족의
Ev hanımı	가정 주부
Evci hayvan	(가정) 반려동물
Evli	기혼
Eylem	활동
F	
Fakir	가난한
Fakülte	단과 대학
Fal	운세
Fena	나쁜
Finans	자본
Fiş	영수증
Fiyat	가격 (Fiyatın içinde: 가격에, 가격에서/는)

Fotoğrafçı	포토그래퍼
G	
Galiba	아마도
Gar	역, 터미널
Gazeteci	신문 기자
Gece	밤 (Gece olunca: 밤에, 밤이 되었을 때)
Geçen hafta	지난 주
Geçmiş	지난
Gelecek	다음(의) (Gelecek ay: 다음 달, Gelecek hafta: 다음 주, Gelecek yıl: 다음 해 (내년))
Geleneksel	전통적인
Gelin	신부
Gelişmek	개선하다
Genç	젊은, 청년
Genelde	보통은, 일반적으로는
Gerçek değil	사실은 아니다, 실제로는 아니다
Geri	다시 (Geri dönmek: 되돌아가다, Geri dönüşme: 재활용)
Gıda	식료품
Gidiş - dönüş	왕복
Gizli	비밀의
Göstermek	보여주다
Gözleri açmak	눈을 뜨다, 깨다
Gri	회색
Güç	역량, 힘 (Güçlü nokta: 강점)
Gün	날, 일
Güncel problem	최근 문제
Güney	남쪽 (Güney batı: 남서쪽, Güney doğu: 남동쪽)
Günler	평소, 일상
Günlük hayatı	나의 하루, 하루 생활
Güvenlik	보호, 세큐리티

H

Haber	소식, 뉴스 (Habersiz: 소식이 없는, 소식을 모르는)
Hafta	주(week) (Hafta içi: 주중, Hafta sonu: 주말)
Hakim	판사
Hakkında bahsetmek	관련해서 말하다
Hala	고모
Halkı	민족
Harcetmek	쓰다, 소비하다, 소모하다
Hareketli	활동적인 (Hareketsiz: 움직임이 없는, 활동이 없는)
Hasta	병 (Hastane: 병원)
Hat	선, 줄
Hata	실수, 오류 (Hatalı: 실수의, 오용의, 남용의, Hatalı kullanmak: 남용되다, 오용되다)
Hatıra	추억 (Hatırında kalmak: 잊지 않다, 기억하다)
Havale	송금, 송달 (Havale gelmek: 송금받다, Havale göndermek, Havale yollamak: 송금하다)
Hayatını kaybetmek	목숨을 잃다
Hayvan	동물
Hazırlık	준비
Hemen	빨리, 즉시
Hemşire	간호사
Hepsi aynı	모두 같은, 동일한
Her türlü	모든 종류
Herhangi	그 어떤, 그 어떤 것
Hesap makinesi	계산기
Hiçbir	전혀, 전혀~아니다 (Hiçbir çalışmadan: (일, 공부에) 전혀 집중하지 않고, Hiçbir iş yapmadan: (일, 공부를) 전혀 하지 않고
Hissetmek	감정을 느끼다
Hızlandırma	가속화 (Hızlandırmak: 가속화되다, 가속화되게 하다)
Hoşgörme	긍정적 시각

Hoşnutsuz	불만스러운

I

Isı	열, 더운 (Isınmak: 더워지다, Isıtmak: 데우다)
Islak	물기 있는, 젖은
Işık	빛, 불빛 (Işılamak: 비추다, 밝히다)
Işıl ışıl	반짝 반짝
Izgara	구이, 석쇠, 구운

İ

İade	환불, 반환, 반려
İçinden gelmek	진심을 표현하다
İçmek	마시다, (연기 등을) 흡입하다
İçtenlikle	정성껏, 정성으로
İfade	표현, 진술 (İfade etmek: 표현하다, 진술하다, İfade edilmek: 표현되다, 진술되다)
İhtiyaç	필요, 요구, 필요한 것
İkiz	쌍둥이
İklimi	기후
İktisat bilimi	경제학
İlaç	약
İlan	알림
İlerlemek	앞으로 나아가다, 진보하다
İlişki	관계 (İlişki kurulmak: 관계를 만들다, İlişkisiz: 관련 없는, İlişkiye kesmek: 관계를 끊다)
İlk	최초, 처음
İlkbahar	봄
İnsan	인간, 사람 (İnsanlık: 인간성, İnsansız: 비인간적인)
İptal etmek	취소하다
İş	일, 작업, 업무 (İş adamı: 근로자, 노동자, İş belgesi: 업무증명서, İş çalışmak: 일을 하다, İş çalışması: 근무, İş çıkışı: 퇴근, İş değiştirmek: 일/업무를 변경하다, İş gücü: 역량, İşsizlik: 무직)
İtibaren	~이래로, ~부터

İzgara	(고기) 구이, 석쇠
İzin	허가, 승낙 (İzin vermek: 허가하다, 승낙하다)

J

Jeopolitik	지정학, 지정학적

K

Kablo	선, 라인
Kabul	수용, 동의, 합의 (Kabul etmek: 수용하다, 동의하다, 합의하다)
Kafası karıştırmak	혼란스럽게 만들다, 혼란스럽게 하다
Kağıt	종이
Kahvaltı	아침 식사 (Kahvaltı yapmak/etmek: 아침 식사하다)
Kahve	커피 (Kahveyi içerek: 커피를 마시면서)
Kalabalık	복잡한, 혼잡한 (Kalabalık olmak: 복합하다, 복잡하게 되다)
Kan	피 (Kan grubu: 혈액형)
Karar	결심, 결정 (Karar vermek: 결심하다, 결정하다)
Karayolu	육로
Kategori	카테고리
Katılmak	참여하다, 동조하다
Kavram	개념, 관념
Kayıp	잃어버림, 분실
Kayıt	등록 (Kayıt belgesi: 등록증)
Kaynak	출처
Kesinlikle	기필코, 반드시
Kesmek	자르다, 중단하다
Kırmızı	붉은색
Kısa süre içinde	단기간 내에, 단시간 내에
Kısaltmak	줄이다, 요약하다, 축약하다
Kız	딸, 소녀 (Kız arkadaş: 여자 친구, Kız kardeş: 여자형제, 자매)
Kolayca	쉽게
Konak	도미토리, 민박 (Konaklama ücreti: 숙박 요금)

Konferans	콘퍼런스
Kontrol	확인하다
Konu	분야, 주제
Konuşmak	말하다, 대화하다 (Konuşlan: 언급되는, 언급되고 있는)
Kore yarım adası	한반도
Köşe	모서리, 구석
Koşul	조건, 조항
Köy	시골
Koyu	짙은
Kredi kartı ile	신용카드로
Krem	크림
Kuaför	미용실
Kullancı	사용자, 이용자 (Kullanmak: 사용하다, Kullanılmak: 사용되다, Kullanım ücreti: 사용료)
Kültür	문화 (Kültürel: 문화의, 문화적, Kültürel anlayış: 문화 이해)
Kurmak	설립하다, 세우다 (Kurulmak: 설립되다, 세워지다)
Kurs	코스, 과정 (Kursa gitmek: 수업에 가다, Kursa katılmak: 수업에 참석하다)
Kuzen	사촌
Kuzey	북쪽 (Kuzey batı: 북서쪽, Kuzey doğu: 북동쪽)

L

Lisansüstü	대학원
Lise	고등학교

M

Maalesef	아쉽게도
Maç	(스포츠) 경기, 매치
Manastır	수도원
Manzara	풍경, 뷰
Mavi	파란색
Memleket	고향
Memnuniyet	즐거움, 만족, 기쁨

Memur	(행정) 공무원
Mendil	손수건
Meraklı	관심 있는 (Meraksız: 관심 없는)
Meşgul	바쁜 (Meşgul olamk: 바쁘다)
Meslek	직업, 직무 (Meslek okulu: 직업학교, Meslekte: 직무에서)
Metin	단락, 장문
Metro	지하철 (Metro hattı: 지하철 노선, Metro istasyonu: 지하철역)
Metropol	대도시, 메트로폴리탄
Metroyla	지하철로
Mezun	졸업 (Mezun olmak: 졸업하다)
Mimar	건축가
Miras	유물
Misafir	손님
Modern	현대 (Modern teknoloj: 현대기술, Modernleşmek: 근대화되다)
Monitör	모니터
Mor	보라색
Muhabir	언론기사, 통신원
Muhasebeci	회계사
Mühendis	기술자
Mülteci	난민
Mümkün	가능, 가능함 (Mümkünce: 가능한 경우, 가능하다면)
Müşteri danışmanı	고객 지원
Mutlu	즐거운, 행복한
Müzisyon	음악가

N

Nedenle	이유에서
Nefret etmek	증오하다, 싫어하다
Nemli	습한 (Nemli olamk: 습하다)
Neşeli	즐거운
Normal	보통, 일반 (Normalde: 일반적으로)

Nüfus	인구

O

Odaklamak	~에 집중하다
Onaylamak	승인하다, 허가하다
Oğul	아들
Oldukça	꽤
Olunca	~(특정한 시점이) 되었을 때
Oran	비율, %
Organik	친자연, 유기농
Orta yaş grubu	중년
Ortak nokta	공통점
Ortalama	평균
Otobüs	버스

Ö

Ödeme	지불, 납부
Ödemek	지불하다, 납부하다
Ödev	숙제, 과제
Ödev yapmak	숙제를 하다
Öğle	정오
Öğleden sonra	정오 이후
Öğrenci	학생
Öğrenci belgesi	학생 증명서
Öğrenci değişim programı	교환학생 프로그램
Öğretmen	교사, 강사
Öksürük	감기
Ölmek	죽다
Önceki gün	그저께, 이전에
Öne geçmek	앞질러가다, 능력/기술 등을 앞지르다
Önemli nokta	중요한 위치(점)

Önemsemek	중시하다, 중요시 여기다
Öneri	제안, 제시
Örnek	예, 예시
Öz	오리지널, 원본
Özel	특별함
Özel okulu	사립학교
Özellik gelmek	특별하다
Özellikle	특히
Özenli	꼼꼼한
Öznel	주관적

P

Pahalı fiyat	비싼 가격
Pamuk	솜
Para	돈, 화폐
Parmak	손가락
Pasta	스파게티
Paylaşmak	공유하다
Pazarlama	시장, 시장거래
Pembe	분홍색
Pil	건전지, 배터리
Pilav makinesi	밥솥
Pilot	파일럿
Plan	계획 (Planlaştırmak: 계획을 세우다)
Pozisyon	직위, 위치, 담당
Profesör	교수
Prova	리허설

R

Rahat	편한, 편리한 (Rahatsız: 불편한, 편하지 않은)
Randevu	약속, (사전) 예약 (Randevu almak: 약속을 받다, Randevu olamk: 약속이 되다, Randevu yapmak: 약속을 하다)

Rastlamak	우연히 만나다 (Rastlaşmak: 서로 우연히 만나다)
Razı	만족, 흡족 (Razı olmak: 만족하다, 흡족하다)
Rekabet	경쟁 (Rekebet gücü: 경쟁력)
Reklam	광고
Renk	색깔
Resmen	정식으로, 공무상으로
Ressem	화가
Rezervasyon	예약 (Rezervasyon tamamlanmak: 예약이 완료되다, 예약이 되다)
Röntgen	엑스레이
Rüzgar	바람, 열풍
S	
Saat	시간
Sabah	아침
Sabırsız	참을성이 없는, 못참는
Sabırsız olmak	참을성이 없다
Sadece	오직
Sağlık	건강
Sakin olmak	조용히하다
Samimî	친근한, 성심의, 친밀한
Sanat	예술
Sanayi	산업
Saniye	초
Sanki	꼭 마치
Sarı	노란색
Satın alma	(상)거래, 매매
Savaş olmak	전쟁이 일어나다
Savunmak	방어하다
Saygı	존경
Saygılı konuşma	존댓말
Sayılmak	집계되다, 세어지다, 셈되다

Sebep	이유, 원인
Seçmek	선택하다, 고르다, 선거하다
Sekreter	비서
Seminer	세미나
Servis ücreti	서비스 비용
Ses tonu	목소리 톤
Seslenmek	소리내다, 부르다
Sessiz	조용한, 고요한
Seviyeye geçmek	등급이 오르다, 승진하다
Sıcak	더운
Sıcak olmak	덥다, 덥게 되다
Sık sık	자주, 종종
Simge	상징
Sınava girmek	시험에 응시하다, 시험을 보다
Sınav	시험
Sınıf	교실, 학년
Sınır	경계, 국경
Sınır hattı	분계선, 경계선, 국경
Sivri	예리함
Siyah	검정색
Size yakışmak	당신에게 어울리다
Sizi beklemek	당신을 기다리다
Son günlerde	근래에, 최근에
Son zamanlarda	최근에
Sonbahar	가을
Soru	질문, 문제
Soru sormak	질문하다
Sorun var	문제가 있다
Söylemek	말하다, 불특정 다수에서 말하다
Söz	말, 약속, 언어, 계약

Söz vermek	약속하다, 기약하다
Sözleşme	계약
Sözlük	사전
Staj	인턴, 수습
Staj yapmak	인턴을 하다
Süre	기간
Sürekli	지속적으로
Ş	
Şanslı	행운, 운
Şehir merkezi	도심
Şipariş	주문
Şipariş etmek	주문하다
Şoför	운전 기사
Şüphe	의심
Şüphesiz	의심할 것 없이
T	
Taksi	택시
Tamirci	수리공
Tanıtım	티저, 예고
Tanrı	신
Tarayıcı	스캐너
Tarif	묘사 (Tarif etmek: 묘사하다)
Tarih	역사, 지나간 시간(Tarih boyunca: 역사에서, Tarihi eserleri: 역사 유물들, Tarihi yerler: 역사적인 지역)
Tarım	농경, 농업
Tatil	방학
Tavsiye	추천 (Tavsiye etmek: 추천하다)
Taze	신선한
Tazminat	보상
Tek	편도, 단독, 홀로 (Tek kişi: 오직, 홀로, 혼자, Tek yön: 편도)

Teknik	기술
Tekrar	또 다시
Tercüman	통역사
Tesadüf	우연
Teyze	이모
Ticaret	상거래, 무역 (Ticaret merkezi: 상업중심)
Tören	행사
Torun	손주
Tür	종류
Türk kahvesi	커피쉬 커피(에스프레소)
Turuncu	귤색
Tutmak	편들다

U

Ucuz fiyat	저렴한 가격
Ulaşmak	이르다, 도달하다
Umut	희망
Uygun	적합한, 알맞은
Uyku	잠, 졸음

Ü

Üniversite	대학교
Üstelik	게다가
Üye	회원

V

Varmak	도착하다
Vergi	세금
Veri	데이터, 정보
Veteriner	수의사

Y

Yabancı	외국인, 외부인 (Yabancı parayı: 외국환)

Yakınlaşmak	가까워지다, 접근하다
Yanlış	틀린
Yara bandı	밴드, 반창고
Yardım	도움 (Yardım etmek: 돕다, Yardımcı olmak: 도와주다, 도와주는 사람이 되다)
Yarın	내일
Yarışma	대회, 대결
Yaş	나이, 연령
Yaşam	삶
Yaşlı	나이 든
Yaz	여름
Yazar	작가
Yemek	음식, 먹을 것, 먹다 (Yemek pişirmek: 음식을 조리하다, Yemek yapmak: 음식을 하다, 음식을 차리다)
Yenge	(외)숙모
Yeni sezon	새로운 시즌 (Yenilemek: 새로워지다)
Yerleşmek	정착하다, 자리잡다
Yeşil	초록색 (Yeşil çay: 녹차)
Yeterli	충분한 (Yeterli olamk: 충분하다)
Yeterlik sınavı	시험, 검정시험, 자격시험
Yıl	해, 년
Yol	길
Yönetmek	경영하다, 운영하다
Yüksek lisansı	석사
Yükselmek	성장하다, 높아지다
Yurtdışı eğitim	해외 교육, 유학
Z	
Zarar	피해, 사고 (Zarar almak: 피해를 받다, Zarar vermek: 피해를 입히다)
Zayıf	마른, 날씬한, 부족한, 미약한
Zeytin	올리브 (Zeytinli: 올리브 맛의)
Zirve	정상, 산봉우리 (Zirve konferansı: 정상회담)

Ziyaret	방문 (Ziyaret etmek: 방문하다)
Zorlamak	노력하다
Zorluk	어려움

✳ 주제 어휘

요일

Pazartesi	월요일
Salı	화요일
Çarşamba	수요일
Perşembe	목요일
Cuma	금요일
Cumartesi	토요일
Pazart	일요일

월

Ocak	1월
Şubat	2월
Mart	3월
Nisan	4월
Mayıs	5월
Haziran	6월
Temmuz	7월
Ağustos	8월
Eylül	9월
Ekim	10월
Kasım	11월
Aralık	12월

시간

Önceki gün	그저께
Dün	어제
Bugün	오늘
Yarın	내일
Yarından sonra, Öbür gün	모레
Sabah erken	아침 일찍
Sabah	아침
Öğleden önce	오전

Öğle	점심, 낮
Öğleden sonra	오후
Akşam geç	저녁 늦게
Gece	밤
Gece yarısı	자정
Önce, Az önce	아까
Şimdi, Şuan (da)	지금, 현재
Sonra	나중에
Saat	시간, 시각
Saniye	초
Dakika	분
Gün	일
Her gün	매일
Bütün gün	하루 종일
Gelecek hafta	다음 주
Bu hafta	이번 주
Geçen hafta	지난 주
Geçen ay	지난 달
Bu ay	이번 달
Gelecek ay, Öbür ay	다음 달
Sene, Yıl	해, 년
Ay	월, 달
Bu sene	올해
Aybaşı	월초
Ay sonu	월말
Yılbaşı	연초
Yıl sonu	연말
Hafta	주
Hafta sonu	주말
Hafta içi	평일, 주중

날씨

Açık hava	맑은
Güneşli	밝은
Gökkuşağı	무지개
Gökkuşağı	무지개가 뜬
Bulut	구름
Bulutlu	구름이 낀
Nem	습기
Nemli	습기가 찬
Sis	안개
Sisli	안개가 낀
Kar	눈
Karlı	눈이 온
Yağmur	비
Yağmurlu	비가 오는
Şimşek	번개
Şimşekli	번개가 치는
Sağanak	소나기
Sağanaklı	소나기가 내리는
Gök gürültüsü	천둥
Gök gürültülü	천둥이 치는
Kasırga, Fırtına	폭풍
Fırtınalı	폭풍이 치는
Buz saçağı	고드름
Buz saçaklı	고드름이 열린
Sıcak	더운
Soğuk	추운
Hava	하늘
Kırağı	서리
Dolu	우박

Buz	얼음
Kuru, Nemsiz	건조한
Kuraklık	가뭄

가족

Aile	가족
Abla	언니, 누나
Abi	오빠, 형
Kız	딸
Oğul	아들
Kız kardeş	자매, 여자 형제
Erkek kardeş	아우, 남자 형제
Anne	엄마
Baba	아빠
Anneanne, Büyük baba/Dede	외할머니, 외할아버지
Babaanne, Büyük baba/Dede	할머니, 할아버지
Teyze	이모
Hala	고모
Amca	외삼촌
Amca	삼촌
Kayın valide/Kayın peder	장인/장모
Kaynana/Kayın baba	시어머니/시아버지
Ata	조상
Ebeveyn	부모님
Torun	손주
Eş	배우자
Akraba	친척
Kuzen	사촌
Yeğen	조카
Gelin	며느리
Görümce	시누이

Yenge	올케
Damat	사위

교통수단-탈것

Metro	지하철
Tren	기차
Ekspres tren, Hızlı tren	고속열차
Otobüs	버스
Minibüs	미니버스
Dolmuş	미니버스택시(돌무쉬)
Ekspres otobüs	고속버스
Taksi	택시
Araba, Otomobil	자동차
Bisiklet	자전거
Motosiklet	오토바이
Uçak	비행기
Helikopter	헬리콥터
Balon	열기구
Yat	요트
Gemi	배
Yolcu gemisi	유람선
Vapur	증기선

도로

Otobüs durağı, Durak	버스 정류장
Park	주차장
Trafik lambası	신호등
Sokak lambası	가로등
Yol	길
Alt geçit	지하도
Yaya, Yaya kaldırımı	인도
Tek yön	일방통행로

Yaya geçidi	횡단보도
Cadde	대로
Sokak	골목길
Taraf, Yön	방향
Liman	항구
Havaalanı, Havalimanı	공항
Yurtdışı hat, Yurtdışı uçuş	국제선
Yurtiçi hat, Yurtiçi uçuş	국내선
Pasaport	여권
Bilet	티켓
Kapı, Giriş Kapısı	탑승입구
Biniş kartı, Biniş bileti	탑승권
El bagajı	기내 수화물
Valiz, Bagaj	화물
Pasaport kontrolü	출입국 심사소
Gümrük	세관
Vize	비자
Duty-free mağazası	면세점
Varış	도착
Kalkış	출발
Uçuş numarası	항공기 번호
Check-in Kontrolü	탑승 수속 카운터
Bekleme salonu, Bekleme odası	공항 대기실

방향

Sağ	오른쪽
Sol	왼쪽
Ön	앞
Arka	뒤
Üst	위
Aşağı	아래

İç	내부
Dış	외부
Yakın	가까이
Uçak	먼
Orta	중앙
Aras	사이

색깔

Kırmızı	빨간색
Turuncu	주황색
Sarı	노란색
Yeşil	초록색
Mavi	파란색
Koyu mavi	남색
Mor	보라색
Beyaz	흰색
Gri	회색
Siyah	검은색
Pembe	분홍색
Bej	베이지색
Kahverengi	갈색
Altın rengi	금색
Gümüş rengi	은색

취미

Kitap okuma	책 읽기
Fotoğraf çekme	사진 촬영
Yemek pişirme	요리
Koleksiyon yapma	수집
Hat sanatı, Kaligrafi	캘리그라피
İnternet oyunu	컴퓨터 게임
Gezme, Seyahat	여행

Tatil	휴가
Tatil yapma	휴가 즐기기
Tatil süresi	휴가 기간
Konser	콘서트
Müzisyen	음악가
Senfoni Orkestrası	교향악단
Opera	오페라
Bale	발레
Piyano	피아노
Orkestra Şefi	지휘자
Gösteri alanı	공연장

영화

Film izlemek, Film seyretmek	영화를 보다
Sinema	영화관
Aksiyon filmi	액션 영화
Komedi filmi	코미디 영화
Gerilim filmi	스릴러 영화
Korku filmi	공포 영화
Animasyon	애니메이션

운동

Maraton	마라톤
Koşu	조깅
Aerobik	에어로빅
Yüzme	수영
Dalış yapma	다이빙
Golf	골프
Beysbol	야구
Basketbol	농구
Futbol	축구
Voleybol	배구

Masa tenisi	탁구
Bowling	볼링
Tenis	테니스
Paten	스케이트
Buz pateni	아이스 스케이트
Dağa tırmanma	등산
Paraşütle atlaması	스카이 다이빙
Sualtı dalışı	스쿠버 다이빙
Sörf	서핑
Balık tutma	낚시
E-Sports	E-스포츠
Fitness	피트니스
Kayak	스키
Kar kayağı	스노우 보드
Kaykay tahtası	스케이트 보드

신체

Baş	머리
Saç	머리카락
Güz, güzler	눈
Burun	코
Ağız	입
Kulak	귀
Göz bebeği	눈동자
Kirpik	속눈썹
Kaş	눈썹
Dudak	입술
Dil	혀
Çene	턱
Tüy	털
Yanak	볼

Diş	치아
Ben	점
Sakal	수염
Sivilce	여드름
Bıyık	콧수염
Yüz	얼굴
Boyun	목
Parmak	손가락
Omuz	어깨
Diz	무릎
Ayak	발
Ayak parmağı	발가락
Ayak bileği	발목
Bacak	다리
Sırt	등
Dirsek	발꿈치
Baldır	종아리
Uyluk	허벅지
Başparmak	엄지
Aya	손바닥
Ayak tabanı	발바닥
Elin üstü	손등
Yumruk	주먹
El bileği	손목
Tırnak	손톱
Parmak izi	지문

학교

Anaokulu	유치원
İlkokul	초등학교
Ortaokul	중학교

Lise	고등학교
Üniversite	대학교
Fakülte	단과 대학
Meslek yüksekokulu	직업 전문학교
Lisansüstü	대학원
Yüksek lisansı	석사
Doktor	박사
Öğrenci	학생
Sınıf arkadaşı	학급 친구, 동기
Öğretmen	선생님
Sınıf	학년, 교실
Yurt	기숙사
Kütüphane	도서관
Ödev	숙제, 과제
Çalışma	공부
Eğitim	과정, 교육
Sınav	시험
Sınav dönemi	시험 기간
Bölüm	전공
Dönem	학기

감정

Mutlu	행복한
Üzül	슬픈
Sevinçli	기쁜
Eğlenceli	재미있는
Dürüst	정직한
Üzgün	우울한
Kızgın	화난
Karnı aç	배고픈
Tok	배부른

Soğuk	추운
Sıcak	더운
İnanılmaz	믿을 수 없는
Hayran	놀라운
Ümit	기대하는
Kırgın	무서운
Pişman	후회하는
계절	
İlk bahar	봄
Yaz	여름
Son bahar	가을
Kış	겨울

착! 붙는
터키어
독학 첫걸음

초판 인쇄	2024년 7월 22일
초판 발행	2024년 7월 29일
저자	강경민
감수	엘미라 카밀레브나 하비불리나
편집	김아영, 권이준
펴낸이	엄태상
디자인	권진희, 이건화
표지 일러스트	eteecy
조판	이서영
콘텐츠 제작	김선웅, 장형진
마케팅본부	이승욱, 왕성석, 노원준, 조성민, 이선민
경영기획	조성근, 최성훈, 김다미, 최수진, 오희연
물류	정종진, 윤덕현, 신승진, 구윤주
펴낸곳	시사북스
주소	서울시 종로구 자하문로 300 시사빌딩
주문 및 교재 문의	1588-1582
팩스	0502-989-9592
홈페이지	http://www.sisabooks.com
이메일	book_etc@sisadream.com
등록일자	1997년 12월 24일
등록번호	제300-2014-92호

ISBN 978-89-402-9416-1 13730